国史/国师

周谷城传

莫志斌 著

華文出版社
SINO-CULTURE PRESS

图书在版编目（CIP）数据

周谷城传 / 莫志斌著. -- 北京 : 华文出版社, 2014.9（2021.6 重印）
ISBN 978-7-5075-4183-0

Ⅰ. ①周… Ⅱ. ①莫… Ⅲ. ①周谷城（1898～1996）—传记 Ⅳ. ①K827=7

中国版本图书馆CIP数据核字(2014)第153368号

周谷城传

作　　者: 莫志斌
责任编辑: 谭　笑
出版发行: 华文出版社
社　　址: 北京市西城区广外大街305号8区2号楼
邮政编码: 100055
网　　址: http://www.hwcbs.com.cn
投稿信箱: xiaotanxiaotan11@126.com
电　　话: 总编室 010-58336239　发行部 010-58336267　58336253（邮购）
责任编辑 010-58336237
经　　销: 新华书店
印　　刷: 三河市燕春印务有限公司
开　　本: 170×240　1/16
印　　张: 19.25
字　　数: 260千
版　　次: 2015年1月第1版
印　　次: 2021年6月第3次印刷
标准书号: ISBN 978-7-5075-4183-0
定　　价: 68.00元

目　录

第一章

故乡与少年时代

（1898—1917）

周谷城在晚年写的《湘江回忆点滴》一文中，他曾深情地回忆自己的家乡，说：“我是湖南益阳人，原住益阳县东南边境一个所谓汾湖洲上。汾湖洲在湘水下游与资水下游之间许多小湖小河交错的地方，是一个十年至少五不收的贫困水乡，离沅江、湘阴、长沙、宁乡四个县都只十余里地，离长沙市也只有一百里。我的老妻在抗战时期到此住过几个月，记忆犹新，最近她把她的印象画成一幅小画，我提曰‘湖南益阳，我的家乡，汾湖洲上，杨柳池塘’，并写上‘好此者取去可也’七个大字，以示没有什么用处。我的小孙则补一句‘取去不可！’也好，留下亦可以志念。”①

打开湖南省地图，找到省会长沙，省内最大的一条水系——湘江从城边缓缓北去，流至约70华里的乔口（今长沙望城区乔口镇），有条名叫乔江的支流，自益阳资江之兰溪（今益阳兰溪镇），迤逦而来，中经凤凰湖、来仪湖，自西而东，入注湘江。来仪湖畔，有个四面环水的小岛，那就是周谷城的老家——益阳汾湖洲。

一、故乡的风光

周谷城的故乡汾湖洲，虽常遇水患，但也不失为一块美丽的湖洲。汾湖洲是来仪湖区30余万亩大圈田的一部分。如果说来仪湖形似一不等边三角形的话，则汾湖洲正位于其东边线上，长30余华里，汾湖洲原系四方环水的敞洲。1717年（清康熙五十六年）开始逐年挽围，迄1826年（清道光六年），经劳动人民百余年的艰苦劳动，四面筑堤的湖区水稻田垸终于完成了。

汾湖洲属于小型溪流伴山冈地带的河网冲积平原，地势平坦，无丘陵起伏，为第四系松散堆积物，冲积物地带，周长近百华里，境内岭汊并列，港沟纵横，湖塘众多，原称五岭五汊，即：八甲岭、周家汊，汤家岭、汤家汊，谭家岭、陈家汊，荷塘岭、水濛汊，宋家岭、水交汊等，土地肥沃，鱼虾满塘，农作物丰富，水稻田约3.4万亩，俗称鱼米之乡。

说到汾湖的美丽景色，不能不提到这里别具特色的“赏荷”。一到夏季，家家门前屋后的池塘里荷花盛开，“接天莲叶无穷碧，映日荷花别样红”的旖旎风光，真令人陶醉。

荷是水中君子，出淤泥而不染。平静的塘面，荷叶升起，像一把对天撑开的绿伞，又似一只遮阳的平面斗笠。荷花盛开之际，有的粉红，有的玉白，亭亭玉立于碧波之上，迎风婆娑，轻盈袅娜，娇媚如凌波仙子。荷花往往高出荷叶，当阵阵清风吹来荷香，波动的水面使荷花与荷叶上下浮动，周围景色也不断变化，置身于这风吹荷摆的动景中，真使人情爽神怡。

汾湖洲畔的来仪湖，虽无西湖享“人间天堂”的美名，亦无昆明湖雍容华贵的风姿，却有洞庭天水一色，烟波浩渺的壮观。秋高气爽，夕阳下，站在高高的湖堤上，眺望太阳西沉，一道道余光，照映湖面，“秋水共长天一色，落霞与孤鹜齐飞”的无限美感便油然而生。站在高高的湖堤上南眺，隐约可见海拔500多米高耸入云的衡岳72峰之一的碧云峰，它形似庐山，俗称“小庐山”。

晋高僧慧远（334—416），曾建青山寺于山腰，传道授徒。

唐裴迪有颂慧远诗云：

远公遁迹庐山岭，修士幽居祇树林。
片石孤云窥色相，清池皓水照禅心。
指挥如意天花落，笑卧闲房春水深。
此外俗尘俱不染，惟予元度得相寻。

南宋张栻亦曾于此讲学，刻诗石壁云：

峰势香楼耸，溪流峡水潺。
居然一兰若，唤作小庐山。
老木千岸表，环亭万竹间。
明朝向征路，回首白云闲。

峰巅有“雷音寺”，石墙铁瓦，林谷幽深，岩壁峻峭，极目千里，无限风光，令人遐想连连。

与汾湖洲遥遥相对的泉交河镇为益阳名镇。沿河而建的吊脚楼，别具水乡市镇特色。一平面石桥，飞架泉交河东西两岸，任凭山洪冲击，岿然不动。桥东耸立一座七级奎星塔，塔基系麻石砌成，高出洪峰，故安如磐石。塔身系青砖结构，塔顶飞檐，铺盖青瓦，塔上长虬松，四时葱茏，葫芦塔尖，直插云天。塔建于1828年（清道光八年），“奎主文章”，乃命名“奎星”，寓意深远。塔基上刻有清泉交河探花胡达源的跋，两江总督陶澍亦有诗刻石壁云：

石塔峥嵘俯碧湾，青流交处锁重关。
陡通七级烟霞上，平引三台步履间。
卓笔恰当山料峭，振衣时听水潺潺。
胸怀久抱凌云志，抚手丹梯路共攀。

泉交河东行数里为侍郎桥，濒临来仪湖南岸。据旧志载：此桥因明、元两代有工部侍郎苏文魁（1403—1424）、姚贞清卜居于此地而得名。现苏、姚两族均系附近大族。据姚氏族谱载，辛亥革命时期投黄浦江自杀以醒国人的姚宏业志士，即姚贞清之后裔。侍郎桥东有营盘岭（又称营坡岭），相传1130年（南宋建炎四年），岳飞攻战杨么时，曾驻兵于此。岭下有牛皋岭，则为牛皋驻兵处。

侍郎桥东行数里为欧江岔，濒来仪湖东南岸。欧江岔之猴子岭有一梅树村，村内有一宏伟的杨泗庙，为纪念南宋农民革命领袖杨泗将军。杨泗将军即杨么，湖南龙阳（今汉寿）县人，在诸农民领袖中年龄最轻，故称杨么。据《岳飞传》载："杨么……方浮舟湖（洞庭湖）中……官舟迎之辄碎，飞伐君山木为巨筏，举木撞其舟，尽坏，么投水，牛皋擒斩之。"杨么因拒绝投降，慷慨就义，丹心碧血，气贯长虹，为劳苦大众所敬仰。为避统治阶级之忌，隐其名而神化之，谓其斩孽龙得道，为民除害，于是建庙以祀之，名曰杨泗庙。

至于汾湖洲东出湘江的乔口，为我国著名诗人李白住过的地方。西出资江的兰溪为早在20世纪30年代即在上海名噪一时的革命作家叶紫（1910—1939）逝世的地方。这两处均有不少景观和神奇传说。来仪湖、汾湖洲畔无限美好的风光，令人流连忘返。正是这一片沃土和优美的环境，哺育和熏陶着少年时期的周谷城。

二、家　世

1898年9月5日（清光绪二十四年七月二十八日），周谷城诞生于湖南省益阳县汾湖洲周家垸长湖口（今益阳县上湖乡长湖村）新屋。周家垸长湖口西距县城65里，南距省会长沙105里，是一个极偏僻、常有水患的湖乡。周家垸居民十之八九姓周，杂陈、李等姓。居民多务农。周谷城的祖辈都是勤劳俭朴的农民。据《汾湖周氏四修族谱》记载，汾湖周氏家族的原籍并不在益阳，而在湘潭。元末明初，天下动乱，汾湖周氏一世祖周志亮、总戎靖难，建立功勋，奉旨屯垦湘潭，后卜居湘潭，遂以湘潭为籍。周志亮自何而来不详。

明洪武（1368—1398）年间，周志亮的次子周肇翔（1369—1446），袭充文职，迁屯益阳，筚路蓝缕，以开丕业，遂籍隶益阳，初落户来仪湖畔汾湖洲东南之沙咀，是为益阳汾湖周氏之始迁祖，沙咀则为汾湖周氏之发祥地。至六世祖周时新（1433—1492），字西塘，又由沙咀迁居汾湖洲西南之阆家汊，周家汊于1717年挽围，改称周家垸，周家汊、周家垸便为汾湖周氏繁衍生息之地。1826年（道光二十六年），在周家垸建立起栋宇崔巍的“周氏家庙”。周志亮就成为汾湖周氏家族的第一代开派祖宗。

1815年（嘉庆十五年），汾湖周氏一修知谱告成。在此之前，只有《谱略》《谱稿》，均未付梓。一修知谱的谱系是按祖传旧派派次字句：

志肇宏昭列，时旺玉堂轩。

国宇必尚义，言方定泽之。

并增加了两句：

开先理学善，相承庆自基。

1847年（道光二十七年），1891年（光绪十七年），奉行成法，分别完成了二、三修《知谱》。1936年（民国二十五）四修族谱告成。一至三修，均称汾湖周氏知谱，四修才改称汾湖周氏族谱。四修时，因感原订30个谱系行将用完，于是又续订了20个谱系：

雏祖宗明德，广克建中常。

绍修成以正，则笃永家光。

由始祖周志亮算起，周谷城派名学超，是第24代子孙，1936年四修时，汾湖周氏最晚的辈系，已是26代。目前最晚的辈系，已是29代了。

周谷城的曾祖父周开氓（1823—1878），字求田，是一个勤劳厚道的质朴农民，粗通文墨，主要靠种田维持家计。曾祖母谭氏（1823—1877），生二男：先绒、先绩；生二女，长女嫁本邑清甘肃即补同知阜县知县李时熙，次嫁陈姓。

周谷城的祖父周紫芳（1853—1932），派名先绒，也是一个老实勤劳的庄稼人。他聪明异常，虽只读过两年周氏义塾，而其文化水平不亚于当时的一个秀才。他有4个儿子，15个孙子，教子治家以勤俭著称。祖母程氏（1856—1911），性善心慈，喜做好事。曾有一火田垸的流浪哑巴孩子，年约10岁，她怜其孤苦伶仃，无家可归，收容他达四五年之久。后祖母安息，哑巴孩子主动守墓3个月。由此可见，祖辈敬人助人之美德。

周谷城的父亲周桃生（1878—1926），派名理之，兄弟4人中居次，人称桃生二爹，长兄四弟，均远迁湘阴、华容，三弟炳生（1887—1938），派名理焕，同居汾湖洲周家垸，兄弟俩人，情感甚笃。父亲读过几年周氏义塾，粗通文墨，写算俱全，为人正派，曾掌管祠堂学产，不爽毫厘，博得族人赞赏，为人聪明机智。某年，当地周李二姓元宵“赛亮”（即元宵赛灯），因李姓准备充足，灯光如昼，他急中生智把屋后两株大枫树所结几十石枫球搬出，淋以煤油，然后点燃，火光映天，通宵不熄，大获全胜，在当地传为佳话。周桃生的叔父先绩无子，过继承产，家境稍好，乃注重耕读，这就为以后送儿子谷城读书，打下了经济基础。周谷城的母亲杨氏（1877—1967），勤劳俭朴，心地善良，性情严肃，生一男一女。因周谷城是独生子，故对他管教甚严。如有一次，周谷城偷偷在池塘游泳，母亲发现后，怒气冲天，手持长竹竿在岸上扑打，不准上岸。还是父亲出来解围，他才得以安然上岸，所以后来他常说：“人家是‘严父慈母’，我则是‘严母慈父’。”她虽教子严格，却待人慷慨，乐于助人。自1926年周谷城的父亲去世后，留下20亩稻田，佃给人作，但母亲从来未收过租谷。如遇灾荒年岁，她就把家里节省下来的粮米，送给受饥饿的乡亲们，所以邻里乡亲们都很喜欢她。母亲的乐善好施对幼时的周谷城产生了潜移默化的影响。

三、读经书也好新学

周谷城，派名学超，在15个排行兄弟中居次，人称二哥。他6岁发蒙，就读汾湖周氏义塾。周氏前辈，素重教育，认为“子孙虽愚，经书不可不读。”故自1826年始设义塾于周氏家庙之窗明几净的书室，凡族中子女均免费入学。并设奖学金制度，凡考中秀才奖白银50两，考中举人奖100两，考中进士奖200两。所以周氏家族读书之风，较为兴盛。晚清以来，周氏家族中先后就有9人中举人、进士、翰林。为了光宗耀祖，周氏家族还把这9人牌位立于周氏家庙中的厅堂之中，以激励后人，奋发读书。

周谷城自幼颖悟超人，读书又勤奋。蒙师贺坦庄，宁乡人，清季秀才，思想维新，与一般老学究大不相同，周谷城在他蘸笔点读下，一读成诵。两三年时间，他不仅读完了《三字经》《千字文》《百家姓》《幼学琼林》等书，并读完了《四书》《五经》，且多能背诵理解。作文，下笔百言，且甚通畅，深得贺先生赞许，谓其“必成大器”。周谷城对贺老师也非常敬重，参加工作后每回乡省亲，必前往看望贺先生，嘘寒问暖，令人感动。

1900年，八国联军入侵北京，慈禧太后和光绪皇帝狼狈逃到西安。翌年，与帝国主义签订屈辱的《辛丑条约》。清廷受此刺激，乃于1905年，下诏废科举，兴学校，行新政。时周氏族人翰林周开铭（1835—1907），居官山东督粮道，乃筹款定章，设立师范、蒙养学堂等各数所，提倡新学不遗余力，为山东开风气之先。周开铭且极关怀老家族人子弟教育，为培养人才，遂于这年为族人捐资兴办新学堂，择枫梓村创建周氏霁光书室，创办周氏霁光二等小学堂，学制8年，选拔族中有培养前途的青少年免费入学，周谷城以最优秀成绩被选入校，就读8年。这样为其进一步深造打下了最初的基础。

时正处新旧学制交替之际，维新与守旧之争激烈，族中旧派主张多读《经》《史》《子》《集》及古文释义，新派则主张读国文、英文、数学、物理、化学、博物。周谷城虽少，但却心慕新学。他说："我天性是非常喜欢接受新东西的。"所以当时，他极力赞成维新，向外国学习，并且他认为要学习外国，首先必须学好外文。其次，也要好好学习本国语文与历史，以便了解中西方历史文化和世界形势发展的趋势，所以在校期间，他一边刻苦勤奋学习英文、国文和历史，一边也接触了古典的《经》《史》《子》《集》。他学习兴趣广泛，博览群书。这样，便为继续读书深造，创造了良好的条件。周谷城的读书目的，与一般富裕家庭出身的子弟为得家产而读书的目的相比，确是大异其趣。

周氏霁光二等小学堂，尽管设备极其简陋，是土洋结合的，然就当时偏僻的益阳农村来说，不能不说是开风气之先的，不啻为族中子弟跨出农村，进入城市学习深造架起了一座桥梁。这是一所农村的新学堂，学生自然来自农村，所以根据农村的习俗，农闲时学生在校读书，农忙时便回家干农活。周谷城既酷爱读书，学习成绩最好。他又热爱劳动，农忙季节，在家积极参加农业劳动，也是干农活的能手，在农活中他最擅长插秧，随手插秧，插得又直又快。在田间和大哥、二弟、四弟比赛插秧时，他总是第一名。由于他自幼参加劳动，深知农民疾苦，因此他后来非常重视社会问题，特别是农村问题，并积极参加农民运动。

四、喜欢"立异鸣高"

1913年，周谷城从周氏霁光二等小学堂毕业，时值辛亥革命之后，社会风气大开。他为求知的欲望所驱使，负笈从农村来到省城长沙，接受新文化教育。他先进了一所补习学校补习英文，并以优异成绩考入湖南省立第一中学英文班。该校创办于1912年，校长系以编著《联锦字典》著称的符定一先生。解放后，符先生曾任中央文史馆第一任馆长。创办初期，校址在长沙紫东园（今长沙民主东街），翌年迁往荷花池（今长沙师范校址）。

创办初期，学校仍沿用清宣统元（1909）年颁学制，文实（理）分科，修业五年，课程有通习与应习之分。1914年施行民国政府所颁课程时，学制设为四年，对课时略有增减。普通科第一学年课程为国文、外语、数学、历史、地理、动物、植物、修身、手工、图画、音乐、体操等，课程齐全，设备也较完善。国文、外语每周各6节，每周上课时间为36小时，课外活动时间较少。修身课即后来的公民课，灌输伦理思想与爱国主义思想。国文由教员选读古文名作，发木板排印讲义，教国文的老师多系前清秀才，或从优级师范毕业的先生。学校在校长以下，设教务、训育、事务三部，共一办公室，工作效率较高，有学监3人：王佑、郭向阳、李村藩（即李石岑，后任大学教授，著有《人生哲学》，已收入“民国丛书”），另设舍监、庶务、会计、图书仪器管理员及校医各一人，各司其职，均能尽职尽责。学生多半为农村或城市贫苦子弟，因系公立，收费比私立学校要少。学生大部分寄宿，伙食每餐四素两荤，每月膳费只收3.6元，由膳房包办，伙食较好，学生满意。周谷城进入该校读书，十分高兴，实现了他渴求知识的愿望。因此，他立志高远，更加勤奋学习。

周谷城在省立一中读书时，因在英文班学习，故对学外语产生了浓厚的兴趣。当时青年会常有外国人演说，常请学生去撑门面，他听了那种演说，觉得美国人讲话，声音从鼻孔里出来，怪有趣味。回校后在自习室模仿，他装着演说的样子，请同学做翻译。同学们都称赞他模仿得好，赐他以“洋文大家”之称。

为了帮助同学们学好外语，他曾组织英语学会，自任会长，组织英语讲演比赛等。他还选读了西方名著，以提高英语水平。在一个暑假，他凭借字典，下苦功读了英文本《迈尔通史》，最初只懂五六成，书读完了，再看其他英文西史时，竟全然懂得。从此他便养成了一种习惯，想方设法找外文书读，非原文本不读，所以他后来学习马克思的《资本论》，也是买了两套英文版和德文版的三卷本《资本论》对着学习的。周谷城在省立一中读书时，对国文一科，则最喜欢立异鸣高。每作一文，都一定要用许多难识的字，弄得改卷的先生非翻《辞源》不可。凡他自学的《诗经》《史记》《汉书》《左传》《孟子》《庄子》《离骚》上的难字，常一一记下，预备写进文章里以难先生。由于他的文章写得好，先生不仅没有批评，还常表扬他，将他的文章传观。周谷城在一中读书时，有一位国文教师袁吉六先生，他是湖南宝庆（今邵阳）的一位进士，他在第一师范教书多年，写得一手好字，做得一手好古文。毛泽东学生时代练就一手好文章，就得到过袁先生的辛勤教诲。1936年，他同斯诺的谈话中还谈到："学校里有一个国文教员，学生给他起了'袁大胡子'的绰号。他嘲笑我的作文，说它是新闻记者的手笔。他看不起我视为楷模的梁启超，认为他半通不通。我只得改变文风。我钻研韩愈的文章，学会了古文文体。所以多亏袁大胡子，今天我在必要时仍然能够写出一篇过得去的文言文。"②

记得袁先生在省立一中教书时，曾出了一道枯燥乏味的作文题：曰"本期开学迟的原因"，像这样的题目，要做千把字的古文，实在不容易，而先生却要求很严，分数扣得紧。学生做毕，袁先生在课堂上发作文本，首先发的是周谷城的，他翻开一看批60分，心中不悦。因为他平日作文向来是90分以上的，对此他心里十分难过，即把本子藏在衣袋里，怕人看见。待发完作文本后，看其他同学的分数多是20分或30分，5分的也不少，他这才放下了心。周谷城不仅是第一名，而且他文章里引用了一句古诗"日月共除"，并在"除"字的右角上加了一个小圈，表示这个字要读去声，袁先生对此很有意见，在他作文本上用行书足足批了两页，而且在课堂上又当众用口头足足解释了几十分钟。袁先生讲课很有神气，但毕竟扣分太紧，学生不喜欢，后来他知难而退了。

周谷城在班里作文总是名列前茅，很受先生赏识。袁先生很得意地说："我在湖南第一师范教书时，古文好的学生是毛泽东；在省立第一中学教书时，古文好的是周谷城。"不少人都以为周谷城和毛泽东是同学，其实，他们是同师受教的学友。说来也巧，教过毛泽东的三位老师也都教过周谷城。这三位老师就是杨昌济、袁吉六和符定一。他们是当时湖南很有名气的教师。周谷城在省立一中读书时，十分刻苦，自学能力也很强。他自学了《十子全书》（清王子兴辑，收有《老》《庄》《列》《荀》《韩非》《淮南》《管扬》《文中》和《鹖冠》十子，有嘉庆经纶堂刊本），并对《老子》《庄子》等感到很有新意，帮助他活跃了思想，开阔了眼界。他读古籍，也同读英文一样，采取蛮读的办法，比如一个假期里，他就把《史记》读熟了。

少年时代的周谷城，就认识到中、外文字是开发知识宝库的两片钥匙，所以他在文字学上狠下苦功，他曾自学汉许慎撰《说文解字》等书，后来他到北京高师（北京师范大学前身）读书时，他虽是外语部（系）的学生，但却选修了国文系著名教师朱希祖、钱玄同、马幼渔的课。这三人都是章太炎的弟子，若论班辈，周谷城可以说是章太炎的再传弟子。钱玄同是研究文字学和经学的有名教授，他特别喜欢钱的《文字学音篇》，这对周谷城研究中国古文字学有很大的帮助。

五、暑假的收获

少年时代的周谷城，很珍惜寒暑假期，从不让假期虚度，他懂得“破万卷书”与“行万里路”的辩证关系，在假期，或蛮读“一两本英文书或中国古籍，为今后的学习打好基础。或邀二三知己，到附近名胜古迹市镇旅游，以开阔眼界，增广见闻。”他曾登碧云峰，深感此地环境清幽，乃读书佳境。他参观“奎星塔”，爬上高高的塔顶，极目远眺，觉“胸怀久抱凌云志”，将来一定要攀登更高的学习高峰。他游杨泗庙，深感农民疾苦，要解放农民。后来，到湖南省立一中读书时，每逢节假日，他也邀朋友游遍了长沙城周围的名胜古迹，如岳麓书院、城南书院、贾太傅祠、天心阁、开福寺、水陆洲、红叶亭（爱晚亭）、白鹤泉、古麓山寺、云麓宫、禹王碑等等。

暑假生活，安排合理，颇有意义。后来，周谷城还专门写了一篇《莫错过了暑假》的文章，发表在刊物上，他说：“暑假为时很长，倘利用得好，收获必多。例如住在乡下的，乘暑假到乡下留两个月，看一看乡下人割稻的情形，或看一看自己父兄收租的情形，也都有益。他日回到学校，遇着报章杂志上有讨论农村经济的文章，或指写农村破产的时髦作品，便看得懂，或觉得亲切有味，或觉得文不对题，自己俨然是一个熟悉农村情形的，有新思想的青年，这不是大收获吗？”他还说，假期安排好读书生活，也是很有收益的，“倘自己有计划，事先选定一两本值得谈的书，限期读完，其收获将超过自己意料之外。我在中学四年级的一个暑假内，为着要丰富英文知识，曾抱着一本《迈尔通史》蛮读，最初实在只懂得五六成，但假期完了，书读完时，看其他英文西史时，竟全然懂得。”于是我知道“蛮读”为青年所不可忽视的功夫。他还举出暑假中的其他活动，比如洗冷水澡，或住在庙里看和尚念经，或拿父兄几个钱到外边旅行，都无不好，只要自己打开眼界，等事情做过之后稍微反省一下，都有收获。最怕的是终日酣睡，老不肯动，青年而不肯动，其一辈子不会聪明，阅历见闻不多，终究是一个蠢货。

注释：

① 周谷城：《湘江回忆点滴》载益阳《三周研究网》。

② 斯诺：《西行漫记》，北京：三联书店，1979年版，第121页。

第二章

北上求学

（1917—1920）

一、考入北京高师

1917年7月，周谷城以优异成绩毕业于湖南省立第一中学。8月，北京高等师范学校（北京师范大学前身）来湖南招生，当时湖南仅6名正取，周谷城是备取第三名。按照学校规定，备取生是没有资格入学的。然周谷城渴望走出湖南，去京城念书。经他与考生的强烈呼吁，学校同意周谷城等人去北京再进行一次考试。赴京后，有3名在考试中被淘汰了，他们急得直哭，最后，不得不打道返湘，而周谷城经过学校的严格筛考，考进了高师，这样，就开始了他的大学生活。北京高师在中国教育史上的地位是较高的。那时，全国有6所高师，北京高师为首，还有南京、武昌、广东、成都、沈阳5所高师。北京高师的体制，共设有6个部：国文部、英语部、历史地理部、数学部、物理化学部、博物部，此外，还有体育专修科与教育专修科。周谷城进高师后，他在英语部读书。进校后，当时学校规定，学生入学第一学年要读预科。预科是学习中学时期学过的数学、物理、化学等。已经学过的东西，再学一遍，感到十分乏味。周谷城是学外语的，他认为外语是个工具，除了学好外语外，在读预科期间，自己要抓紧自学，应广泛地涉猎各方面的知识，自己也应有重点有选择地钻研某个专业的知识。这样，他就自学历史，从而为他后来变成历史学的专家打下了基础。

时值新文化运动勃兴之际，北京高师受当时新思潮之鼓动，校园里“探求新知，提倡新学”之风盛行，自由学习讨论之气氛亦相当浓烈。周谷城受校内“新风”之熏染，便如饥似渴地学习各种新知、新说。他读《新青年》，对这一主旨鲜明，大张“民主”与“科学”的刊物非常喜欢，尤其是《新青年》介绍马列丛书的文章，他更感兴趣。他也读无政府主义者的刊物《自由》，并同时阅读无政府主义者的书，如克鲁泡特金的《互助论》《面包掠取》《贫困的哲学》等。他特别喜欢读哲学书，尤爱读原著。他对当时流行的各家哲学如柏格森、罗素、詹姆斯、杜威等的原著读过不少。总之，对当时流行的各种思想、主义，如马克思主义、无政府主义、民主主义、实用主义等，他都想研究。但他对“实用主义，嫌它太浅薄，没有哲学意味”，他“对无政府主义，嫌它太流于空想，不感兴趣”。他曾读过一些英文本的马列著作丛书，其中特别引其入胜的一本为恩格斯著的《乌托邦的反科学的社会主义》（今译为《社会主义从空想到科学的发展》），读了这本书，周谷城自己认为：“读任何其他哲学社会科学著作，总有不能完全接受之处。唯有读马列著作，则很少提出异议，这与我出身贫困，易接受书中观点可能有些关系。”①

由于兴趣广泛，他又读心理学方面的书，对什么“机能心理学派”、“构造心理学派”、“完形派”、“本能派”等约十几种学说都有涉猎，没有一种他能完全反对，也没有一种他能完全接受。他说：“‘心’不是原来就活跃的，而是要自我与环境发生关系受到环境的刺激才活跃起来的。研究心理学，对人所处的社会环境不能不注意。于是又拼命读社会学方面的书，大约又涉猎了十几种，也没有一种我能完全反对，或完全接受。”②正是由于这种不能完全接受人家的，又不能完全反对人家的心理状态，才促使他博览群书，由博返约，融会贯通，自创新说，自树体系，成一家之言，这为后来周谷城能在史学、哲学、美学、教育学、社会学等广阔的学术领域取得令人注目的成就打下了坚实的基础。

二、"运动"③与读书

周谷城从1917年到1921年在北京高师读书期间，正值新文化运动与"五四"爱国运动发生前后，他的大学生活，就是在新文化运动与"五四"的火热斗争中度过的。这些运动不能不对周谷城的思想、学习、生活等方面产生深远影响。"五四"爱国运动爆发后，周谷城首先遇到的是处理参加运动与读书的关系问题。运动与读书、爱国与学习，二者之间，有矛盾的一面，也有一致性，如何处理好二者的关系，这是一门学问。当时周谷城对二者关系冷静思考，妥善处置，可以说他做到了参加运动与刻苦读书两不误。

1919年爆发的"五四"运动，是一场深刻的反帝反封建的爱国运动。它发生的根本原因，是由于国内的封建军阀势力和外来的帝国主义侵略势力的双重压迫，使得民族危机日趋深重，而恰在5月4日这天爆发，其导火线则源自于中国在巴黎和会上外交的失败。

1914年第一次世界大战爆发，日本乘机用武力强占中国青岛与胶济路沿线，取代昔日德国霸占我山东的侵略地位。

1915年1月18日，日本又向袁世凯政府提出灭亡中国的二十一条，强迫袁世凯于5月9日接受，国人为表示勿忘国耻，定5月9日为国耻纪念日。

众所周知1918年大战告终，战胜国之一的中国派出代表团参加1919年1月18日在巴黎召开的和会。1月28日，中国代表团被邀列席会议，提出德国应直接交还战前侵占我山东的一切特权等要求，而遭日本代表之竭力反对，并无理声称"胶济一切权利应由德国无条件让与日本。"延至4月，日本代表以退出和会相要挟，而在1917年英、法、意三国与日本订有承认日本继承德国在山东权利的密约，又有1918年9月24日段祺瑞卖国政府为取得日本贷款，在中日条约换文中对日本继承山东权利已表示"欣然同意"。因此，和会竟依日本人之无理要求，而做出允许日本继承德国在山东强占的中国权利的决定，中国在外交上遭到彻底失败。5月3日，当这些罪恶勾当在报上揭发之后，国人无比愤怒，尤其对直接经手卖国的交通总长曹汝霖、驻日公使章宗祥和币制局总裁陆宗舆三人更为切齿痛恨，深感其卖国罪行远甚袁世凯。是可忍，孰不可忍！于是，当晚北京各大专院校学生代表即开会于北大法科礼堂，将原拟5月9日全市学生游行示威，提前于5月4日下午举行。5月4日下午，北大、北京高师等14所大专院校学生共3000多人，陆续到达天安门广场，周谷城与集会的其他学生一样，手里拿着一面小旗，旗上写着“外争国权，内除国贼”，“取消二十一条”，“还我青岛”，“惩办卖国贼曹、章、陆”等口号，并时不时地摇旗呐喊以振声威。天安门城楼还悬挂着引人注目的对联：

卖国求荣，早知曹瞒遗种碑无字。

倾心媚外，不期章惇余孽死有头。

集会队伍后从天安门广场出发，边游行，边呼口号，当周谷城与学生们行至东交民巷帝国主义使馆区时，为反动军警所阻，于是队伍便转奔东城赵家楼曹汝霖住宅，找曹汝霖一伙算账。时大门紧闭，警卫把守，高墙耸立，不得其门而入。此时，周谷城的湖南同乡，也是高师的同学匡互生发现围墙上方有一窗口，乃使出其自幼练就的一身功夫，猛力上蹿，抓住窗上铁栅，使劲一掰，拳碎窗玻璃，只身跃入曹宅，捅开大门，队伍一拥而入，就这样演出了一幕中国近代史上火烧赵家楼曹汝霖住宅，痛打章宗祥的惊心动魄的壮举。对于5月4日这天的运动，周谷城感受很深，他认为：“这个运动得到很大的结果。第一，巴黎和会没有签字，我们没有丧权辱国，那几个外交家至少在那个时候的表现是爱国的。这是一大成就。第二，赵家楼一伙虽然没有受到什么处罚，但不那么神气了，下来了。这也是空前的成就。第三呢，学生造成那么大的运动，喊出‘处罚媚外官僚’，要阻止中国外交官在国际和约上签字，而且成功了。学生虽有十几个被抓，但学生有勇气。”④

周谷城参加了“五四”爱国运动，他曾回忆说，自己在运动中“不是叱咤风云的人物，而是摇旗呐喊的群众。”⑤由于不是组织者，他就遇到了青年学生如何处理参加运动与读书的关系问题。

周谷城一向酷爱读书，惜时如命，甚至搞体育活动也怕耽误学习。如周谷城周谷城自己说：“高师的体育活动也很活跃，参加运动的人也很普遍，我自己是个‘体育贵族’，怕体育影响读书，但是（每天）也要参加几十分钟的体育活动，这是学校规定的，必须遵守。我选了射箭，射完后就可以看我的书去了。我什么都不想参加，就想坐着看书。但是参加了锻炼，使我身体现在还好。”⑥

周谷城虽爱读书，却又是个忧国忧民的热血青年。他不是一个“两耳不闻窗外事，一心专读圣贤书”的书呆子。如前所说，五四运动发生那天，他积极投身于爱国运动，“北京的运动，我曾直接参加，摇旗呐喊。”他极力主张并参加罢课、游行、示威、呼口号、发通电、做宣传、开讲演会，要求“废除二十一条”、“收回青岛”、“严惩卖国贼”、“拒绝和约签字”、“抵制日货”等等。但是，他又不如他的好友匡互生那样激烈。他善于把运动与读书结合起来，一方面积极投入这一运动，一方面又利用罢课时间博览群书。他认为“读书要靠自己，罢课也不影响读书。”他真正做到了运动、读书两不误。这或许是由于周谷城的头脑比较冷静、思虑周详、处事细密，他认为反帝反封建的斗争任务十分艰巨，不可一蹴而就，必须坚持持久的斗争，因此，留得青山在，不怕没柴烧，也许是周谷城认为“参加五四运动的群众，最初完全是知识分子，即大专学校与中学生，其中有资产阶级或地主阶级出身的，有小资产阶级出身的，也有无产阶级出身的，以小资产阶级出身的为最多。”⑦而反帝反封建的斗争则是民族斗争、阶级斗争，而要取得这场斗争的彻底胜利，知识分子必须唤起民众，必须唤醒民族，必须发动工农大众长期共同奋斗。他更注重宣传、鼓动和帮助民众觉醒方面的活动。所以，每当假期，周谷城便邀集一些因家贫回不了南方老家的穷同学，住进北京西山大觉寺、卧佛寺等处，一边到郊外农村进行调查、研究、读书、写作，一边接近农民，做宣传、搞讲演。他们常常三五成群，骑着骡子，携带留声机片子，到几十里远的乡间进行宣讲。每到一村，即在村旁树下，或村头庙里，放留声片以吸引群众。当集合了几十人，即开始宣讲，告诫当地农民不要迷信鬼神，不要给女孩缠足，不要轻视妇女；要爱国，要用国货，要懂得国家大事；要爱清洁，要打开窗子通气等，因他出生在农村，对农民有感情，所以乐意为农民宣讲这些。有时也采取召集农村年长者开座谈会的方式进行宣讲。不仅深入农村宣讲，周谷城还和青年学生一道到北京的工人识字班或夜校，自任义务教师，帮助工人学文化，并讲解国内外形势、新思想及爱国运动等。当时北京高师校门旁就专设有一间小小的演讲厅，门朝马路，门上有北京大学校长蔡元培所题“教育平等”四字。学生每晚7时左右，自动的向劳动人民讲新形势、新文化、新思想，周谷城就成了其中的一个积极分子。

三、崭露“辩才”

周谷城认为读书，一定要善读书，即注意掌握好的读书方法，这是至关重要的。周谷城酷爱读书但不做书呆子，他把读书与锻炼自己多方面的才干结合起来，即爱读书也要学习写作，所以后来他著述宏富，专著十余种，论文数百篇，对社会的贡献很大，影响亦很深。他在学生时代就开始写作，发表文章。

周谷城在北京高师学习时，该校有两个新事物，深深吸引了他，一是国文、英文等各部学生都有学会组织；二是各学会自己都创办刊物。

就学会而言，有国文学会、英文学会等，学生自愿参加，每周活动一两次，每月学会举行讨论会、讲演会、辩论会，带争论性的问题，不仅校内组织辩论，校际之间也有辩论。无疑，这些活动对活跃校内学术风气，锻炼和培养学生的思辨能力大有益处。

北京高师各部还办有不少杂志，在全国发行，很有影响。周谷城所在英语部的英语学会，办有英语杂志，周谷城积极参加学会活动，他也是英语杂志的编委之一。他认为参加编辑工作，既提高了英语水平，也锻炼了自己的工作能力。

周谷城在北京高师读书时，北京大学校长蔡元培着力提倡对学生进行美育教育，他针对长此以来儒家的传统教育，倡导要改革传统教育思想，“以美育代宗教”，时在高师读书的周谷城受到蔡元培美育思想的较大影响，从那时起他就开始注意钻研美学。1918年，周谷城的朋友周予同、匡互生创办一个全校性的刊物——《教育丛刊》，他为创刊者写了第一篇洋洋万余言的论文——《论美学》。这篇文章，既是他反对封建传统教育思想的行动，也是他研究美学的开始。

其时，周谷城也经常为《教育丛刊》提供翻译稿子，因而成为该刊主要的投稿人。这样做，他自认不仅锻炼了自己，也提高了翻译水平，而且也为日后提供了以译书卖文为生的谋生手段。

“五四”时期，是新、旧文化运动的交替时期。受新思潮、新文化的鼓动与影响，青年学生的思想活跃，自由讨论问题的风气颇为盛行。

据周谷城回忆，当时北大、高师校内自由辩论蔚然成风。有几场辩论，对他来说，印象是极深的。

一是白话文与文言文的辩论。其实，白话文中国原来就有。古代根本就没有文言与白话之分。后来有了分别，流行的章回小说及戏剧唱本，多用的是白话本。不过“五四”前不久的新文化运动中，一些运动中的主将极力反对文言文，提倡白话文，甚至还有人特别强调用白话写一切文章。当时，北京的报纸杂志发表的文章多是白话文，如《晨报》副刊及《新青年》杂志上的文章，都用白话文，而其中发表文章者多是北京大学教授。当时，南京有一份影响较大的杂志，名叫《学衡》，发表的文章全是古文，写文章的多是南京高等师范学校的教授。北京的白话文，南京的文言文，两相对峙，俨然唱对台戏。会作古文的林琴南，从英文中翻译过许多小说，都是用文言文译出，而且多带辞章家的意味。他曾挺身而出，反对白话文，他在报上发表公开信，批评北京大学校长蔡元培，指责他不该把一些写白话文的人留在北大校内。当时，还有会作古文的章行严，也常根据英国政治学家的理论，写中文政治文章，也好用古文，反对白话文。他个人曾创办《甲寅》周刊，以容纳多方面的古文或文言文，专门与作白话文的人对抗。周谷城在这场辩论中，他态度明确，赞成用白话文写作。随着白话文的胜利，文学作品的写作也有了变化，陈独秀、胡适大倡文学革命，主张用白话文写作，不写才子佳人的小说，不写无病呻吟的诗歌，应创作平民文学，大势所趋，古典作品渐渐减少。

二是关于中国哲学史的辩论。当时鼓吹杜威实用主义的胡适，写了一本《中国哲学史大纲》，颇为流行，感兴趣的人不少，批评反对的人也多，梁启超就是批评者之一。当时北大法科系学生请梁启超演讲，他就以批评《中国哲学史大纲》为题作报告，其批评很尖锐，从而展开了自由辩论。周谷城聆听了演讲。他清楚地记得梁启超的"演讲连续两个下午，每次三小时，听讲的人相当多。头一个下午，被批评者没有出席，但他听说听众多，声势也大，第二天下午出席了。他在梁讲话之先，自动向大会主席请求说几句话。他说昨日因事未来，很抱歉，并说他年少时即读梁先生的书，受益不少，今天希望梁先生多多指教。"⑧

三是围绕对整个社会的改造问题，发生了改良与革命的辩论。以胡适为代表的资产阶级知识分子，在报刊上发表文章，反对研究俄国十月革命的人，坚持少谈些主义，多研究些问题，主张对社会进行一点一滴的改良，而以李大钊为代表的向往俄国十月革命的知识分子，则主张彻底的社会革命，效仿俄国，用马克思主义指导，改造中国社会，主张对中国的问题要"根本解决"。指出"根本解决这个话，很容易使人闲却了现在，不去努力，这实在是一个危险。但这也不可一概而论……在没有组织、没有生机的社会，一切机能都已闭上，任你有什么工具，都没有你使用做工的机会。这个时候，恐怕必须有一个根本解决，才有把一个一个的具体问题都解决了的希望……经济问题的解决，是根本解决。经济问题一旦解决，什么政治问题、法律问题、家族制度问题、女子解放问题、工人解放问题，都可以解决。"⑨

对这几场辩论，周谷城是记忆犹新、印象深刻的。尤其令他难忘的是，他受李大钊思想的影响，还发起了一场阶级问题辩论会。

那是"五四"后不久，周谷城同高师的陈兼善、何世方等学生商量，约清华大学的同学举行一场辩论会。周谷城、陈兼善、何世方三人代表高师文科学生，赴清华与指导学生活动的马老师及学生代表三人商量，取得同意。双方协定：一、双方各出一辩论题，请北大校长蔡元培选定；二、大会在高师礼堂举行，由高师代理校长陈映璜任主席；三、双方辩论员各三人，主辩一人，发言二次，每次不过二十分钟，副讲二人，各发言一次，每次不过十五分钟；四、聘请司法界、科学界、教育界有地位者各一人担任评判。商量协定后不久，双方出好辩论题目，请蔡元培选定。结果选定了高师周谷城出的题目“人类社会中不应有单独的知识阶级存在”。高师学生对此高兴极了，认为此次辩论一定能获胜，周谷城对此也充满必胜的信心。

四、与胡适的初次交往

正值辩论高潮之际，周谷城与当时声名显赫的胡适在辩论中交上了手。某日，辩论大会在高师礼堂举行，学生及教师到会者一千余人，会议很隆重，开幕时有乐队奏乐，由高师校长主持会议，请了三位著名人士对辩论作评判。教育界是胡适，科学界是汤尔和，还有司法界一位。按协定的办法进行辩论，高师的主辩人是周谷城，副主讲是陈兼善、何世方。辩论近三小时，双方发言完毕，主席请评判员会商结果。在他们会商之时，高师学生认为“人类社会中不应有单独的知识阶级存在”，辩论中理由既充分，发挥也不错，自认稳操胜券。几分钟后，主席请评判员宣布结果，这时三个评判员推胡适宣布。胡适就辩论情况发了一通感慨后，即宣布主张“人类社会中不应有单独的知识阶级存在”的高师失败了。这时高师参加辩论的三位辩手固不服气，其他师生也不以为然，但无可奈何，只能在背后议论说：“胡适等人有偏见。”

周谷城在高师读书时，最崇拜做学问扎扎实实，已获得丰硕成果的老师，最反感的是那些既无学问又装腔作势吓人的人。

当时周谷城内心最佩服的国文教师是钱玄同，还有来高师兼课的北大教师朱希祖、马幼渔。他们三人都是章太炎的弟子。钱玄同（1887—1934）是著名科学家钱三强的父亲，他一生从事经史小学的研究，于文字学、音韵学造诣很深，有所发明，著有《文字学音篇》、《经学史略》等巨著十余种。

“五四”时期，他又和陈独秀等人一起编撰《新青年》，参加新文化运动，倡导中国文字的改革，在当时影响甚大。在“五四”爱国运动中，他同情学生，跟着学生一起游行，是学生尊敬的教授，周谷城则更为敬重他的为人与治学。

其次还有王烈、何炳松、王桐龄、章厥生等文科教师，他们是英语部、史地部等各部的主任，都各有专长，且著述很多，周谷城也很尊敬他们。比如史地部主任王桐龄，学问好，著作不少，著有《中国通史》，周谷城读过他写的书，也听过他讲的课，很喜欢他。新中国成立后，周谷城曾陪徐特立去看望过他。

当时北京高师的教师中还请了不少外国人任教，其中，有美国人，也有英国人。周谷城对洋人并不崇拜，用周谷城自己的话来说：“那时到中国来教书的外国人，不会有什么学问的。”当然，此话说得有点绝对，但却有缘由的。在高师，最令周谷城反感的有一个名叫白兰美的美国教师。他无多少学问，而工资却很高，一个月要拿几百块银元。他教周谷城的外国文学作品课，主要介绍莎士比亚的作品，但他从不用原著作教材，自己不认真备课，对作品没有研究心得，因此，讲起课来枯燥乏味，学生意见很大。周谷城常常不听他的课，逃课，但驯育员上课时要查教室，缺课的要登记，周谷城对此很恼火，特别是期末考试，白兰美出的考题多是一些让人死记硬背的，如“威尼斯商人是什么样子”，等等，高师考试制度又十分严格，凡不及格的都要公布于众。周谷城既不听课，又不死背呆记，因此，这科考试很难及格。受五四新文化运动的深刻影响，周谷城思想获得了解放，他敢于反叛旧考制，于是就带头驱赶白兰美。白兰美是胡适的好朋友，胡适认为学生不服管教，有点胡闹，便亲自出马为白兰美保驾，找校方交涉。谁知周谷城等学生并不买账，最终，他带头将白兰美赶出了高师。

注释：

① 周谷城：《我怎样研究起史学来的》，《文史知识》，1983年，第10期。

② 周谷城：《我怎样研究起史学来的》，《文史知识》，1983年，第10期。

③ 指“五四”爱国运动。

④ 周谷城：《蔡元培先生与北京大学》，《周谷城教育文集》,吉林教育出版社，1991年，第422页。

⑤ 周谷城：《蔡元培先生与北京大学》，《周谷城教育文集》，吉林教育出版社，1991年，第422页。

⑥ 周谷城：《五四运动与北京高师》，北京师范大学出版社，1984年3月出版，第181页。

⑦《上海文史资料》1979年第5辑，第2页。

⑧ 周谷城：《纪念五四运动六十周年》，《上海文史资料》，1979年第5辑，第7页。

⑨ 李大钊：《再说问题与主义》，《每周评论》，第三十五号（1918年8月17日）。

第三章

在大革命的洪流中

（1920—1927）

一、初识毛泽东

周谷城于1917年考入北京高师，本应在1921年秋天毕业。但是，一方面因为在学校已经没有一点事可做，另一方面因为湖南省立第一师范学校需要教师。周谷城的好友匡互生已于1919年毕业，并回湖南工作，他在长沙湖南第一师范当教务主任。他邀请周谷城前来一师任教。周谷城认为好友的邀请值得考虑。

当时湖南第一师范是全国闻名的一所崭新的师范学校，校长易培基在进步师生的积极支持下，顺应新文化运动的历史潮流，利用自己在省长公署和省教育会的工作职务，大胆进行教育教学改革，又先后聘来了具有新思想的教员十多人，如从西欧留学回国的杨昌济，赴法勤工俭学回来的徐特立，还有思想新锐的黎锦熙、方维夏等人，都是此时聘来学校的。他决心依靠这些人，把第一师范办成国内教育教学水平一流的学校。

毛泽东1918年夏从湖南第一师范毕业，“五四”运动后在长沙修业小学任历史教员，1920年暑假被易培基聘请为一师附小的主事，并兼师范部22班国文教员。按理说，易培基对一师教师的挑选是十分严格的。当时在一师任课的教师，多半是一些到国外留学或是在国内著名大学毕业的学生，有的还是社会上的知名学者，对此，前已述及。毛泽东在第一师范毕业后不久，便被聘为附小主事和国文教师，这在当时是“破格之举”。当然，这完全在于“易培基对毛泽东很器重。易曾教过毛泽东所在的第八班的国文，对毛泽东很了解，他们之间的关系很密切。”[①]

毛泽东在一师除担任附小主事，兼任22班国文教员外，还被第一师范的校友推选为学校校友会第19届会长。毛泽东一方面利用自己的工作职务，另一方面通过与校长易培基的关系，在学校进行了积极而有意义的教学改革活动。同时，他以教学工作为掩护，巧妙的宣传马克思主义，培养革命骨干，从事中国共产党的创建工作。如他兼任第22班国文教员时，就把李大钊的《今》，徐特立的《留法老学生之自述》，鲁迅的小说以及《新青年》杂志上的文章作为教材，尤其突出的是，把马克思、恩格斯的《共产党宣言》作为教材，对青年学生进行革命思想教育。由于毛泽东等的热忱宣传，推广新思想，新学说使得校内革命“新风”甚浓。

1921年春，周谷城提前半年来到湖南第一师范。他携带简单的行装和几大篾笼子书来到位于长沙城南、妙高峰上、湘江之畔的第一师范。时值江南草长，风和日丽，周谷城的心情十分激动。特别令他高兴的是，一到学校，便强烈地感受到了校园内的改革风气与学术新风。

周谷城来到一师后，任师范部英文兼伦理学教员。如前所述，周谷城在北京高师学习时，就爱读书，特别是喜欢读介绍和研究马克思主义的书。他自己曾总结一生的经验说：“我进行工作，几十年来，幸未发生过较大的与马克思主义、毛泽东思想相违背的错误。这与我对理论的学习是分不开的。”[②]“五四”运动时期，他读过一些英文本的马列著作丛书，使他最感兴趣的一本是恩格斯的《社会主义从空想到科学的发展》。由于当时受到新文化运动的深刻影响，他想读一些高深一点的马列著作。所以，一到一师，便决心进一步钻研马列著作。他采取“C·O·D”的办法，即“付款取货”的办法，向日本东京丸善株式会社函购英文本的马列著作，共购了两套三卷本的原著《资本论》，一本为英文本的，一本为德文本的。其时，国内尚无人翻译过《资本论》，直到1938年，180万字的三卷本中译本《资本论》，才经郭大力的十年艰苦耕耘而问世。

毛泽东在一师附小任主事，在师范部兼国文教员，而毛泽东又与匡互生的交往甚密。当时，匡互生已加入毛泽东、蔡和森创办的进步团体——新民学会，周谷城和匡互生又是高师同学，也是“五四”爱国运动中的挚友，这样，毛泽东、匡互生、周谷城三人，既成为同事，又因爱国结成了好友。不过，周谷城与毛泽东之间还有更深一层的关系，那就是他们两人都信仰马克思主义。

1921年7月，毛泽东从上海参加中国共产党第一次全国代表大会后回到长沙。在一个秋高气爽的傍晚，夕阳的光芒反射在一师的上空，使这所美丽的学校显得格外幽静。这时，周谷城刚吃过晚饭，毛泽东突然来青山祠周谷城的宿舍造访。毛泽东刚踏进他的房间，就被那书架上琳琅满目的各种书刊报章吸引住了。有线装的古籍，也有精装的洋文书，有期刊，也有日报，特别引人入胜的还是那两套三卷本原著《资本论》。毛泽东很感兴趣，他一面用手抚摸着《资本论》，一面半庄半谐地说：“您看这些书，不怕惹麻烦吗？”周谷城说：“怕什么，该不会惹什么麻烦吧！”[③]从那次交谈以后，或许是共同强烈的爱国心和改造中国的远大理想，把这两位热血青年紧紧地联系在了一起。他们之间，往来更加频繁，课余饭后，互相造访，书房卧室，促膝谈心，或漫步于校园，或并肩于田野。他们推心置腹，倾诚相见。从学术到农民问题，从学校到天下大事，无所不谈，谈无不尽。毛泽东侃侃而谈，言之成理，且语意深刻，使周谷城深受启发和教益。毛泽东还送给周谷城一些“康民尼斯特”（即共产主义者）方面的书。这样，他们就成了莫逆之交。周谷城在毛泽东的开导下，不仅更加努力钻研马克思主义，而且逐步确立起为工农大众服务的信念，并开始为改造中国的理想而共同奋斗。

为了做好培养革命干部的工作，毛泽东于1921年10月，利用船山学社的社址（中山东路）和经费（每月四百银元津贴）创办了湖南自修大学。毛泽东自任教务主任，函请李达自上海来长沙任校长，他又聘周谷城为讲师。毛泽东把自修大学作为公开从事革命活动的场所，以宣传马克思主义，培养革命骨干，加强党、团干部的理论学习，并团结社会进步知识分子，扩大共产党的影响。自修大学办得非常出色，在国内影响甚大。当蔡元培看到自修大学的组织大纲之后，写了一篇《湖南自修大学的介绍与说明》的文章，发表在上海《新教育》杂志上。文章说，“自修大学合我国书院与西洋研究所之长而活用之。其诸可以为各省新设大学之模范者欤！”④

因自修大学招生的水平较高，不能适应一般知识青年，更不能适应青年工人的要求，在1922年9月间，自修大学即正式附设“补习学校”（后来附设初中班），公开招生，为党训练革命青年干部。校务由何叔衡主持，夏明翰任教务主任，周谷城、李维汉、姜梦周、夏曦、罗学瓒等任教员。补习班的学生中有进步的知识青年，也有青年工人知识分子。学生最多时达200余人。自修大学曾多次公开举行关于马克思主义学说的演讲大会，系统地宣传马克思主义。何叔衡、罗学瓒、郭亮、夏明翰、毛泽民、毛泽覃、陈佑魁、陈昌、贺昌、贺尔康、夏曦、易礼容等著名共产主义者或革命者，都是自修大学或补习学校的工作人员或学员。这样，自修大学就成为湖南革命者的摇篮，事实上的中共湘区党校，它为国民革命军北伐培养了大批政工人才，为党发动工人、农民运动准备了大批精干和坚强的革命骨干。1923年11月，湖南反动军阀赵恒惕以所谓“自修大学所倡学说不正，有关治安”为由，下令封闭了自修大学。

周谷城当时虽谈不上是马克思主义者，但在自修大学的这段任教生活，对他日后参加农民运动，用马克思主义的阶级分析观点考察中国的农民问题，影响甚大。

二、教书重心得

周谷城到湖南一师任教后不久，除继续担任一师的英文和伦理学教学外，又被省立一中校长董文豹礼聘为该校教务主任，主持学制改革兼任英文教员。1923年初，他又到明德中学兼课。教务繁重，但他勤勉办学。他根据学制改革精神，在一中任教务主任期间，主持制定了一中“学则八章”，从1923年3月1日起，所招新生，都采用新学制（初、高中各三年制——六年制）。改革中，他特别注重指导学生的自治，还强调教职员要以身作则做学生的表率等。

周谷城认真主持学校的教学改革工作。工作之余，他也积极投身于反帝反封建的革命运动。1923年2月8日，当军阀吴佩孚制造“二七惨案”，屠杀罢工的京汉铁路工人的消息传到长沙后，他与一中全体师生参加省城长沙万人游行大会，抗议吴佩孚制造的暴行。3月，为抗议日本拒不归还我国领土旅顺、大连（当时日本租借两地期满）之卑劣行径，长沙各界组织“湖南外交后援会”，进行抗议。周谷城则指导《一中学生》校刊，发行对日经济绝交专号。6月1日，日舰开枪打伤一中外交后援会调查员学生符契，下午又打死围观的小学生与工人2人、重伤9人，造成“六一”惨案，外交后援会紧急集会，向日方提出交涉八条。次日，省会长沙数万人抬尸大游行，宣布对日经济绝交。6月8日，督军省长赵恒惕下令解散“外交后援会”，一中学生不顾反动政府的高压，在周谷城的支持下，推杨建模等10余人为一中学生代表，到赵宅抗议。虽然此次行动遭到赵恒惕的镇压，但它显示了周谷城与革命师生英勇顽强的斗争精神。

在主持教学改革、参加革命斗争的同时，周谷城仍按学生时代养成的习惯行事，搞运动不忘读书做学问。他在一师教伦理学课程时，即着手自己编讲义，依据自己的学习心得备课，力求“成一家之言”。1923年，周谷城撰写了《实验主义伦理学》一书，交给商务印书馆出版，作为师范学校教材印行全国，该书出版后深受当时的青年学生欢迎，至1933年已印行5次。

这部教材之所以受到青年学生的好评，是因为周谷城在编写中，不人云亦云，而是较好地融进了自己的研究心得，阐发了自己独到的学术见解。

从周谷城所编纂的伦理学教材中可以看出，他的伦理思想，深受蔡元培的影响。他认为蔡元培是中国伦理学的开山祖。他认真地读过蔡元培写的《中国伦理学史》和《伦理学原理》，用周谷城自己的话说：“《伦理学原理》这部书是毛主席浓圈密点的一本书，也是我密点浓圈的一部书。”《伦理学原理》里有“至善快乐论”，人达到至善境界，就是快乐的。又有“无上命法”，按道德做事，是无条件的。为什么要做好事？没有什么原因，就是要做好事，这叫“无上命法”。他认为这些都是蔡元培的独创。

此外，周谷城编写伦理学教材，也受到美国杜威思想观点的影响。如前所述，杜威是当时美国著名的实用主义伦理学家，是胡适在美国留学时最崇拜的老师，“五四”时期，他来中国讲学，到过上海、长沙等地作讲演，他的思想在“五四”时期的青年学生中影响较大。而杜威的实用主义伦理学则来自德国一位名叫Paulsen的青年哲学家，他著了一本书叫《System Of Ethics》。书分三个系统：第一套系统是历史发展与人生；第二套系统是伦理学原理；第三套系统是道德论。杜威留学德国时就学这本书，回国后与人合写了一本伦理学著作，完全是仿Paulsen的系统：历史、伦理学、道德论。蔡元培的书，与德国的Paulsen和美国杜威学术观点大体相似。“但他把中国精神贯彻了，有中国特色，如至善快乐论（中国有止于至善）。因此，他讲伦理学，是第一个人，开创者。”周谷城编写伦理学教材，经再三思考，就以杜威的伦理学为依据。周谷城认为，当时杜威是实验主义的创始者，“他讲伦理或道德，也是以他的主义为根据。”并认为“杜威对于伦理学上许多重要问题，都能较圆满的解决。例如，动机与结果之冲突，个人与团体之冲突，经验与理论之冲突，良心的命令与外力的制裁之冲突等等，都是伦理学上难以解决的问题，他用那生长、改造、重新组织、重新适用等观念来解释，便都不成问题了。”

周谷城吸收了蔡元培、杜威伦理学思想中的一些观点，但他自己也作了较大的发挥。周谷城认为伦理学的实质为“道德论”，他在所写讲义《德论》一章中说：“德的定义——要维持生活的价值，扩充生活的价值，须靠自己。凡各人的品性能享受种种应当享受的价值的便是德，与这种价值相反的，便是不德。”“由是我们可以定德之意义如下：德即是为促进幸福而发展的天能，亦即是与幸福合一的天能，又可以说德是估定社会价值的习惯。由前之说，德即是促进社会上的安宁和幸福的本能，由后之说，德即是认明社会幸福的本能。”“德的基本方面有：一、自持：理性与欲望调和融洽；二、勇敢：即不畏困难，不图苟安的精神；三、公正：正直、公平，法律的公正；四、智慧：审度四周的情形，预计将来的结果，这种思量考虑便是道德上的智慧。”人类所遇的情形，时时变动，推想的能力，便随着增加，于是向前追求的精神益见勇敢。[⑤]

周谷城此时的伦理学思想观点尽管有待进一步完善，但他不囿于他人之见，能抓住伦理学之核心问题——道德论，作较为深入地思考与论述，提出自己的独特见解，这是难能可贵的。

三、著《生活系统》：奠学术思想之基

如前所述，周谷城从读高师起，就开始写作与发表文章，并萌发了著书立说的思想。到湖南第一师范工作后，他一边教课，一边根据自己的心得，编写讲义，从而正式开始了著书立说的治学生涯。

在北京高师读书时，周谷城对学校任教心理学的、伦理学的、哲学的老师的教学都不很满意，原因之一，他认为课堂上讲的内容，自己都看过了，了解了，因而，兴趣不大。所以，一到湖南第一师范，除用心钻研马克思的《资本论》外，又泛读了心理学和社会学等方面的书达几十种，经过独立思考，比较研究，他觉得这些书所表述的观点，他没有一种完全反对的，也没有一种能完全接受的。在这种情况下，周谷城反复琢磨着，心想自己今后在学问上能搞出一点名堂来，就必须在融会百家学术思想的基础上，尽早地构建起自己的学术思想的基本体系，为今后的学术研究打下基础。于是，他经过苦苦思索，将马克思主义的一些哲学原理，运用于自己较为深入的学术探讨之中，最终，他初步构建起自己的学术思想系统。他的第一部哲学著作，名叫《生活系统》，1924年由上海商务印书馆公开出版了。

《生活系统》一书在周谷城的学术思想中占有特别重要的地位，可以说，这本书影响了他一生的学术研究。他本人很重视这本书，自认，他的学术思想体系的基础就是这本书奠定的。他曾多次指出：我真正树立了一个系统，叫《生活系统》，我搞出一个体系来了。成了一家之言，那就是《生活系统》，我写书和写文章好像很杂，既写历史、写逻辑，又写美学。但这不是偶然的，在我的思想系统中非写这些不可。这一点，我在1923年商务印书馆出版的《生

活系统》一书中已决定了。[6]1983年，他在《我怎样研究起史学来的》一文中谈到《生活系统》的基本思想时还说："这在我个人的学术体系上，似乎是一个框框，但我后来的工作，如果称得上是治学，确实是依这个框框进行的。"[7]因此，了解20世纪20年代周谷城写的这本书，对于了解他的整个学术思想体系的构建，以及他的人生观的形成都是至关重要的。

周谷城在该书的《自序》中说："写这本书的目的，只有一个，就是要说明生活真相。"具体地说："就是要说明生活进化所必须经过的几种很明显的状态。"[8]书中所论及的"生活"这一概念，实指人类社会历史。所谓系统，则指人类社会历史演进中所表现的"组成系统"的"一些较为普遍、较为永久的、较为可靠之原理"。他认为："将关于一类事物之一群原理，组成一个有机系统"，"即为科学"。"合之为科学，分之为原理。"可知所谓"生活系统"，也就是生活科学、社会原理、历史哲学。

周谷城谈到："《生活系统》的基本主张，就是把向来心理学上所谓知、情、意三个方面，化为三个阶段，方面是就空间并存而言，阶段是就时间相续而言的。"[9]这段话也许可以当做我们了解《生活系统》的一把钥匙。在这里，"三个阶段"又可称为三种生活状态，或三种人生境界：分立之境（或问题之境）、浑融之境（或无差别境界）和信仰之境（或奋斗之境）。[10]而"今书讲的是人和环境间关系之协调。但我的着重在内，始终在反对构造派心理学关于知情情意的机械分法。有个学者指出《生活系统》力图表明这样一种学术观点，任何思想都不是偶然产生的，而是来自现实生活，生活本身使人有所感，从而产生了各种看法和见解"。

《生活系统》一书共分七章。第一章绪论首先区分了生活与人生观。第一，生活为根本的，人生观为后起的；第二，生活是客观的，人生观是主观的；第三，生活是生物的，人生观是伦理的；第四，生活是无目的的，人生观是有目的的；第五，生活是不论价值的，人生观是论价值的。上述生活与人生观的五大区别也许不尽合理，例如，生活既是人的生活，就不会仅仅是生物的，而且也是伦理的。又例如，将人的生活包括男女相恋，儿女情长笼统地称为客观的，或许也有点勉强。然而，区分生活与人生观，无疑是深有见地的。

正因为《生活系统》一书作了这种区分，避免武断地谈论人生观，而是集中于对生活本身的探讨，使得该书对人生的见解有独到之处。

接下来有三章分别探讨了人生观的三种状态或 阶段。第二章讨论自我与环境的分立状态，这种分立状态就是有问题的生活。这种问题状态又细分为三种情状：一是自我与环境分别独立；二是自我与环境发生冲突；三是主观方面的痛苦难堪。为了解决问题，避免痛苦，于是便产生了思想。而思想又进一步对行动发生影响。思想对行动的影响主要有三种形式：一是限制行动，二是解放行动，三是指导行动。周谷城认为思想虽然对行动负有责任，但其自身却仍是自由的。第三章讨论自我与环境之浑然一体的状态，这是一种无问题的或自然的生活状态。在周谷城看来，无问题的生活状态有如下特征或条件：一是行动不遇障碍，二是无心理地追逐，三是环境能适合自我之活动。在上述条件下，生活成为浑然一往直前的活动。周谷城进一步认为这种生活状态就是生活之本来面目，生活之根本状态。就像江河一样："浑然的向前奔流，既不受任何牵挂，又不遇何种障碍。滔滔不息，自然而然。"[11]这种无问题的生活有许多特别性质：第一是"安定"，第二是"自然"，第三是其根本方向就是自身。接着，周谷城提出其重要的思想："绝对，无差别境界"。这就是程明道之所谓"仁者与天地万物为一体"之物我不分的浑然情状。这种情状分析起来大致有如下两个特征：一、心理的活动是被包摄于身体之活动之内的。二、身体的活动，复与环境调和融合。[12]在这种"绝对、无差别境界"中，人便获得"自由"和"乐"。第四章讨论信仰生活。所谓信仰生活，乃由有问题达到无问题的一段过渡生活。换言之，信仰生活为由苦达乐的过渡。周谷城认为，苦痛虽然不能说是信仰生活的主要成分或根本原因，而信仰生活的确与苦痛有密切的关联。苦痛意味着生活发生了问题，问题的存在又促使人寻找解决之途径，即所谓"找出通路"，而"找出通路"便离不开思想了。据此，周谷城提出了一个别具一格的观点，即认为信仰是由思想而来。他说："信仰之出现，固是思想的结果，但思想并不直接产生信仰。信仰是一种心理的倾向，所倾向的那个目标，是思想产生出来的。目标产出之后，信仰心便朝着它倾向着。"[13]因此，信仰包括两个要素：一是目标，由思想所产生，二是信仰心对这个目标的倾向。周谷城还谈到信仰与行动的关系，主要有：一、信仰使行动集中；二、信仰使行动勇猛有力；三、信仰使行动有定向。由此可见，信仰对行动有很大的效力。最后，信仰生活是可转变的，其目标是转入物我浑融的生活境界。

如果说第二章至第四章分别讨论了三种不同的生活状态或阶段，那么接下来的两章则进一步论述了这三种生活状态之间的过渡关系。第五章讨论物我浑融的生活怎样转入物我分立的生活以及生活进化。周谷城认为，生活上问题之发生，乃由于物我两大方面之变动，这种变动又是由自我与天然界的运动所决定的。困难产生后，生插乃为之震动，由此导致物我分立的生活状态。周谷城还认为，生活进化全由人的活动所决定，它是生活的浑然境界、分立境界与信仰境界的“轮转不息”。“只要生活不停止，变动也不停止，进化也不停止。”[⑭]进化之原因是由于物我双方的运动。“生活是这样进化一次，便是轮转一周。轮转不已，便是进化无穷。”[⑮]

第六章讨论生活怎样由物我分立之境转入信仰之境及科学在生活上的位置。这包括两个方面，即消极方面和积极方面。消极方面是正视困难、认识困难和消去困难。积极方面则是“拟定新局面”。拟定新局面，就个人而言为计划，就群体而言，则为科学。周谷城说：“暂时之计划，是人人所必有的，较为永久之真理，不一定人人都知道，彼只图解决现前之困难的人们最看得起暂时的计划。至于科学的真理他们虽大声疾呼地要提倡，但总有点被现前之困难及功利思想所驱使，不能真心去提倡。”[⑯]然而周谷城认为，“我们对于科学，不必持那种似功利非功利的骑墙态度。我们要把科学划分为本质和效用两方面看。对于科学之本质，绝对不容功利的手段来处理。”[⑰]“我们必先求出科学之真，然后讲求科学之用。求真之时，只能为真而求真。真既求出了，然后来讲用。可不能先拿一个功用观念作标准，以为合此者即为科学，不合此者便不是科学。更不将真与用混为一谈，持一种骑墙态度，时而重功用，时而不重功用。”[⑱]

最后一章为全书之结论。此章总结了生活三境轮转进化之观点，并以此为标准评价了当时流行的种种观点。

我们评价周谷城《生活系统》一书的学术价值与意义，决不能脱离该书写作时的历史背景。只有从写作该书的历史背景中，才可能认识其不同凡响的价值与意义。我们认为，对《生活系统》一书的评价应在如下三个基本关系中来把握：一、传统与现代化的关系；二、中学与西学的关系；三、科学与人生观的关系。

从传统走向现代化不仅是近代和当代中国所面临的最重大的历史课题，而且也是近代以来全人类发展的历史趋势。然而，无论西方或东方，在传统与现代化的关系上，都长久地持守着种种错误偏差的观点。其中最富代表性的一种观点就是把传统与现代化对立起来。这种观点认为现代化与传统在本质上是势不两立、水火不容的，因此，走向现代化便意味着与传统彻底决裂，而且，决裂得越彻底越好。这种观点不仅自18世纪后期启蒙运动以来在西方十分流行，而且也极大地影响着本世纪许多中国知识分子，特别是“五四”时期一大批激进知识分子。这主要表现在“五四”时期所提出的“打倒孔家店”的口号，以及之后由胡适之先生提出的“全盘西化”的激烈主张。另一方面，无论中、西方，的确有一批保守派人物，固执僵化，抱住传统死死不放，反对现代化进程。这两种极端的态度其实都是基于一个同样的错误，即视传统与现代化相互对立。或许可以说，这种传统与现代化对立论几乎成了一种时代的偏见。然而，在周谷城所著《生活系统》一书中，我们却找不出这种时代偏见的踪迹。在该书中，传统和现代化之间有亲密的关系。传统中有现代化的潜在因素，现代化中有传统的合理内核。另一方面，传统又的确与现代化有显著区别，两者不可混为一谈。在周谷城看来，传统生活作为人的生活，从来就具有物我浑融、物我分立和信仰奋斗三种境界或状态。在这一方面，传统与现代化具有连续性。如农民日出而作，日入而息，若遇风调雨顺，百事如意，便是一种物我浑融的境界。然而，如果碰到天灾人祸，这种浑融之境便被打破，生活便转入物我分立之境。然而，物我分立之境不是生活的本来面目，或根本状态，因此，人不能长久满足于生活在此种境界中，而是倾向于转向浑融之境。这种倾向以及伴随而来的信仰奋斗，便是生活的信仰之境。传统与现代化的显著区别主要是由古代与现代的不同社会形态所决定的。传统以农业为主的社会形态是一种稳定的、大体上静止的形态，而现代以工业为主的社会形态则不具备那种稳定性，往往变化节奏很快，有时甚至是剧烈的社会变革。因此，身处在现代化的历史潮流之中的周谷城主张一种生活之境轮转进化之生活，既继承了传统，又适应于现代化。

自明末清初西学东渐以来，特别是自鸦片战争以来，东方这个古老的中国文化传统便遭遇到西方资本主义文化的巨大挑战。面对这一挑战，大部分中国学者缺乏一种冷静和包容的态度。这种情况与他们持守的中学与西学对立的立场有密切的关联。其表现就是文化本位论、中体西用论、西体中用论和全盘西化论。这种种立场观点有一个共同的错误，就是将中学与西学对立起来，倘若一定分出了体与用，便是一个排斥另一个。在周谷城《生活系统》中，我们寻不到这种中学与西学对立的时代偏见。在那里，两者不仅不对立，而且互相补充，融洽调和。周谷城并不否认西洋人与东洋人的生活形态有不同的特点。在他看来，中国人喜爱自然而然、清静而为、与世无争的生活；而西洋人则习惯于竞争和奋斗。然而，周谷城并不认为这两种生活状态有什么根本的冲突。恰恰相反，他认为这不过是在人生中所处不同境界或阶段的不同强调或偏重而已。周谷城主张一种生活之境轮转进化之人生观，正是兼容并蓄了中西两种生活状态的结果，而且也是符合历史不断发展，社会不断进步的规律的。

《生活系统》一书发表于1924年。从周谷城为此书所写自序的日期1924年1月2日来看，我们大概可推断此书写成于1923年与1924年之交。当时中国思想界正经历着一场科学与人生观的大论争。这次论争起因于北京大学教授张君劢于1923年2月14日在清华大学所作的《人生观》的讲演。他在此讲演中列出了科学与人生观的五大区别（科学为客观的、经验的、伦理的、因果决定的和统一的；人生观为主观的、直觉的、综合的、自由意志的和单一的或个别的），并由此提出科学不能解决人生观的问题。同年4月12日，地质学家丁文江发表《玄学与科学——评张君劢的〈人生观〉》一文，针锋相对地提出了“科学万能”的观点，并喊出“打倒玄学鬼”的口号，科学与人生观的论争从此揭开序幕，且持续了一年半的时间。参加论争的有不少当时著名的哲学家、科学家与各派政治领袖人物。在《生活系统》一书中，周谷城有段文字批评了胡适实用主义的科学观，并兼涉张君劢和梁任公的学术观点。[19]可见，周谷城对于当时科学与人生观的论争不仅了解，而且关切。然而，在该书中却没有片面强调科学或视科学与人生观不相干的偏差。该书用整整一章（第六章）来论述科学在生活上的位置。周谷城一方面相信科学在人生中有着不容忽视的重要性，它对于生活如何由物我分立之境转入信仰之境是不可或缺的要素。另一方面，科学既非万能，也不是自我满足的（无论从方法论或价值论来讲都是如此）。

我们认为，生活三境轮转进化的人生观虽然不是十全十美，甚至在某些方面也不无缺失，然而，这种人生观的提出对于会通古今、融合中西，以及调和科学与人生观来说，堪称为一个楷模。因此，下面对《生活系统》一书的三项批评决不抹杀该书的上述历史意义。

周谷城在绪论一章中申述了自己对研究生活所持的态度：一、只图阐明生活的本身，不急于立什么人生观。二、依据科学方法，分析事实，一本无所为而为的精神，客观的态度，探究事实的真相，成见武断，务排除尽净。三、以生物的及心理的事实为中心。[20]尽管如此，周谷城似乎仍未能完全超越其“成见”与“武断”。

从周谷城在书中所体现出来的宇宙人生观来看，他所注重的只是物我关系，即自我与环境的关系，其生活系统即是物我浑融、物我分立以及信仰奋斗三种生活境界或阶段与其间的轮转与进化。这种宇宙人生观并非完全不带“成见”，而基本上是否属于道家体系？因此，从中国文化来看，《生活系统》的局限性在与对情际关系，特别是孔子的仁学未予足够的重视。虽然，我们可以将该书中的“物”或环境理解为自然环境和社会环境，但物我关系仍然未能充分地包含儒家的人伦情际关系。生活中的许多问题，例如剥削、压迫、争夺、战争、谋杀、偷盗、妒忌、仇恨等等，并不能统统归结为天灾人祸，也不只是物我分立的问题，乃是情际关系的破坏与人际关系的冲突。因此，这些问题都不能在物我关系的框架下得到充分的处理。

与西方文化比较，周谷城似乎未能充分了解基督信仰中的“上帝”。《生活系统》一书中称“上帝创世说”为一种迷信，却对此结论未予论证。为什么上帝创世说应称为迷信呢？这一结论是根据什么得出的呢？是根据无神论？或是根据唯物主义？但无神论和唯物主义是否比上帝创世说更合理呢？或许，周谷城认为上帝创世说不符合科学。然而，有理由认为，西方近代科学的产生恰恰依赖于上帝创世说。在基督信仰的宇宙观中，存在着上帝—人—自然之间的三边关系。上帝与自然（包括人）之间的区分正是由上帝创世说所决定的，即造物主与受造物的关系。正是上帝与自然的本质区别，使得受基督信仰影响的西方传统文化中存在着上帝与自然的基本关系。这种基本关系使得人们对自然的认识有了一个全新的视角，而这一崭新的视角对于近代科学革命能够突破古希腊的宇宙观有举足轻重的影响。反观《生活系统》的宇宙人生观，虽以物我关系为基本框架，以物我浑融为最高人生境界，却忽视了上帝与自然的关系。也许周谷城认为，上帝与自然的关系不属于生活的范畴。然而宗教信仰则无疑属于生活中的重要部分（这一点周谷城也是认同的）。从基督信仰来看，信仰的本质是上帝与人的关系，因此，物我关系不足以刻画宗教的本质。物我浑融的无差别境界虽然是一种崇高的美学境界，却不是一种崇高的宗教境界，其根本原因就是物或环境是无位格的，由此决定了物我浑融的无差别境界不是一种位格关系，乃是一种无位格关系。总之，《生活系统》的局限在于忽略了上帝与自然的关系以及上帝与人的关系。

最后，《生活系统》一书认为信仰的目标是由思想所产生的。诚然，我们有理由认为孔子、老子和释迦牟尼的学说，首先是哲学，然后才发展为宗教信仰。然而，基督信仰的依据是圣经。圣经是否能理解为人的思想产物呢？圣经就其文学体裁而论，首要的成分是历史与叙事（或故事），其次才是人生哲理。《旧约》最核心的部分是耶和华上帝带领以色列人出埃及、进伽南，这主要是历史。《新约》最核心部分是耶稣的生平与教训，包括他的降生、传道、钉十字架、复活与升天。这主要是叙事（或故事）。基督教传统和神学认为，耶和华上帝和耶稣基督作为基督信仰的目标是出自神君。若说它出自人的思想，需要拿出有说服力的论据，否则，便有“武断”之嫌了。

总之，周谷城在写作的《生活系统》一书中，虽努力要客观地研究生活，提炼思想，他也的确提出了许多有创见的学术观点，但由于种种原因，书中在某些方面的论述中，也有个人的“成见”和“武断”之处。

四、开始关注农民运动

周谷城一方面钻研马克思主义，吸收马克思主义的一些基本思想，以指导学术研究，著书立说；另一方面，他又在毛泽东的直接影响和革命形势的推动下，投身于大革命时期湖南的农民运动。

1924年1月20日，在孙中山主持下，中国国民党在广州举行了有中国共产党人参加的第一次全国代表大会。大会通过的宣言重新解释了三民主义，把旧三民主义发展为反帝反封建的，同联俄、联共、扶助农工三大政策相结合的新三民主义。新三民主义成为了国共两党和革命阶级联合的基础，它标志着以国共合作为基础的革命统一战线的正式建立，这次大会成了中国革命新高潮的起点。毛泽东曾指出："由于两党在一定纲领上的合作，发动了一九二四年至一九二七年的革命。孙中山先生致力国民革命凡四十年还未能完成的革命事业，在仅仅两三年之内，获得了巨大的成就。"[21]成就之一就是国共合作的实现推动了工农运动的蓬勃发展。

在以国共合作为基础的统一战线旗帜的指引下，湖南、广东的农民运动迅速发展起来。1924年5月1日，广东省第一次农民代表大会在广州召开，会后，成立了广东农民协会执行委员会，彭湃任委员长。

1924年12月，毛泽东在国民党上海执行部工作期间，由于国民党右派篡权，又由于在国共合作统战策略上与陈独秀的观点发生分歧，加之他工作劳累，身体欠佳，便从上海回韶山养病。回韶山后，他带病发动和领导了当地农民运动，在韶山地区20多个乡建立了秘密农会和公开的群众组织"雪耻会"。

1925年6月底，毛泽东从韶山来到长沙，准备去广州国民党中央党部工作。为了广泛地发动工农群众投身大革命，一天，他到了湖南第一师范，在周谷城、夏曦的陪同下，在第一师范大礼堂，向前来与会的工人、农民作参加国民革命的动员报告。周谷城清楚地记得：毛泽东在讲台上打着手势，并以生动的比喻，向工人、农民讲阶级斗争的道理，“阶级斗争是没有妥协、没有中立的余地的。比如，一条大河，你在里面游泳，老不靠岸，既爬不上那边，也爬不上这边，终究要被水淹死的。阶级斗争中，资产阶级与无产阶级之间，没有中立之余地。要么站在资产阶级一边，要么站在无产阶级一边。而站在资产阶级一边，终究要被无产阶级消灭的。”[22]毛泽东的这次讲演深深地印在周谷城的脑子里，对他参加农民运动以及运用阶级分析法观察社会问题，影响甚大。

五、南下羊城

1925年，广东大元帅府改组为国民政府。广东境内各派军队相继统一改编为国民革命军，并成立了以共产党人叶挺为团长的国民革命军第四军独立团。1926年5月，叶挺独立团作为广东国民政府北伐先遣队奉命向湖南进发。

原驻湖南的赵恒惕部第四师师长唐生智，利用革命形势进兵长沙，一举赶走赵恒惕，称临时省长。为争取唐生智加入国民革命行列，广东国民政府派国民革命军第四军第十师师长陈铭枢等携带国民革命军第八军军长兼湖南省省长的任命书，前来长沙向唐生智劝驾。陈铭枢的随员徐鸣鸿，是周谷城的高师同学，毕业后到广东跟随彭湃参加了革命。徐鸣鸿到长沙后，周谷城前往徐鸣鸿处造访，交谈中知道广州已成为南中国的革命中心，他心向往之。当徐鸣鸿回广州时，周谷城便随老同学同行，前往广州观光。

1926年5月3日，毛泽东在广州接办的第六届农民运动讲习所正值开学。周谷城当时住广州粤秀酒家。毛泽东听说老朋友到了广州，非常高兴，曾拔冗两次前往粤秀酒家探望周谷城。老友相见，倍感亲切，畅叙别后的各自见闻与观感，谈得非常投机。最后，毛泽东希望周谷城留下来做农民运动讲习所的教师，和他一道从事农民运动。毛泽东说：“周先生在这里教书好啦，反正书是要人教的。”毛泽东看到周谷城因顾及长沙一师的教学工作而感到为难时，便鼓励他说：“只要在这里教书，一师的问题不大。”[23]意思是说他可以在一师方面做些工作。

周谷城终究因顾虑长沙方面繁重的教学任务，而未能接受毛泽东之邀请，只在广州住了两个星期，仍然返回长沙，两个老友只得依依惜别。

在广州，周谷城还会见了许多在革命队伍中的朋友和学生，又目睹了广州革命形势，心中喜悦万分。他知道国民革命军正在整装待发，出师北伐，十分兴奋。当周谷城由广州返湘时，又获悉之前心慕广东政府的唐生智于6月2日在衡阳宣布参加国民革命，接受广东国民政府的任命，任国民革命军第八军军长、北伐军中路前敌总指挥兼理湖南民政，旋在衡阳成立了以唐生智为主席的湖南省临时政府。面对衡阳出现的革命形势，周谷城倍感欣慰。返湘途经衡阳时，便在衡阳住了几天。在衡阳，他见到了许多在国民革命北伐军中担任政治工作的学生，在与他们的交谈中，他知道了许多令人高兴的事。目睹衡阳工农群众高涨的革命情绪、北伐军将士的昂扬斗志，周谷城深受鼓舞，回长沙后即积极投身于农民运动之中。

六、为农民说话

1926年7月9日，国民革命军正式出师北伐，在广大工农群众的大力支援下，所向披靡。12日占长沙，十天后攻克岳州（岳阳）。25日，在长沙成立以唐生智为主席的湖南省政府，共产党员柳直荀任省政府委员，兼省农民协会筹备会秘书长，负责筹备湖南省农民协会。

由于唐生智公开倒向拥护广东政府，从而使得湖南的群众组织和国共合作的国民党组织由秘密转向公开。湖南省政府建设厅通令全省各县，在省农民协会未成立以前，由长沙县农民协会代行省农民协会职权。接着全国青年工作团湖南团部正式成立，全省工团联合会改组为全省总工会，长沙商民协会也相继成立。相比较而言，在青、工、农、商、教各界的群众团体组织活动中，教育界则落后一步。为发动、争取、团结、帮助教育界人士参加革命运动，周谷城同徐特立、柳直荀等积极筹备组建湖南省教职员联合会。

周谷城负责起草了全省教育工作者协会成立宣言，由于他思想激进，草稿中有些地方对教师的消极方面批评过多，徐特立看后认为有些不妥，主张加以修改。徐特立认为“不能把教师抹杀得太厉害”。当时，在农民运动中，有一种不正确的言论，认为“有土皆豪，无绅不劣。”周谷城也并不以为此种观点有什么错误。有一位叫廖锡瑞的批评了这种错误观点。他说：“有土不一定豪，绅不一定劣。”这时候周谷城才认识到自己的看法有些片面，有些欠妥。通过宣言的起草与这件事的讨论，周谷城认识到干革命光有爱国热情和冲劲还不够，还应该有正确的指导思想和斗争策略，要注意争取和团结大多数人共同奋斗。由于周谷城在长沙教育界的影响甚大，所以1924年，“中华教育改进会”第三届年会在南京东南大学开会时，他被推选为湖南省六个师范学校的代表出席年会。在会上他主张使用白话文，反对用文言文教学。他在英文组认识了林语堂。他赞成林在会上提出的汉语“音韵学”古双声说，即英语中的“复辅音”的说法。

1926年冬，湖南省农民协会在中山东路船山学社成立了，易礼容任委员长，柳直荀任秘书长，周谷城任顾问。为培养农民运动骨干，省农民协会举办省农运讲习所，聘周谷城为讲习所讲师。12月1日，湖南全省农民代表大会和工人代表大会同时在长沙举行，大会邀请当时担任党中央农民运动委员会主任的毛泽东出席大会。17日，毛泽东由汉口回到长沙。毛泽东到长沙后即与两会的工农代表见面，他发表了热情洋溢的讲话，指出：“国民革命的中心问题就是农民问题，无论是打倒帝国主义，打倒军阀、土豪劣绅，或者是要发展工商业和教育事业，都必须依靠农民问题的解决。”[24]周谷城在大会上见到毛泽东，又听到他的讲话，心里十分高兴，会后两人又一次畅谈革命形势与农民问题。毛泽东还就办报一事与周谷城商谈，并请周谷城一起吃饭。

周谷城在省农民运动讲习所讲课时，曾运用马克思《资本论》的剩余价值学说向学员讲授地主通过地租以剥削农民的观点。随后正式写成《论租谷》的两篇文章，明确指出租谷是地主对农民的剥削。文章在报上发表后，许多所谓经济学家讽嘲说：“周先生真进步呀！”另一些思想反动的人则说：“文章虽然写得好，但说有土地给人家耕种，不许收租，是讲不通的。”[25]面对这些冷嘲热讽，周谷城毫不气馁。他实事求是，坚持真理，独立思考，反而坚定了自己的见解。周谷城有一个特殊的性格，在学术上只要他认为凡是真理的东西，他就决不会轻易妥协让步。经过他作进一步的调查研究，独立深思，他又写了一篇《中国农村社会之新观察》，进一步运用马克思主义的剩余价值学说，更深一层地、系统地阐述了租谷是地主剥削农民的产物的道理。

七、撤离武汉

1926年10月10日，北伐军第四军叶挺独立团，一马当先，一举攻克武昌，全歼守敌，活捉敌城防司令。武昌是华中重镇，此战可谓举世瞩目。接着，毛泽东也从长沙来到武汉，出席在武汉召开的各省农民协会负责人联席会议。当时，部分广东国民政府人员也迁来武汉，成立了武汉国民政府，以毛泽东、彭湃、邓演达等13人为执行委员的全国农民协会临时执行委员会也在武汉成立了，武汉一时成为全国革命的中心。周谷城向往武汉，热切盼望打倒军阀，人民解放事业早获成功。于是，他在1927年3月也来到武汉，首先在邓演达主持的国民党中央军事委员会总政治部负责整理农民运动材料的工作。周谷城当年南下广州时就见到过邓演达，他也读过邓演达撰写与发表的关于农民运动的文章，十分钦佩邓演达。因此，两人相见，交谈甚欢。邓演达看了周谷城写的《中国农村社会之新观察》一文之后，当面夸奖周谷城的文章是一篇好文章，并称赞周谷城懂得农村经济，对农民问题很有研究。邓演达正在组织战区农民运动委员会，准备开赴河南前线工作，他想要周谷城去做他的秘书。周谷城以有痔疾和身体状况不佳婉言谢绝了。

事后，毛泽东知道了。有一天，他来到周谷城住处。当时，周谷城住在黄鹤楼下一间破旧的小旅馆里，名叫"一枝栖"，每日房租只一角钱。毛泽东一进门，即问周谷城："您为什么住一个这样的旅馆？"周谷城笑着说："便宜，每天只要一角钱。"接着，毛泽东问周谷城愿不愿意到全国农民协会去工作？全国农民协会是毛泽东亲自主持的。周谷城很乐意地答应说："很好！"毛泽东又说："明天全国农民协会要召开执行委员会，您可到那里去一趟。"

翌日上午，周谷城按毛泽东指定的地点到了全国农民协会会议厅，坐在一旁，等到执行委员会会议结束，毛泽东对周谷城说："周先生明天可到全国农民协会来工作。"这样，周谷城就到全国农协当了一名宣传干事，实际上是毛泽东的秘书，协助毛泽东起草各种文书和宣传稿件，做宣传鼓动工作。他们曾朝夕相处，共商大计，在那火热的斗争年代，毛泽东和周谷城建立了深厚的战斗情谊，这成为周谷城一生中难忘的一段时光。

周谷城到全国农民协会工作后，又把《中国农村社会之新观察》一文给毛泽东看了，毛泽东很高兴地说："这文章是花了工夫的，最好能在报上发表。"[26]周谷城听从毛泽东的意见，于当年4月，在汉口《中央日报》副刊上连续登载了一个星期。文章发表后，反响强烈，赞赏的不少，攻击的亦大有人在。

周谷城在全国农民协会做宣传干事时，还和两个姓夏的湖南人相处极好。一个是夏明翰，是全国农协秘书长兼农民运动讲习所秘书和教员。他知道周谷城是毛泽东的好朋友，加以他的年龄比周谷城小几岁，因此，很敬重周谷城，把他当前辈对待。他们彼此谈得来，尤其是谈农民问题，更是津津有味。夏明翰还鼓励周谷城去与苏联顾问鲍罗廷谈谈，说这很有意思。因无适当机会，周谷城未与鲍罗廷谈过。遗憾的是，1928年2月8日，夏明翰被国民党逮捕，3月20日就义。临刑前写下了壮烈诗篇："砍头不要紧，只要主义真。杀了夏明翰，自有后来人。"

另一个是夏曦，益阳人，周谷城的小同乡。他原是第一师范学生，与周谷城有师生之谊。他给周谷城也留下了很好的印象。周谷城后来在回忆中说："夏曦是一个最能团结师友的人，我在武汉就感到他善于团结人。'四一二'事变之后，宁汉分裂前，他曾约我在汉口一家旅馆里作竟夕谈。我与他同住一个旅馆的同一房间，算是仅有的一次。所谈问题很广泛，上天下地无所不谈，归结起来，不外是中国的革命问题。所可痛惜的是，这次竟夕谈之后，就此永别了！"[27]1935年，夏曦于长征途中牺牲。

风云突变。1927年4月12日，蒋介石背叛革命。5月21日，长沙发生马日事变。7月15日，汪精卫等控制的武汉国民党悍然举行分共会议，公开背叛了孙中山所制定的国共合作政策。在国内十分险恶的形势下，国民党左派领袖宋庆龄、邓演达被迫离开武汉，出国考察。毛泽东则到湖南发动和领导秋收起义。这时，大祸也降临到了周谷城头上，蒋介石对武汉实行封锁，武汉上空，顿时乌云翻滚，武昌城内，鬼哭狼嚎。一时间白色恐怖笼罩中华大地。湖南反动势力也猖獗一时，他们以周谷城曾发表《论租谷》和《中国农村社会之新观察》等文为“罪证”，要搜捕周谷城。这时，周谷城正卧病武昌，在一位老朋友的帮助下，借一叶小舟，顺流东下，亡命上海，才幸免于难。从此，周谷城在上海渡过了靠译书卖文谋生的三年艰苦生活。

注释：

① 孙海林：《湖南第一师范校史》，长沙：湖南人民出版社，2003年版，第152页。

② 周谷城：《我怎样研究起史学来的》，《文史知识》1983年第10期。

③ 贺麟：《现代西方哲学讲演集·序》，上海：上海人民出版社，1984年。

④ 李锐：《毛泽东的早期革命活动》，长沙：湖南人民出版社，1980年，第337页。

⑤ 周谷城：《周谷城教育文集》，长春：吉林教育出版社，1991年，第1~8页。

⑥ 吕涛、周骏羽：《周谷城传略》，太原：山西人民出版社，1988年版，第2页。

⑦《文史知识》1983年第10期，第9页。

⑧ 周谷城：《生活系统·自序》，上海：商务印书馆，1924年。

⑨《文史知识》1983年第10期，第9页。

⑩ 张志哲：《博大精深周谷城》，载《史学月刊》，1986年第4期。

⑪ 周谷城：《生活系统》，上海：商务印书馆，1924年，第64、77页。

⑫ 周谷城：《生活系统》，上海：商务印书馆，1924年，第64、77页。

⑬ 周谷城：《生活系统》，上海：商务印书馆，1924年，第95页。

⑭ 周谷城：《生活系统》，上海：商务印书馆，1924年，第128页。

⑮ 周谷城：《生活系统》，上海：商务印书馆，1924年，第170页。

⑯ 周谷城：《生活系统》，上海：商务印书馆，1924年，第149页。

⑰ 周谷城：《生活系统》，上海：商务印书馆，1924年，第151页。

⑱ 周谷城：《生恬系统》，上海：商务印书馆，1924年，第151页。

⑲ 周谷城：《生活系统》，上海：商务印书馆，1924年，第149页。

⑳ 周谷城：《生活系统》，上海：商务印书馆，1924年，第30页。

㉑ 毛泽东：《毛泽东选集》第二卷，北京：人民出版社，1991年，第353页。

㉒ 周谷城：《我跟随毛主席从事农民运动的回忆》，《光明日报》，1983年12月10日。

㉓《中国现代教育家传》编委会编：《中困现代教育家传·周谷城》，长沙：湖南教育出版社，1986年，第298页。

㉔ 李锐：《毛泽东的早期革命活动》，长沙：湖南人民出版社，1980年，第472页。

㉕《中国现代教育家传》编委会编：《中国现代教育家传·用谷城》，长沙：湖南人民出版社，1986年，第297页。

㉖《文史知识》1983年第10期，第10页。

㉗ 周谷城：《我所感受的团结》，《上海文史资料选辑》，1982年第1辑。

第四章

流亡上海

（1927—1930）

一、与胡适的争论[①]

1927年，大革命失败后，周谷城从武汉潜逃到上海。他身无长物，举目无亲。到上海的第一天，就到了江湾永义里十四号匡互生家。如前所述，匡互生是“五四”爱国运动的核心人物，当年首先闯入赵家楼曹汝霖住宅的便是他。他也是周谷城在北京高师的同窗好友，又是在湖南第一师范工作时的同事。他立刻介绍周谷城到江湾附近的劳动大学教育系教书，以解决暂时的生计问题。在这里既有工作，又有住宿，周谷城感到十分满意。不料江湾忽然出现了许多“打倒帝国主义”、“打倒封建军阀”、“打倒贪官污吏”、“打倒土豪劣绅”的标语。于是，流言顿起，议论纷纷，风传这些标语口号与新从武汉来的周谷城有关。实际上，这些标语的出现与周谷城并无直接关系，不过周谷城在劳大讲课时，结合教材，宣传过类似的进步思想。在当时的舆论压力下，周谷城只得离开劳大，搬到市区。到市区后，他想到了老同学周予同。周予同也是“五四”

运动的核心人物，到上海后他仍坚持反帝反封建的立场。他曾与胡愈之等人公开揭发蒋介石发动的“四一二”大屠杀的真相。他一见周谷城非常热情，尤其听说周谷城是从武汉来，更加高兴。周谷城直截了当地说：“没有饭吃。”他即刻回答说：“不要紧，不要紧，大家来想办法，先到《教育杂志》去写社论文章，并且可以预支稿费。”并慷慨解囊，从口袋里拿出10元钱给周谷城以解燃眉之急，这对周谷城来说真是雪中送炭。文章写了两篇，每次可以拿到10元左右的稿费，他满以为可以卖文就生活无忧了。然而，周谷城不曾料到，他在《教育杂志》发表的文章，竟引发了与胡适的一场激烈的思想争论。

1930年3月，胡适在徐志摩、梁实秋等人创办的《新月》杂志二卷十期上发表文章，对一位作者在《教育杂志》发表的两篇文章提出了质疑和批评。他说，一位号称为教育革命的鼓吹家在民国十八年2月20日出版的《教育杂志》上说“中国秦以前，完全为一封建时代。自黄帝历尧舜汤以至周武王，为封建之完成期，自周武王东迁，历春秋战国以至秦始皇，为封建之破坏期。统一中国，即于此封建制度之成毁过程中完全产生。”（原注：封建之形式早已破坏，而封建之势力至今犹存。）

但是隔了两个月，胡适嘲讽这位鼓吹教育革命的教育家把他说的话全忘记了，又在4月20日出版的《教育杂志》上说：“中国在秦以前，为统一的专制一尊的封建国家成长之时代……到秦始皇时统一的专职一尊的封建国家才完全确立”。（原注：列爵封土制度，到这时候，当然改变了许多。然国家仍可称为“封建的”者，周“封建的”三字并排单指列爵封土制而言。凡一同由中央划分行政区域，设为种种制度，任命许多地方官吏。地方官吏一方面负责维持地方秩序，另一方面吸取地方一部分经济的利益，以维持中央之存在，平民于此无说话之余地，凡此等等，都可以代表封建的三字之一部分的精神。）

引用这两篇文章的两个段落，胡适究竟要说明什么呢？胡适在引文后接着发表议论，批评了这两篇文章的作者提出的观点，他说：“两个月前，封建制度到秦始皇时破坏了，两个月之后，封建国家又在秦始皇时才完全确立！然而《教育杂志》的编者与读者都毫不感觉矛盾。他把中央集权制度叫做封建国家，《教育杂志》的编者与读者也不觉得荒谬。为什么呢？因为这些名词本来只是口头写下的玩意儿，爱变什么戏法就变什么戏法，本来大不必认真，所以作者可以信口开河，读者也由他信口开河。”

胡适在引用文章时，虽未点名作者，但是给《教育杂志》供稿的周谷城立即察觉到胡适是在批评指责他的文章，他随即写了一封说明并加以反驳的函件寄给《教育杂志》编辑部，他在信函中说：“编辑先生，胡适近曾攻击我在《教育杂志》上所说的几句话。然而实际上只是他自己攻击自己，因为他近来用成见去看别人的文章，自己大意地制出错误，却推在别人身上，而加以攻击，不料恰恰攻击了自己。”

为什么这么说呢？周谷城指出：“他身为哲学家，但他对于形式与实质两名词的区别，却全然不重视，前次论实质，将形式与实质混为一谈。”显然，周谷城对胡适的批驳并不在意，并且，他在反驳中，点破了此前胡适在发表的几篇文章中的错误。

周谷城言辞激烈，他在文中提到“论实质”一事，是指不久前胡适因为写了《人权与约法》而与国民党人之间发生的一场论辩。论辩中，胡适写了《我们什么时候可以有宪法》，对孙中山的“建国大纲”里的一些内容表示质疑，从而引发了广泛的争论。那么牵及于此，对于眼下周谷城的两文，又有何关联呢？周谷城指出：“这回他在《教育杂志》上看见我的话，又把我说的封建的形式与封建的实质混为一谈，把封建制度与封建国家两名词硬当作一事……其实我在二号说的是制度，不是国家，是形式，不是实质，在四号里说的是国家，不是制度，是实质，不是形式。”

接下来，周谷城对他认为的实质和形式的关系进行了逻辑推理说：“我以为封建的形式到秦时虽已破坏；而封建的实质，从秦到今日还仍旧存在。”这样说去，胡适的批评就有了问题：“他（胡适）自己也把注解抄下了，但他却不介意这一个区别，硬把封建制度与封建国家两名词视为一物，因而说我矛盾……”“老实说，我至今还看不出我的矛盾在哪里。”

接着，周谷城对胡适所用的一个名词也给予了一番调侃：“至于他自己制造‘中央集权制度’名词，硬说我把中央集权制度叫做封建国家，任意地骂我立言奇怪、荒谬、变戏法、信口开河，那不值一辩，只好付之一笑而已。”

这一番连讽带刺的话写毕后，周谷城将胡适的文章剪下来，加附一起交到了《教育杂志》编辑部。当编辑见到周谷城的文章与胡适的文章有针锋相对的意思，便将它们一并发排了出来。刊发时，编辑似乎有义务甚或有责任加以说明，所以加了一节附言：“我们觉得这问题很简单，不过是两个名词的争辩，胡适君似乎犯不着这样地生气。”这话说得有些轻描淡写，对胡适的态度也有些不屑。接下来，对胡、周两人的文字做了一点概括，同时特意掺进了编辑自己的看法：“周君的答复已经很明了，用不着再辞费，去占着有限的篇幅。总之，周君以为‘封建制度’是‘封建制度’，‘封建国家’就是‘封建社会’的意思。‘封建制度’是君主施行分土颁爵的一种政治制度。‘封建的社会’是说这社会仍旧保有封建时代的遗蜕，所以它不一定同时存在着封建制度。它们的不同，不仅在于形式与实质之分，而且概念的外延也不一致。”

胡适对周谷城的两篇文字及编者的附言，很快在22卷3号《教育杂志》发表出来，颇有些恼怒。他随即在7月29日晚上，以信函的方式，写出一文，寄给该杂志的编辑：“……我不能不说几句话……我自信当时不曾动什么意气。不料先生却说：‘这问题很简单，不过是两个名词之争，胡适君似乎犯不着这样的生气。’我要告诉先生，这个问题并不是很简单的。”

怎么个“不简单”？在胡适看来，这不是小事：“一班浑人专爱用几个名词来变把戏，来欺骗世人，这不是小事，故我忍不住要指出他们的荒谬。”大约是受到周谷城文章和编者附言的双重批评，胡适运笔时失去了往日的风度，不仅用词激烈，连“一班浑人”都骂出来。所针对者，似乎不限于周谷城及编者二人。

接下来他更加严厉地指责周谷城：“周君压根儿就不懂得什么是封建国家。他把‘中央集权制度’认做封建国家，便是根本错误。请问：‘有中央划分行政区域，设为种种制度，位置许多地方官吏，地方官吏更一方面负责维持地方次序，另一方面吸收地方一部分经济的利益，以维持中央之存在’。这是不是‘中央集权制度’？这种国家叫做‘封建国家’见于何书？出于哪一位学者之手笔？我想请问先生或周君明白指出，开我茅塞。”行文至此，不仅将周谷城，甚至连编者也一并牵及质问起来。

再接下来，胡适也表明了自己对此问题的认识："'封建形式'诚然是至秦始皇时才完全毁坏，但'封建的实质'在秦始皇以前早已破坏了。七国时代的社会早已失掉封建社会的性质了。政权早已归于各个国家，土地已是人民私产，人民除了奴婢之外已是自由人。国家实质早已崩坏了，故汉以后虽有'列爵封土'的形式，结果只是诸侯衣租食税而已，终不能恢复古代的封建社会了。"

此文虽然以信函形式写出，可最后却没有应有的客套语，只署"胡适"二字，落下年、月、日了之。

胡适的信寄到《教育杂志》后，8月3日，周谷城写出一信，对胡适指责的问题异常简要地作了回答。在引了胡适"周君压根儿就不懂得什么是封建制度和封建国家……"一节文字后，周谷城辩驳说："我读完这段，觉得先生不对。先生为《新月》做文章引我的话，曾把完全的句引出。这次对《教育杂志》的编者写信，则把自己所曾引用的完全文句割开。先生在《新月》上引我的话，引到'中央之存在'，却把这几十个字完全割去。这我固不忍说是先生前后矛盾，但我却不能不说先生是有意割裂他人文义，以完成自己的说话。现在且补出这几十个字，以当答复。"

虽然争论时态度显得有些激烈，可周谷城在信的结尾，仍以"先生通人，全国景仰。'茅塞'云云，太客气了。余不暇及，此草，即祝暑祺。"这样的客套话垫底。虽然"通人"、"全国景仰"云云，听起来并不多么诚恳。

就这样，周谷城与胡适就"封建制度"、"封建国家"问题的争论最终止息了。

二、译书卖文

1927年至1930年上半年，周谷城在上海主要靠译书卖文来维持生计。他喜欢宣传与国民革命理论、革命实践有关的著作，大概他认为这些著作有可供国人借鉴之处，对当今关注中国社会问题有益处，所以他偏重这些著作的翻译。比如，他在春松书局翻译出版了亚诺得著的《战后世界政治之关键》，翻译了美国共产党人尼林著的《文化之出路》，由新宇宙书店出版。此外还翻译了两个英国人写的《苏联的新教育》、《苏联及其邻国》等书，这些书与国民党新军阀政府的反苏反共的文化政策是水火不相容的。

大革命失败后，国民党政府在全国开始实行反共与反革命的白色恐怖统治，推行文化专制主义政策，以封建、买办、法西斯思想加强对人民的思想控制，其所提倡的所谓三民主义教育，不过是打着孙中山三民主义的旗号，而推行反苏反共教育。这是一种盲目地服从“领袖”的法西斯教育，是以封建伦理旧道德来麻醉青年学生的反动教育。周谷城的这些译著不啻给被囚禁于密室的人们供给了一点新鲜空气。

周谷城一面从事译书，同时孜孜不倦地从事撰述。1929年，上海远东图书公司出版了他著的《农村社会新论》一书，这是继《论租谷》、《中国农村社会之新观察》之后，又一研究农村经济与农民问题的力作，也可以说是他参加农民运动实践的总结与纪念。这不仅说明他并未因参加农民运动与发表和农民运动有关文章被弄得流离失所而后悔，而且体现了他始终坚持信念、坚持真理的精神。在这一时期，周谷城还在《东方杂志》撰稿，并在中国公学兼课。

1927年至1929年，周谷城在《民铎》杂志上发表了《名学引端》、《新唯实论之独立观》等哲学论文。他还在同一杂志上发表了《秦以前之政治思想》与《董仲舒的政治思想》，以及《孔子的政治学说及其演化之形势》等史学论文。在《秦以前之政治思想》一文中，周谷城分析了先秦政治变迁之大势，指出“自黄帝历尧舜，禹汤以至周武王乃完全封建之局时代，自周平王东迁历春秋战国以至秦始皇，乃破坏封建之局的时代。”②他认为完成封建与破坏封建，性质是全然相反的，但皆为造成古代东亚统一的大帝国的方法。完成封建即一部较强的势力，设为列爵封土之制。是本着和平的精神以统一其他各部的，各部仍凭着实力，互相战斗，战至最后仅存一部，此乃自然的统一。在谈到为什么秦以前之政治学说特别发达的问题时，周谷城明确指出，其根本原因在于“受时代之影响极深”。接着他分析道：春秋之时，政治糟到极点，人民苦不堪言。“各种学说，便应时而出。”老子则从消极方面陈说无为。孔、孟则从积极方面陈说仁义。墨子则更本其天道观念，倡为兼爱非攻之说以救时。

后有法家，觉各家之说，都无效力，更倡极端功利之说以图挽救时局。因此，“细察各家学说，殆无一不是时代所压出。”[③]诚然，周谷城的“封建说”，时人尚有争议，但他能阐发个人之独立见解，其中多用唯物史观分析之，实属难得。在《董仲舒的政治思想》中，周谷城概括董仲舒的政治思想为：一、以天道为根源；二、以太平为究竟；三、圣人斡旋于其中，将天之意致诸人间。周谷城认为董仲舒“一面扩充自古传来之天道思想，以演成彼自己之天人合一观念；一面袭用孔孟所倡最利于君主之道德说，融而化之，大吹大擂，敷成一种与君主专制不能分家之政治思想。”[④]这种天人合一为专制制度服务的思想，便维系了中国历代王朝。周谷城在《孔子的政治学说及其演化之形势》一文中，他将孔子与老子的思想作了对比研究，为“孔子之人格、情性，与老子绝异。”老子看透社会恶化的原因，一心只想回复道的世界，回复自然的世界。于政治方面、道德方面所有的主张，所有的方法完全为消极的。孔子于世道人情亦看得清楚，彼此赋性特殊。孔子一心只知救世，生存一天，便须努力一天，几乎不知老之将至。所以他们两个人的学说，虽同产生于乱世，彼此却向相反的方向发展，“一则向消极方面发展，一则向积极方面发展，一则注重无为，一则注重有为。”[⑤]

三、论“中国之教育”

这一时期，周谷城译书，从事撰述，写了政治思想、哲学等方面的论著，而他发表得最多的还是研究和讨论中国教育问题的著作、文章。他著有《中国教育小史》，1929年由上海泰东书局出版。与此同时，他在《教育杂志》上连续发表了《今日中国之教育》《教育新论》《教育与占有欲》《教育界之党派观》《中国教育之历史的使命》等论文，表明了周谷城对中国教育的深切关注。

如上所述，周谷城在上海译书卖文期间，他写作和出版多篇论中国教育史的著作，这些有分量的论文集中在此时段发表，其中缘由：一是他到上海之初，应老友周予同之约，为《教育杂志》写文章，刊旨既如此，他当然只能多写教育方面的文章。二是周谷城毕业于北京高师，后又在湖南第一师范、湖南省立一中等校任教，对中国教育问题的了解是非常清楚的，故写教育论文他有深切的体会。三是周谷城撰写与发表的教育论文之所以有分量，之所以被胡适讥讽为“教育革命的鼓吹家”，是因为周谷城治学形成了自己的特殊风格，他不喜欢鹦鹉学舌，人云亦云，他喜欢独立思考，尤其喜欢运用马克思主义的一些思想观点来思考、分析中国教育的实际问题。

那么，今日中国之教育究竟情形如何呢？周谷城指出要改造中国教育之现状，一定要结合中国的社会现象来分析，“社会现象在一定时期之内，呈何状态，同时必定产生一种教育，其精神，其性质，多少总有几分与社会现象相适应之处。”比如美国，近数十年来，生产较发达，社会上流行一种所谓民治主义的精神，这就使得美国教育带有一种特别色彩，一般学者所倡导的教育内容大多为民治主义的教育，或德谟克拉西的教育。又如英国，在产业革命后，社会现象与他国相比，少突异性变化，社会秩序颇安宁，因此，维持秩序、崇尚虚荣的绅士教育便在英国大行其时。再如东方的小国日本，近数十年来，人口突增，地利几尽，社会现象呈不安之状，于是，一般武人便以开疆拓土为当务之急，这种情形使得日本教育呈露一种特别精神，即尚武冒险，向外发展。

他继而分析说，中国的教育是与中国经济相联系的，经济上贫富悬殊，在此基础上所产生的教育也是以富人为中心的。教育是社会上层建筑之一种，要为经济基础服务的。富人占据城市，所以教育就以都市为中心，大多数学校设在城市，乡村学校很少，都市中是以权贵为中心的，所以进入高等学校的皆为富人权贵家之子弟，贫苦的家庭是很难有机会进入高等学校的，而教育的本身则以造成权贵的重要职务为中心的，由于教育是以富贵为中心，权贵为中心，它必然要脱离劳动，造成以脑力为中心的教育，“学校只是训练脑力的机关，与整个的人格的发展无关”，“青年一入学而为学生，便与劳动脱离关系，与实际生活脱离关系。”周谷城认为造成中国贫困的原因，一为乡村土地私有制的发展，一为列强资本主义的入侵，要克服中国教育上的弊端，必须着眼于此。

1928年1月，周谷城在《教育杂志》上发表《教育新论》。他提出要建设一个民族平等、政治平等、经济平等的新国家，就必须澄清政治和改造教育，

“政治不澄清，教育实在少有希望。”针对中国教育的现状，他指出要对中国教育进行“真改造”。只有谋中国教育之“真改造”，才能“免于盲动”，收到实效。如何避免“盲动”？他认为要依据中国国情与教育的现状提出今后改造教育的方针。今后改造教育的方针应为：一、全国人民应有受教育权。二、凡受教育者必皆为有用之才。三、有用之才又必切乎中国之需要。而要实现上述目标，“尤必运用政治之力量始讷讷感奏效”。“教育问题，必须政治问题彻底解决时，始能有彻底之解决。”所以这一时期中，周谷城写出了一系列高水平的教育论文，其论述之精当，见解之深透，是令人称道的。

周谷城的这些教育论文还有一些明显的特色，即他不泛泛而谈，而是把他所考虑的中国教育问题分专题、分层次地进行了分析与论述，观点鲜明，论证严密，主题突出，很有说服力，下面就此作进一步地说明。

（一）今日中国教育发展的趋向

对当时中国教育发展的趋向作出如实的分析，从而引起国人对中国教育现状的关注，着力于改造中国的教育状况，这是周谷城在思考中国教育问题时的基本思路和出发点。对此，他作了以下的分析：

第一，明确指出教育现象与社会现象两者关系极大。周谷城认为“社会现象，在一定时期之内，呈何状态；同时必定产生一种教育，其精神，其性质，多少总有几分与社会现象相适应之处。”[⑥]就中国而言，由于“我国往日，统于一尊，举国人除敬奉皇帝外，几不知有所谓国家政治，于是尊君亲上死长之义，几为我国往日之教育的唯一精神。”[⑦]由上所述观之，周谷城断言：教育与社会现象相关之理，可以明矣。[⑧]倘若就中国教育状况与社会现象联系起来看，中国今日之教育“系与中国今日社会现象相应之一种产品耳”。

第二，中国今日教育状况与社会现象紧密相连。周谷城指出，要了解中国今日教育具有何种趋势，只要将中国社会现象作一分析，便可知晓。周谷城从经济方面着手来分析社会现象，认为可以一言断之：贫富悬殊，日甚一日。先从乡村来看，自土地私有制盛行以后，剥削制度随即形成，农民生活日益困苦。自土地私有制盛行，农民便朝着贫富两端渐渐分化。分化的结果，最少数富者，田连阡陌，大多数贫者，地无立锥。富者有田不耕，仅凭以榨取贫者之血汗，贫者无田有力，遂被迫为富人作马牛。“由于贫富悬殊，两两对立，互相轧粝。”这是当时中国农村之社会现象。若再就城市而论，贫富悬殊之现象，奴隶与主人之关系，亦无异于农村。自1840年鸦片战争起，海禁既开，列强势力侵入中国。从此，中国城市生活乃突起变化。一方面，列强凭借其政治上、经济上、外交上种种优势，将其大规模之生产制度、商业经营或直接移植于中国，或间接假中国人之手移植于中国。另一方面，乡村中田连阡陌之富翁，或因富而至贵之达官显吏，复将其所有财富移入城市，仿西洋人办法，经营大规模银行业、工商业。自列强侵入中国80年来，各大城市即已完全西洋化或正在西洋化。城市生活因而与西洋资本主义社会的生活完全相同。一方面有资本家，有大工厂主，有大商店主；另一方面，有无产阶级，有苦工人、穷店员，等等。前者日以富而有势，后者为种种不利条件所束缚，地位一天天卑下。因此，从农村到城市，中国的社会现象贫富悬殊太大。考虑今日教育状况，切不可脱离此种现象来作分析。

社会存在决定社会意识，有什么样的经济基础就会产生什么样的上层建筑。周谷城运用马克思主义唯物史观作指导，通俗而又深刻地阐明：观察中国教育状况切不可脱离当时社会的经济状况来作结论，这种分析法是科学的，也是实事求是的。

第三，中国教育状况所具有的特点与趋向。通过上面的分析，周谷城认为，由于中国的教育是与中国经济相联系的，经济上贫富悬殊使得在此基础上产生的中国教育具有四个方面的特点与趋向：

其一，中国教育以富人为中心。由于富者日益得势，贫者日益失势，因此社会上包括教育在内的种种上层建筑，概随富人的势力而转移，而且概在富人势力支配之下。在这种贫富悬殊的社会里，贫者一无所有，凭卖气力以苟延残喘，未至饿死，已是大幸，岂有闲钱送弟子上学校去，买得受教育之权？所以，周谷城指出：“自初级小学以至大学，甚至号为救济贫民之职业教育，概为富人所有，贫者救死不暇，绝对不敢问津。此种以富人为中心之教育趋势，今日办教育者及受教育者未必不知，只缘历时已久，积非胜是，世人已经安之若素，便觉不成问题。实则社会病状，即伏于此。”⑨

其二，中国教育以都市为中心。这是因为乡村贫富悬殊过甚，富者挟其所有，跑到都市营工商业，以发大财，加上列强资本主义侵入中国，在都市上活动，这样，都市成为一切活动之中心。政治中心、文化中心、教育中心等都在都市，更不用说国立、省立或私立之高等专门或大学校都在城市了。由于都市生活与乡村生活根本不同，乡村中诚朴之美德，几被都市工商业生活破坏无余。在都市中生活者，必长于奇技淫巧，始足以资应付。于是相习成风，变成一种虚伪狡诈之腐败的都市生活。鉴于此种状况，周谷城认为，教育中心、教育机关在城市，这就造成“智慧教育愈进步，道德教育便退步”的现象。

其三，中国教育以权贵为中心。周谷城认为在这种贫富悬殊的社会现实下，必然产生以权贵为中心的现象。因为“无形之中，社会现象乃由贫富对立演为阶级对立。一方面为优势者，统治者，特权者，富者，他方则为劣败者，被治者，无权者，贫者。”[⑩]由于这种阶级观念的对立，所以进入高等学校的，皆为富人权贵家之子弟，贫苦无知的贫民，是很难有机会进入高等学校的，而教育的本身，“更是以造成权贵为重要职务”。[⑪]于是，“从事教育者藐小学教师而不肯为，当学生者以不能升入大学或留学国外为羞耻。流风所及，国人几只知大学为可贵。于是射利者乘之，相与创设大学，以为营业机关。近数年来，不成形之野鸡大学，这里那里，触目皆是，即缘于此。所谓大学生也者，身价既高，在社会上便无相当事业可干。于是被迫而向政界上钻营。此辈人物愈多，社会上便愈纷扰。”[⑫]

其四，今日中国教育以脑力为中心。如上所析，周谷城认为，由于中国教育是以富人为中心，以权贵为中心，它必然要脱离劳动，造成以脑力为中心的教育，“学校只是训练脑力的机关，与整个的人格的发展无关。”“青年一入学而为学生，便与劳动脱离关系，与实际生活脱离关系。”[⑬]

总结中国教育状况的特点与趋向，周谷城指出：第一，以富人为中心，于是发生文盲问题，发生大多数贫者不识字之问题，亟待解决。第二，以都市为中心，于是发生道德教育问题，发生道德教育与智慧教育效力相反之问题。第三，以权贵为中心，于是发生虚闲阶级扰乱社会之问题。第四，以脑力为中心，于是产生废物不中用之问题。之所以产生这些特点与趋向，这都应归结到社会贫富悬殊之根本问题，若问贫富悬殊之由，一是乡村土地私有制之发展，二是列强资本主义侵入。因此，周谷城旗帜鲜明地指出："今日吾人如果仍要高谈教育，且想解决教育上种种问题，必须着眼于此。否则，头痛医头，必无效果。"⑭

周谷城透过现象看本质，他对当时中国教育状况与趋向的分析是有深刻见地的。

（二）国情与改造教育

国情与中国教育改造问题，在周谷城此时期所写的教育论文中，是谈得较多、也是论述最为深透的一个问题。周谷城着重从以下方面作出了分析和论断。

第一，要认清国情与教育的关系。他认为教育与一国国情密切相关。可以说，"有什么样的国情，便有什么样的教育，反之，有什么样的教育，便也可以维护着什么样的国情。"⑮"从某一方面讲，教育的确是国家的工具。"从秦始皇统一中国到清末道光二十年（即1840年）止，中国的国情是：内部虽常有朝代的更替，外部虽常有外患的侵凌，统一的、专制一尊的封建国家，虽或有时势力削弱，有时势力膨胀，"然制度的本身，并无根本的变动。"在这种国情之下的教育精神，当然与国情符合，当然要处处适应国情。那么，符合中国封建时代国情的教育有何表现呢？一是中国历史上的教育偏重贵族，"历代的最高级教育机关，无不是为贵族子弟所独占的。盖在封建时代，维持政治社会各方面的秩序，全靠统治阶级自身有权威。因这个缘故，贵族教育很有置重的必要。"二是偏重古典，"在封建的国家之内，古典实在是统一民族意识的一种有力工具。"三是注意政治人才或维持地方风化的人才的培养，"自秦至于清末，教育生活历代都是与普通生活隔离的。学生在学时所习的是古典。学成之后，主要的职务就是做官，或做维系地方风化的人物。"四是宗古精神极浓厚，"一切带有教育意味的机关，无不悬有孔子像或设有孔子祠。求学生员没有不礼孔子的。这种情形几无异于宗教。盖缘此可以养成一般人的服从精神，使与专制一尊的国政制度相符合也。"国情与教育息息相关，周谷城通过对中国封建时代国情与教育关系的分析，较为透辟地阐明了这一道理。

第二，现代中国之国情与教育状况。分析历史问题，着眼于现实问题的解决，这是周谷城尤为注重的一种理论思维方法。周谷城根据客观事实，指明现代的中国，自1840年国际资本主义势力侵入中国起，现代的中国已是一个军事频仍的国家。“民国十余年来，无一年没有战争，二十几省，无一省幸免于战祸。”现代的中国是一个土匪横行的国家。“匪之为祸，差不多与军事是一样的，无一年没有发生匪祸的，无一省没有遭遇匪祸的。”现代的中国是一个社会混乱的国家。“在往日的中国，也有所谓名教纲常以及专制淫威足以维持社会秩序。于今不然了。一般人所谓旧道德破产了，所谓新道德也还没有形成。社会秩序极是混乱。”现代的中国是一个政治不宁的国家。“政治制度变化频仍。政治人才无不是军人的附属物。政治变动盖以军事的变动为转移。”现代的中国是一个没有国际地位的国家。“列强眼中早没有中国了。”以上就是现代中国之国情，那么这种国情之下的教育状况如何呢？周谷城在分析中仅就掌权的教育家的情况为例对教育的现状作出了极为深刻的剖析，“现在的教育家怎样？就大体上说来，是一批不察国情、专办教育的人物，是一批不问政治、专管教育的人物。近来有人说，国民革命的势力已经震醒了教育界。其实不然。已经醒了的，便完全跑出教育界，站在教育界的，却未十分醒来。”寥寥数语，可谓把半殖民地半封建的中国社会的教育状况，那种昏黑、混沌的现状揭露得入木三分了。

第三，澄清政治与改造教育。针对现代中国的教育状况，如何去改造它呢？周谷城认为，要改造教育，须先认清教育与政治的关系。“教育无时无处不与政治相关。”[16]“教育是离不开政治的。”[17]既然如此，要改变中国教育的现状，就须“澄清政治”。周谷城指出“现在的教育是利于少数富人而不利于多数贫民的，就受教育者的能力观察，只有少数富人能受教育，多数贫民决不能受教育。”因此，要建设一个民族平等、政治平等、经济平等的新国家，就必须澄清政治和改造教育。“政治不澄清，教育实在少有希望。”

第四，要谋中国教育之“真改造”。要谋中国教育之“真改造”，以收实效，周谷城认为这就必须明确今后改造中国教育的方针问题。有了正确的指导方针，改造才能“免于盲动”。

依据中国国情与教育的现状，周谷城提出今后改造教育的方针应为：1. 全国人民应有受教育权。2．凡受教育者必皆为有用之才。3．有用之才又必切乎中国之需要。而要达到上述目标，“尤必运用政治之力量始能奏效。”“教育问题，必须政治问题彻底解决时，始能有彻底之解决。”

在认清国情与教育改造的关系问题上，周谷城一再强调只有求中国社会政治问题的彻底解决，才有可能对中国教育实行“真改造”。无疑，这一见解是极其深刻的。

（三）中国教育的历史使命

1929年2月，周谷城在《教育杂志》上发表了《中国教育之历史的使命》一文。文中，周谷城专就中国教育产生的历史以及中国古代教育制度的演变，还有中国新教育思潮产生的情况进行了探析，在此基础上，他阐明了中国教育所负之历史使命。

周谷城把中国教育按照其效力和范围分成两类，一为治者阶级的教育，一为被治阶级之教育。他指出民众教育或被治阶级之教育，虽“无所谓形式，仅潜行乎实际生活之中”，这种教育“因中国经济制度数千年来无突异之变化，人民概生息乎农业及小手工业的经济状态之中，其性质，其内容，亦少突异之变化”，但是，它却负历史使命之甚大：维持数千年之民族生命，一也；保存数千年之民族习惯，二也；巩固数千年来中国文化之基础，三也。[18]而治者阶级之教育，其使命不过是“维持治人阶级之特殊地位是也”。[19]周谷城认为这种治者阶级之教育，表现为中国历史上之学校教育，“即专为造成治人阶级、培植致治之人才者也。”而这种学校教育，受教育者皆为贵族，或凡民（即被治阶级）中选出之俊秀；这种学校教育，所研习之科目与实际生活毫不相关，完全为装饰身份之空空洞洞的古典；这种学校教育，使受教育者之出路皆在服官，或替治人阶级维持国家之次序，巩固专制一尊之制度。总的来说，这种“旧式的治人阶级之教育，完全为造成统治人才，扩大统治阶级之工具。”[20]显然，这种教育与现代新式教育是格格不入的。

周谷城概括当时世人对新式教育之内涵作出的界定，认为这种新式教育：一是制度完备，二是注重科学，三是教法新颖，四是平均发展（即身心全面发展）。这种概括，未免有些就事论事，但周谷城还是认为其中有一定的道理。

周谷城极力主张推行新式教育，以适应国家建设之需要。不过，他认为推行新式教育，有两个问题不容忽视：其一，教育机会的不平等。“现代中国之教育，全为少数富人所独享，大多数贫人不能过问。”其二，人才无可用之地。“受有教育者，除最少数找得相当职业而外，大多数皆为高等无业流氓。”当然，人才无可用之地，“殆由于中国经济落后，生产事业尚未发达。原有专长者不能与生产事业上展其所长，仍只以其专长作虚闲阶级之装饰品。”周谷城指出，推行新式教育切不可忘记这两件大事。

现代的新式教育，在近代中国社会已产生了它的效用和影响。作为推行这种新式教育的学人，则更加应认清新教育之历史使命，这就是教育使命必须适应新中国的建设，为发展新中国的新生活服务，要使教育变为一种建设新国家的工具。周谷城满怀信心地预见到将来的“中国之建设，必然由封建旧社会，超过资本主义社会，经向社会主义的社会。”教育必在其中发挥重要作用，它将变为一种完成新生活的“利器”，“毋徒替少数富人装饰身份，必须使人人能共同享受之。”他深信：教育而能人人共同享有，教育而能建设社会主义新国家，不背乎时代潮流，不背乎人心之趋向，“始可谓之完成新式教育”。

周谷城不仅写了一系列教育论文探讨中国教育的种种问题，而且，他还撰写、出版了专著——《中国教育小史》[21]。它从历史与现实结合的角度来分析中国的教育问题，以引起国人对中国教育的普遍关注。

《中国教育小史》共分五个部分：一、秦以前之教育；二、汉唐间之教育；三、宋元明清之教育；四、近代教育；五、结论。

前三个部分，周谷城较详细地论述了中国历代教育制度的演变情况，指出历代教育所具有的共同特点：一是偏重贵族。“置重贵族，殆为历代教育上一贯之精神”。二是置重古典。“盖封建国家之内，古典为统一民族意识之有力工具也。”三是置重政治人才或维持地方风化之人才。四是注重宗古精神。

第四个部分则分析了由于国情的变化，使得教育精神也随之变化。由于西方资本主义势力的侵入，使得“国人乃知非改革政治社会，力谋工商各业之发展，不足以图存”。近代政治经济的变化，就使近代新式教育应运而生。这种新式教育注重发挥平民教育精神，谋个性的发展；注重国民经济力；注重生活教育，使教育易于普及；多留各地伸缩余地等，这些是新时代新式教育所特有的精神，它与中国封建时代的教育是有根本不同的。

注释：

① 参自杨建民：《周谷城与胡适论争：胡适保持敏感，周谷城不畏怯》，中国新闻网，2010年4月15日。

②《民铎》，第9卷第2号。

③《民铎》，第9卷第2号。

④《民铎》，第9卷第3号。

⑤《民铎》，第9卷第1号。

⑥《教育杂志》，第19卷第11号，1927年11月。

⑦《教育杂志》，第19卷第11号．1927年11月。

⑧《教育杂志》，第19卷第11号，1927年11月。

⑨《教育杂志》，第19卷第11号，1927年11月。

⑩《教育杂志》，第19卷第11号，1927年11月。

⑪《教育杂志》，第19卷第11号，1927年11月。

⑫《教育杂志》，第19卷第11号，1927年11月。

⑬《教育杂志》，第19卷第11号，1927年11月。

⑭《教育杂志》，第19卷第11号，1927年11月。

⑮《教育杂志》，第21卷第4号，1929年4月。

⑯《教育杂志》，第20卷第1号，1928年1月。

⑰《教育杂志》，铺21卷第4号．1929年4月。

⑱《教育杂志》，第21卷第2号，1929年2月。

⑲《教育杂志》，第21卷第2号，1929年2月。

⑳《教育杂志》，第21卷第2号，1929年2月。

㉑ 本书由泰东书局于1929年出版。

第五章

广州中山大学

（1930—1932）

一、播革命“火种”

1930年秋，周谷城到广州中山大学任教授兼社会学系主任。时值国民党政府积极推行反共反人民的所谓“党化教育”时期。国民党政府认为大革命时期广大青年学生投身于革命事业，是学校教育中“放任”的结果，以致“共产党虚伪偏激之教义，得以乘隙侵入，贻重大危害于国家，而几乎动摇了国民革命之根本。”因此，他们要纠正其“弊害”、“矫正以前教育放任之失，而代之以国家教育之政策”就是以“三民主义统一思想”，实行“党化”教育。而国民党的所谓三民主义教育，就是实行一个党、一个主义、一个领袖的教育。其目的是要“使学生受本党之指挥而指挥民众，以三民主义纠正共产主义、共产党之错误，以感化青年”，进而为“党国”尽“忠”尽“孝”。因此，国民党的“党化”教育，其实质就是推行反共反人民的封建法西斯教育。

周谷城在中山大学社会学系任系主任，针对国民党这种反动教育方针与教育内容，而在社会学系开设许多宣传革命理论与进步思想的课程。例如，他自己除讲授中国社会发展史外，还以讲授社会科学名著选读为名，讲授摩尔根的《古代社会》、恩格斯的《家庭、私有制和国家起源》、黑格尔的《历史哲学》、叔本华的《意志世界》以及《共产党宣言》等著作。他还请进步教授杨东莼来系讲授《历史唯物论》，请张栗原讲授《文化人类学》。由于周谷城开设的这些课程介绍和宣传了新学说、新思想，尤其是宣传了马克思主义的唯物史观，因而深受学生的欢迎。

周谷城在系主任任期内，不仅开设革命理论课程，为了活跃学术气氛，他还参与学术问题的争论。其时，张栗原与中山大学哲学系李石岑教授为了学术问题，展开了激烈争论。周谷城也参与进去，在校刊上登载了一封信，题为《与李石岑教授论黑格尔哲学》，论战进行两个多月，双方论点在校刊上发表，气氛热烈，影响很大。

无疑，周谷城这样做，与国民党要培养"效忠党国"的奴才的教育目标是背道而驰的。它不仅不是为国民党培养服膺"三民主义"，效忠"党国"，为帝国主义、封建主义、法西斯主义服务的驯服工具，而是要让学生懂得社会发展规律，树立起革命的人生观，使之成为摧毁帝国主义、封建主义与法西斯主义的革命者。

二、钻研社会史论

周谷城在中山大学任教授期间，曾运用辩证唯物论和历史唯物论来研究中国的社会问题，他曾著有《中国社会史论》三卷，即《中国社会之结构》《中国社会之变化》和《中国社会之现状》，分别于1930年、1931年、1933年由新生命书店出版。

周谷城写的《中国社会史论》三卷，达60多万字，是大部头的论著。他为什么如此注重中国社会史的研究呢？细察之，有两方面的情况是应当注意的，一是当时中国政治思想领域内，就中国社会性质问题，马克思主义与反马克思主义思潮展开了一场严肃的思想论战。当时的托派、“动力派”，还有一部分受错误思潮影响的研究者认为当时中国社会经济已经是“资本主义经济”，中国社会已经是“资本主义社会”，借此反对中国共产党关于中国社会和中国革命的分析与主张。周谷城作为一名革命的社会科学学者，与其他马克思主义的研究学者一样，对关系中国社会发展前途和命运的问题，决不会袖手旁观、处之泰然，他必定要以自己的研究所得来发表看法，分清是非，以对社会的改造与发展尽自己的微薄之力。二是周谷城写《中国社会史论》，当然，他还有自己更深远的目的。他在《中国社会之现状·导论》中写得很明白：“我们研究中国问题，必具有反对国际资本主义以图改造中国的最大愿望。”他以《我们为什么要研究中国》为题写道：

近代研究中国问题，最具热心，且最有成绩的，并不是国人自己，而是国际资本主义者。国际资本主义的势力侵入中国时，与之来的，有三种人值得注意：第一为教士，第二为稍解文事，随大商人来帮忙的书记或与此相似的职员之类，第三为领事及其所带来的一切人物。这三种人随着国际资本主义的势力到了中国，眼看着中国事事落后，而又存在着希望，于是心为之动，每乘自己职务闲空之时，研究中国问题。他们利用媚外华人以谋得帮助，把中国的历史、中国的地理、中国的制度、中国的人情、中国的风俗、中国的富源等等一概描写出来，刊为研究中国问题的书籍。这些似通非通的书籍，名目繁多，我们只要到上海大马路西书店里一看，便可看到数百种。这些书籍，对于国际资本主义者有什么影响？概括地说，第一把中国的内情明白暴露于国际资本主义者之前，使他们知道世间尚有偌大一块未经开拓的肥土；第二把野心较大的富商大贾以及各大资本家一一引诱到中国来，扰乱中国；第三沟通中外的隔阂，做了建设中外友谊关系的准备工作。当然不止这三项，但概括起来就是一个影响，为帮助国际资本主义者统治中国鸣锣开道！

周谷城提醒国人注意外国人研究中国问题之目的，一言以蔽之，即帮助西方资本主义者侵略、掠夺中国。而我们决不能让他们达到此目的，我们中国人应努力研究自己本国的历史。那么，我们为什么要研究中国呢？

这研究中国，当然不外要了解中国；了解中国的用意，当然又在要改造中国。事实上自然也有许多人是为了解中国而了解中国的，他们以为做了一个中国人就应当知道中国的种种。其实为了解中国而了解中国，不如为改造中国而了解中国有意义。站在国际资本主义方面研究中国问题的，只是替国际资本主义者作统治中国的先导。站在我们自己的地位研究中国问题的，目的应该在改造中国。所谓改造中国，就是把中国从国际资本主义统治之下解放出来。站在国际资本主义方面研究中国问题的人，拼命把中国拖到国际资本主义统治之下去。站在我们自己方面研究中国问题的人，应该把中国从国际资本主义统治之下解放出来。所以研究中国问题这件事，显然有两个立场：一则国际资本主义的立场，一则我们自己的立场。前者的立场，必拥护国际资本主义；后者的立场，必反对国际资本主义。研究中国问题，在这两者之间，若不能抉择，若不站在一边，其研究必无结果。我们研究中国问题，必具有反对国际资本主义以图改造中国的最大愿望。①

周谷城研究中国问题的立场鲜明，目的明确，其反帝爱国思想跃然纸上。

研究中国问题究竟从何处着手呢？周谷城指出，本着改造中国的最大愿望去研究中国，其下手处有两个不同的方面：第一，应从历史的传统势力中去寻找中国，第二，应从国际资本主义的发展中去寻找中国。前者从纵的方面研究，后者从横的方面研究。两方面必须结合着进行研究，因为近代中国的问题绝不是由一方面的势力造成的。

单只有历史上传下来的旧势力，绝不足以产生今日的中国，单只有从外国侵入进来的新势力，也不足以产生近代的中国。近代的中国，实是历史的势力与世界的势力合造成的。历史的势力从上向下移，世界的势力，从外向内侵。两者相交，互相冲撞，互相激荡，乃形成一个近代的中国。②

周谷城深入研究此问题，他接着分析说：我们要研究中国，于这两种势力中，如果只注意一种，便不能得到明白的了解。一些研究中国问题的书籍，大都是就事论事，拿着一个问题便从该问题之本身直接下手，不从这纵横的两种势力互相冲撞、互相激荡之处去观察。结果总不能把近代的中国看得透彻。高明一点的，把问题放在历史的势力中去观察，或把问题放在世界势力中去观察。但如此观察的，又常常胶执一偏，而不注意两种势力之相撞。由于这些人看问题的不全面，过于偏颇，于是，看重历史势力的人，便为历史势力所压倒、所遮掩，看不见世界的势力。于是研究中国问题时，埋头在历史上深钻。而看重世界势力的人，便为世界势力所压倒、所遮掩，看不见历史的势力。于是研究中国问题时，其所发表的著作好像专作论文，与中国好像不相干。周谷城列举当时出版的一些书籍，看起来多是新书，题目是讨论中国问题的，然打开细读，几乎只有崭新的理论，看不见实际的材料。这类书即使见解好，但总嫌空疏，不是富有阅历的人，总不易把书中的理论联想到事实上去。前者之例，也随处可见。他举出当时书肆中也有好多研究近几十年中国问题的书。虽然其中条理系统之分明，事实之确凿，断不容否认。但读了之后，往往等于不读，始终看不出其用意之所在。最后，周谷城得出的结论是：

我们研究中国问题，于历史的势力及世界的势力都不可忽视。我们要在这种势力互相冲撞之处寻找中国。忘却了历史上传统势力的下移，将寻不着近代中国的基础；忘却了国际资本主义的发展，将寻不着近代中国的来因。③

由上可见，周谷城写《中国社会史论》之目的，完全在于揭示中国社会转变的原因，以图改造中国社会的现状。

研究中国的目的明确了，下手处也找到了，究竟研究的范畴是什么呢？周谷城自己曾定了一个研究中国问题的范畴，即计划写三本书,一曰《中国社会之结构》，二曰《中国社会之变化》，三曰《中国社会之现状》。第一本书专从历史上下手，预备找出历史上中国的真相。第二本书专从国际资本主义的发展中下手，想找出中国在这发展过程中所以转变的原因及变化的痕迹。这两种研究偏重于解释现在的中国。第三本书则把中国之现状、前途作一分析。周谷城写作、出版了以上三部书，1987年，他将三书修订，统称《中国社会史论》，由齐鲁书社出版。

概而言之《中国社会之结构》最大的特色，即运用马克思的唯物史观与阶级分析的方法对中国从古至今的社会结构（主要指阶级结构）作了较为全面、较为深刻的剖析。正如他自己所说的，在此书中，他“举出两个主要阶级，其一为藉政权以夺取经济利益的统治阶级，另一为专事生产，因没有政权而被人剥削的阶级。历史上的变乱，便是这两阶级冲突暴发的时候。历史上的太平，便是这两阶级相安于事的时候。”[④]周谷城将这两个阶级的冲突与斗争的思想观点贯穿于全书内容的始终，从而使人们对在阶级社会中阶级斗争的存在和发展与社会变化的关系有了比较清晰的了解。

周谷城由社会结构进而分析到社会的阶级结构，他较为精辟地论述了中国社会阶级结构的实质。他指出，中国社会的结构已经过几千年，然结构却完全是一样的。“然则社会的结构究竟如何？这可以一言蔽之曰：阶级的结构是也，不平等的结构是也。”“不平等”三个字，可说是对当时中国社会结构之实质的深刻阐示。周谷城借韩愈《原道篇》中的“君”、“臣”、“民”三词词义，对中国社会结构作了最简单、最明了的解释。他认为，“所谓君，代表统治阶级的全体；所谓民，代表被压迫者全体；所谓臣则调和于两者之间，为统治阶级与被压迫者互相冲突的缓冲人物，则仕而优则学、学而优则仕的知识分子全体。中国历史上的社会，便是以这三种人为支柱而构成的。统治阶级，直接、间接运用政治手段抢劫被压迫者的经济利益，以图自己之生存。被压迫者运用经济手段直接或间接从事于生产，养活自己，并供养统治阶级全体。孟子曰：‘或劳心，或劳力。劳心者治人，劳力者治于人。治于人者食人（养活别人），治人者食于人。’统治阶级与被压迫者彼此的政治关系、经济关系，便凭这29个字说得清清楚楚了。中国社会的这种阶级的结构，或不平等的结构，自古至今，没有变动过丝毫。”[⑤]对这种“不平等”的社会结构，“我们自己若不想法子改造，甚或反而误听现在一班有势力者的妖言，以为中国社会是最平等没有的了，那么再过一百年，乃至一千年，这个不平等的结构将还是如此。”

由社会结构讲到阶级结构，并揭示其“不平等”的实质，并要“想法子”改造此结构。这些思想的确是充满“辩证法”与“唯物论”的。

接着，周谷城又分析了统治阶级与政治制度、土地制度的关系，他还分析了被压迫的民众所受的各种剥削与民众的暴动问题。他指出，历代的统治者不只是依靠一个从秦以来始终未能动摇的“专制一尊的常规”来维护自己的统治，统治阶级还须掌握其土地制度。“规定民众施用自身的劳力于土地，造出产品供人剥削是也。历史上的所谓井田制、所谓名田制、所谓均田制虽都说来好听，却都逃不出这个意义的范围之外。至于与土地制度有关的赋税制，更指明统治阶级如何剥削民众。”[6]在这种不合理的土地制度之下，“人民运用自己的劳力，以造成养命的东西。于困窘万状之中，自己的命，固然养活了不少（死去的却也多得可怕），同时坐吃现成的统治阶级，却得了一个取之不尽用之不竭的生活之总源泉。”因此，“土地制度是统治制度的基础。”

统治者依靠政治制度，依靠不合理的土地制度剥削民众，从而使得“贫富悬殊的情形，在历史上是愈演愈烈的”。

统治阶级占据了中国历史的全部，统治阶级占据了中国文化的全部。“统治阶级都是宰制民众，压迫民众，剥削民众的。换言之，统治阶级都是靠着民众而生存的；其生活的全部，都是以民众的劳力为其总源泉。”可见，民众在统治阶级的眼中是很重要的了。“所以每一个时代爬上了统治地位的人，无不眼睁睁地望着民众。总希望扩大人民的数目，以便开发自己生活的来源，建立璀璨庄严的生活之宝塔，而取得天下太平之美名。”[7]如何从民众身上“开发”自己生活的来源，建立“庄严”的生活宝塔？统治阶级巧立了名目繁多的“义务”，强迫人民来担负。人民尽“义务”，养活统治阶级，“这是中国社会之所以为中国社会的总原因”。“中国社会之结构，就是以人民养活统治阶级这件事为其特色。中国社会之所以有病，中国社会之所以必须改造，也只是为着这件事。”

“人民拿什么来养活统治阶级呢？拿多少呢？这是随时而有变异的。至于人民必须养活统治阶级这件事的根本意义，却是自古以来丝毫不变。”历代的统治阶级强迫人民尽“义务”，这样，统治阶级全体的生活，赖着人民以力役用品食料供给之。到近代，物质文明渐渐进步了，力役用品食料等等不能满足统治阶级的奢欲，于是银钱重要了，人民乃忙着预备银钱送给统治阶级。无论是银钱、是布缕、是粟米、是力役，总之都是人民对统治阶级的负担。此外，人民所受的一般压迫还甚多，诸如受乡绅的压迫，受地主的剥削，受官吏之害，受兵役之苦及兵饷之累等等，那就更不用说了。

《中国社会之结构》在《中国社会史论》中占有重要地位。因为只有了解从古到今的中国社会之结构，才能谈得上了解近代中国社会所发生的变化与现状。因此，周谷城颇看重此书的写作，这是能够理解的。

在分析了中国社会结构的具体情况后，周谷城认为有必要再就近代中国社会之变化作比较详细的分析与探讨，以便为改造中国社会提供更为充足的依据。周谷城仍以马克思的辩证唯物主义与历史唯物史观来指导此书的写作，因此，他在写作此书前，首先开宗明义地谈到了他书中的中心论点，即看到“历史上传下来的中国，近代几十年之所遭遇大变，以及变化的结果，都与国际资本主义直接相关。近代几十年来中国一切变动，乃国际资本主义造成的。变动的结果，又恰恰帮助国际资本主义之继续发展。倘国际资本主义的势力未侵入，中国或者仍循历史上的惯例，治乱相间地绵延下去。然国际资本主义毕竟进来了，所以中国也毕竟成了今日的中国，或摩登支那。”[8]抓住国际资本主义势力的侵入，从而引起中国社会的大变化这一中心问题来论述，这可以说是《中国社会之变化》的主旨所在。

首先，周谷城公开指出帝国主义的侵略为中国社会变化的动因。在本书的开篇中，他就写道：“帝国主义的侵略是中国社会变化的动因，换言之，中国社会的变化，是帝国主义的侵略逼迫出来的。”[9]他简要地回顾了1840年以来的历史，指出从最初的中外通商到英国发动鸦片战争，强迫中国与其订立《南京条约》，这完全出自于西方列强之侵华野心，而中国却又无力抵抗。不要轻视鸦片战争中中国的失败而与英国订立的《南京条约》，“这次条约的订立，中国方面所受之损失，算是空前未有。其对后来的影响之大，更不待言。举例言之，条约订立之后，荷、比、葡、普、班诸国相继派遣领事到广东，法、美诸国相继援例与中国订立不平等条约等等，以开后来国际资本主义侵略的先例，或帝国主义侵略的先例”。从此，国际资本主义或帝国主义侵略中国的局面完全造成了，侵略中国的基础完全树立了。从此各国的资本家便拿着剩余商品往中国送，拿着剩余资本往中国送，同时更从中国刮取原料。于是中国乃成了一个帝国主义者的商场、投资地、原料出产所。于是双方相互通商之局面告终，单方面侵略的局面开始。

从鸦片战争起，中国社会便开始沦为半殖民地了。西方资本主义势力之侵入，强迫中国割地、赔款、设定外国人的居留地、予外国驻华领事以裁判权、与外国人协定关税制度等等，遂把中国领土完全破坏了，把中国主权独立动摇了。不仅如此，帝国主义者还相继夺取中国的藩属，更使中国受了极大的震动。中国在前清盛时，藩属最多，版图最广。土地之大，东方到了鄂霍次克海、日本海，西方过了葱岭到了浩罕，北方到了恰克图，南方到了南海、暹罗湾，与印度洋之孟加拉湾，西北到了巴尔克什湖，东到了台湾琉球。即远在南洋之苏禄，避居西北之哈萨克布哈尔，在名义上，都是居于中国的统治之下。然而，中国的藩属，在近代几十年内，遂被各帝国主义者夺取完了。夺取藩属是帝国主义侵华的一种方式。此外，自中日甲午战争后，帝国主义各国还在中国强占租借地和划分势力范围。这样，中国在事实上已经被帝国主义瓜分了。

周谷城接着分析说，应当看到，在八国联军侵华、镇压义和团之前，各帝国主义者压迫中国，其策略完全是激进的、军事的。自此后，就不同了。各国都把压迫的策略变成缓进的、不完全是军事的了。所谓缓进的策略是什么呢？就是不急于分割中国的领土。这样做，一方面可以缓和各个帝国主义者的冲突，另一方面又可以迷惑中国人民的视听。但策略改变，并不是压迫减轻。

帝国主义者向来肆行军事策略，后来忽又弛缓军事策略，细察之，周谷城认为主要有下列四方面的原因：一是经济侵略的基础已经稳固了。“帝国主义者不惜以大军屡压中国之境，不惜与中国血战，为的是要取得并巩固经济侵略的基础。倘基础已取得了，且巩固了，自无继续施用军事策略之必要了。”[⑩]二是中国已经完全屈服了。在八国联军侵华之前，中国对于各帝国主义者，至忍无可忍时还有勇气与决心出而一战，如鸦片战争，直至八国联军之役。虽然每次都遭惨败，但至多不过战败国而已。但到了八国联军之役以后，中国自己再没有反抗的力量了。在此种情形下，帝国主义者便可稍稍弛缓军事的策略。三是帝国主义自己内部的冲突也较此前加紧了。“各帝国主义者若继续用军事策略压迫中国，总免不了要发生他们内部的冲突。为要免去或和缓他们自己内部的冲突，只有稍稍弛缓对中国所用的军事策略。”[⑪]四是和缓或迷惑中国的人心。中国人民自从鸦片战争，直到八国联军之役，因受了巨创，对帝国主义者之恨心自深。帝国主义者为着上述的四种原因，对中国已可不必继续用军事的策略了，如欲和缓中国人民排外之心，更应当弛缓军事的策略。

周谷城回顾了帝国主义侵华的历史，特别是对帝国主义侵华的军事策略的变化作出了深刻的分析和判断。在论述帝国主义侵略中国，引起中国社会变化问题时，周谷城还谈到了一个极其重要的内容，即帝国主义的侵略与中国经济变革的关系。经济是社会的基础，抓住经济的变革来看待中国社会之变化，可说是抓住了根本问题。周谷城认为，帝国主义的侵略，对于中国经济的变革是密切相关的。如何理解呢？在八国联军之役以前，帝国主义的侵略是中国经济变革的一种刺激。在八国联军之役以后，帝国主义的侵略是中国经济变革的一种阻碍。刺激引出了中国的经济变革，阻碍则压倒了中国的经济变革。

自从鸦片战争，直到八国联军之役，历经60年之久。在这60年内，帝国主义者因想在中国取得并巩固长久侵略的基础，来势很凶。而清政府，一方面既不揣度自己的力量，另一方面又莫测别人的高深。于是每当帝国主义者压迫最凶的时候，便轻率应战，应战的结果只是失败。但屡战屡败的结果，却刺激了中国经济变革。因对外屡战屡败，便想发愤以图富强。欲图富强，除直接振军经武之外，第一着就是经济变革，便是筑铁路、开工厂、开矿山等等。八国联军之役以后，情形就不同了。各帝国主义者已经使中国完全屈服了，人民的反抗力还待成长发展。而帝国主义者施行经济侵略的基础却已完全树立起来：居留地有了，领事裁判权有了，商埠开辟了，关税制已协定了。只需把资本与商品大批向中国倾入就行了。所以八国联军之役以后，各帝国主义者所用的军事策略弛缓了，而纯粹的经济侵略则加紧了。此前以军事势力开辟经济侵略，联军之役以后，则以军事势力保障经济侵略。帝国主义者既以军事势力保护纯粹的经济侵略，而此纯粹的经济侵略又恰与中国正在进展的经济变革平行而为其同伴，于是中国的经济变革被帝国主义者的经济侵略阻碍了，甚至压倒了。所谓民族资本主义，不能完全独立。

周谷城这段论述帝国主义的侵略与中国经济变革的关系的话，虽寥寥数语，却说得十分精彩、非常透彻。“刺激”、“阻碍”四字已把帝国主义的压迫与中国经济变革的关系说得非常明白了。

其次，周谷城较详细地分析了帝国主义的压迫对中国社会的变化所带来的四种后果。他指出，帝国主义的压迫导致了中国的产业革命。中国的产业革命发生以后，又处于帝国主义高压之下，不能迅速地完成。当然，要看到虽然中国民族资本主义尚未成熟，产业革命尚未完成，但中国产业界的根本变化却在帝国主义或国际资本主义高压之下一一发生了。如军用工业首先创办、矿业的兴办、铁路的建筑、新式轮船的出现等，都说明了中国产业界虽处在国际资本主义的高压下，但仍发生了根本的变化。“自从有了这些根本的变化以后，中国社会的全部，便也随着变化起来。”变化的结果，周谷城概括为四种：一是都市的畸形发展，二是农村的加速崩溃，三是军阀的形成，四是社会意识形态的变动。

所谓“都市的畸形发展”。周谷城分析说，产业的根本变化，件件是发展都市的。矿业的渐渐发达便直接帮助了都市的发展。工业也是直接帮助都市发展的。工业发达中显著的事实就是大工厂的设立。大工厂设立本不一定要在都市中，但为着吸收原料及出售熟货以及其他种种的方便起见，总以设在都市中为好。大工厂既已设在都市中了，于是成千上万的工人便随之跑到都市中来。工人之外，一切直接或间接与工厂有关系的人也一律跑到都市中，或则在都市中长居，或则在都市中暂留。这样一来，工业的渐渐发达也直接帮助了都市发展。至于商业帮助都市发展那就更不待说了。虽然产业的变动已直接地帮助都市发展了，但应当看到都市的发展使得“都市上的社会关系乃一天一天地复杂起来，都市社会关系愈复杂，于是都市中的社会意识也随着复杂起来，都市文化也随着复杂起来。但都市的发展是在帝国主义高压下进行的，且为帝国主义服务，于是成了畸形的发展。”⑫

所谓“农村的加速崩溃”。一方面中国的都市在畸形地发展，另一方面中国的农村却在加速崩溃。为什么？周谷城仔细研究了中国农村的历史与现状，指出中国的农村，自土地私有制实行之日起，几千年中，犹如病夫，从未享过健康和幸福。几千年来，贫苦的农民，在地主的地租及官府租税的双重压迫之下，生活从未宽裕过。生活既不宽裕，大家都救死不暇，没有人来提高生产，改进村庄。因此农村总显得荒凉寂寞。到国际资本主义侵入以后，中国境内的产业起了变化：一方面国际资本主义势力充满了全国，另一方面新式的工商业渐渐发展起来了。农村于此，更从荒凉寂寞的状态之下加速地崩溃起来。那么，国际资本主义的势力怎样使中国农村崩溃的？一则以高价的商品吸收农村中的现金，二则借钱给中国的封建军阀及贪官污吏，助长内乱，三则以廉价吸收农产物。国际资本主义者的商品到了中国，随即把中国的手工业破坏了。手工业破坏了，于是农村中便无论贫富，一律拿着现金买外国货。结果外国货充满了中国，农村也跟着穷了。国际资本主义者借钱给军阀，就有破坏农村的两种作用：一是军阀所借的款要农民负担本利，使农民负担重，加速地穷起来，二是军阀所借的款毫不用于生产，完全只用于内争，内争却是直接破坏农村的。至于国际资本主义者以现金来吸收农产品，也只是使中国农村崩溃。国际资本主义者把中国农产品吸收过去，加以制造，变成工业品，再向中国农民发售。农产品价廉，工业品价贵，以价贵的工业品来换价廉的农产品，结果农民生活日蹙。所以国际资本主义势力一到中国，便继续不断地使中国农村加速崩溃。

周谷城还指出，由于工业的发展在帝国主义高压之下进行，这也是使农村加速崩溃的一个因素。因为农村的现金，由土豪地主直接送到都市上的工厂里或银行里，或由官僚军阀搜括起来，间接送到都市上的工厂里或银行里，于是农村中空无所有。这是工业使农村崩溃的一面。再说都市上工厂一天一天地增设起来，生活落伍的农民渐渐由农村向都市上跑。久而久之，农村人口减少，这是使农村崩溃的又一面。至于说到国际资本主义的商品深入农村，使中国农村经济加速破坏，更使被地主阶级长期剥削的农民的生活恶化到了尽头。

谈到“军阀的形成”这一后果时，周谷城认为近代军阀的产生不是偶然的。军阀，它是在帝国主义侵略中国，使得中国的都市畸形发展与农村加速崩溃的过程中应运而生的。他指出国际资本主义到中国，最初是以军事势力为先锋的。由于国际资本主义对华的军事侵略，刺激了中国清王朝，使其从酣睡中忽然跳起来练新军。新军刚练好，而外患的压迫却如日中天，且其压迫已渐渐由军事变为经济的。这样一来，中国虽练新军，对外却毫无用处。为什么？一则外患压迫势力太大，国人仍不敢冒昧以武力相与周旋，二则外患压迫已由军事性变为经济性的，外人只要于经济方面得到利益，也不愿随便对中国以兵戎相见。关于这一点，周谷城在前面说及八国联军一役后帝国主义压迫中国之策略的改变，即已说明。但中国的新军对外虽毫无用处，而对内则是有余的。于是新军后来即成了万恶的军阀之起源。

这样一来，军阀虽然对外毫无用处，而造内乱却极有本领。军阀既已形成了，它随着国际资本主义的侵略，造成了中国的悲剧。一方面，国际资本主义的侵略一天一天加紧，另一方面，军阀自己的势力，一天一天兴盛，此两大怪物互相调和融洽，共同造成了中国的悲剧。

那么，军阀的产生与都市的畸形发展和农村加速崩溃的关系作何理解呢？周谷城指出，国际资本主义的入侵促使中国都市畸形发展和加速了农村的崩溃。军阀恰恰看到了这个趋势，相继由农村向都市上进展。原来军队是靠田赋生存的，靠农村而生存的。但国际资本主义的入侵使城市畸形发展起来，城市里有大工厂，有大商场，有大银行，有极优越的税收机关。近代几十年，农村虽一天一天贫穷，都市却一天一天富裕。军阀得了繁荣的都市，占了工商的中心，既可以向银行借债，又可以到税收机关拿钱，更可以向工商资本家勒索。可见，都市的发展有利于军阀的发展，故它要夺取都市，甚至要争得出海口。当然，崩溃中的农村，也有利于军阀的发展。一是农村供给军阀田赋，二是替军阀担负一切债款，三是剩余人口可以充士兵之数。概而言之，正在崩溃中的农村拿田赋及剩余人口给军阀，而畸形发展的都市拿税收及借款给军阀。军阀乃在这都市发展、农村崩溃的过程中，从容不迫地发生、成长、兴盛，后来便成为了帝国主义者的御用工具，或成为帝国主义的走狗。之所以如此，因为“中国近代的统军者由受皇帝或统治阶级的支配转移到受帝国主义的支配，其过程便是军之所以为阀的过程。统军者直接受了帝国主义的支配，在中国便能成强有力的军阀，成了强有力的军阀，便是帝国主义者的御用工具。”[13]帝国主义的侵略与中国军阀的兴起，中国都市的畸形发展、农村的加速崩溃与军阀的形成，二者之间的关系，周谷城可谓说得极为透彻、极为明白。这些论述是完全符合半殖民地半封建的中国社会实情的。

说到第四种后果，即引起的社会意识形态的变化问题，周谷城是这样分析的：自国际资本主义的入侵引起产业界发生根本变化后，社会关系也随着变化起来，有了社会关系的变化，意识形态也随着发生变化。意识形态的变化，可从道德伦理、风俗习惯、学术思想等各方面来做观察。如中国原有之道德观念，最流行的，有“尊君亲上祀长”等等，近代几十年来，因社会关系的变化，“这等道德观念，几乎完全绝了种”，起而代之的有所谓博爱、平等、自由，等等。前此的道德偏重对家族方面的诸种德性，而近代几十年社会变化的结果，道德乃跟着变化，变到偏重对社会国家的诸种德性了。前此一孝字几乎包括了道德的全部，社会变化后，则产生了社会道德、政治道德等。至于风俗习惯，此时也随着社会变化而变化。例如前此女子只有所谓三从四德最要紧，现在则提倡男女平权。前此男女婚姻，由父母代定，现在有所谓自由恋爱。至于说到学术思想的变化，则更显而易见。近代以来，就出现了张之洞在《劝学篇》中提出的“中学为体，西学为用”的思想；有梁启超在《新民丛报》中提出的民权、议会思想；有陈独秀等在《新青年》中所提出的民主、科学思想；更有《向导周报》社一班人首先提倡的马克思主义及阶级斗争等思想。

帝国主义的压迫或国际资本主义的入侵刺激了中国的产业变革，从而引起了中国社会的大变动。都市的畸形发展，农村的加速崩溃，最终导致了军阀的产生。“帝国主义者造成军阀，以为侵略中国的工具，军阀复依赖帝国主义者，以为横行的奥援。两者互相结合，把中国弄到将就灭亡的地位。”[14]周谷城的《中国社会之变化》，以极其锐利的政治眼光洞察了近代中国社会变化之根本动因，根本动因就在于帝国主义的入侵，而这也是导致中国革命之所以发生最根本的原因。

按照周谷城的写作意图，《中国社会之结构》《中国社会之变化》两书的研究偏重于解释现在的中国，而《中国社会之现状》则打算把中国社会之前途作一描写。因为把历史上的中国研究了一个大概，又把国际资本主义发展过程中的中国变迁的大势研究了一个大概，因此，应该于中国社会之前途有所描写。在《中国社会之现状》中，周谷城力图把当时人们关注的几个大的社会问题作周密研究，从而得出一些正确的结论。归结到一点，即预示中国社会之前途，给人们以某种有益的启示。

周谷城首先指出，几千年的中国历史是治乱相寻的，是一治一乱连续起来的。太平的时候，准备变乱，变乱的时候，酝酿太平。从乱的方面看来，可谓全部历史是“乱”的历史，从治的方面来看，可谓全部历史是“治”的历史。周谷城则着重从“乱”的方面来看待中国历史，因而认为中国史就是一部斗争的历史。从斗争的形式、内容到社会的演进，抓住这一条主线来写历史，是充满辩证法思想的。

周谷城把中国历史这部斗争史分成下面几个时期和各期的主要形式来写。他认为：第一期是由种族斗争到阶级对立，或由横的斗争到纵的斗争的时期。秦以前属于这一期。第二期完全为阶级对立的局面或纵的斗争所占据。自秦至清末鸦片战争时属于这一期。第三期则由阶级对立到新的种族斗争，或由纵的斗争到另一种横的斗争的时期。自鸦片战争到当时所处的年代就属于这一期。第四期由新的种族斗争到新的阶级对立，或由横的斗争到另一种纵的斗争。自今以后，属于这一期。四个时期的划分，由横的斗争到纵的斗争形式的转换，周谷城可谓抓住了中国几千年直至近代近百年斗争史的发展脉络。特别是讲到近代以来的新的种族斗争与阶级对立的新形势。他说自鸦片战争起，种族斗争发展到一个新阶段，即中外斗争阶段。西方列强侵入中国，一再对中国施加武力。这种新的种族斗争的出现，与阶级对立有何关系呢？周谷城认为，“列强对付中国，以武力的战争为手段，以经济的侵略为目的”，这是近代新的种族斗争的一个主要特点。所以，若研究近代的阶级对立，若只注意政治的支配，而不注意经济的剥削，便不能理解阶级对立的真正意义。

周谷城还谈到列强侵略中国，其武力手段的运用时紧时松。但应当看到，这种时紧时松的状况之出现，完全出自列强需要之缓急。不管怎样，其“经济侵略是目的，只有逐渐加紧”。不认识到这一点，也就看不到新的种族斗争的真意义。他还以史实为证，谈到鸦片战争前，中外初相接触，列强以试探的态度来华，尚未感到用武力的必要，然以鸦片烟来汲取中国的经济利益，毕竟引起了中国人的反感。因之武力的压迫随之产生。自鸦片战争到庚子联军之役，60年中，列强为达到经济侵略的目的，不惜尽量以武力加于中国。结果中国被压下去了，列强的侵略可以畅行，于是武力的压迫也随着可以稍稍放松。总之，武力的压迫与经济的侵略二者一消一长，相互联系，武力作手段，经济侵略为目的，这的确是近代新的种族斗争与阶级对立的一个显著特征。

国际资本主义对中国的武力压迫与经济侵略，引起我国民众起而反抗，这构成了近代新的种族斗争，而这种新的种族斗争进行的结果，是导致了新的阶级对立局面的形成。这种新格局与原来的国内种族斗争所产生的阶级对立截然不同。“前此的阶级对立，只对立于黄种人中，后此的阶级对立，将扩大至全世界的民族。在新的种族斗争进行之时，中国也就成了世界的社会关系中之一员。”周谷城的这一思想观点，即是把中国看成当时世界上被压迫民族的一分子，被压迫民族推翻国际资本主义的民族压迫，迎接国家的新的前途，这是新的种族斗争发展的趋势。

周谷城继而分析说，在国际资本主义的压迫下，新的种族斗争导致了中国社会的各种变化。

谈到近代中国社会的新变化，当然应首推经济的变动。周谷城认为中国经济的变动完全是一种“辩证的动态”。为什么？因为“从原有的经济上发生出经济的变动，经济变动的结果，又复帮助国际资本主义之发展。前者乃过去经济变而为现代经济的过程，后者乃中国经济变而为世界经济的过程。由过去到现在，由中国到世界，其中一往一复的情形，无不与辩证的运动（Diaiectic Movement）相吻合。”[15]

由近代经济的变动，周谷城接着谈到了社会阶级关系之变动。他先谈了原有的阶级及其相互关系，简明扼要地指明：“旧社会里的阶级之分别，主要的为统治阶级与被统治阶级之分，或压迫阶级与被压迫阶级之分，或剥削阶级与被剥削阶级之分。前者握着政权或利用政权压迫后者，从而剥削榨取其经济的利益。后者因没有政权，或不能利用政权，只好任前者压迫，从而受其剥削，以经济的利益供给之。”[16]由原有阶级之关系，他又谈到了这种阶级关系之变动。其中，他谈到引起这种阶级关系变动的一个重要原因就是由于中国受了国际资本主义者的压迫，产业上发生了重大的变化：向来停滞在农村中的剩余生产品渐渐转移到都市中来了，渐渐成了新式生产事业的资本。随着资本都跑到都市中来，便有成千上万的农工群众跑到新式的生产制或资本主义的生产制下，而成了无产阶级。于是资产阶级与无产阶级的对立，渐渐开始代替官僚地主与农民、手艺工人及手工业者的对立。在这个阶级变动与重组的过程中，向来拥护地主官僚以支配农民手艺工人及手工业者的知识分子，亦渐变为拥护资产阶级以支配无产阶级的知识分子。近现代社会经济与阶级关系的新变动必然引起社会各方面的深刻变化。表现在：

一是社会政治的变化。

至于说到中国政治的演变，周谷城认为，中国历史上的政治，从几个方面讲，都可以说是地主政治。只是到了清末，代表地主阶级利益的清政权却出现了动摇之象，其原因在于：帝国主义者要在中国发展势力，对满清统治阶级尽量威胁；被压迫阶级要在中国寻自己的出路，对满清统治阶级也不得不尽量威胁。满清政权受内外两方的压迫，最终倒了。继之而起的便是军阀统治。“军阀政权，乃成了过渡时代之必然产物”。军阀政权的特别作用，就在于它代替帝国主义执行压迫中国农工的任务。

若再作进一步的观察，可以得知帝国主义利用军阀的方式与利用军阀之种种目的。就帝国主义利用军阀的方式而言，周谷城概括为三种方式，即友谊的方式、利诱的方式与威胁的方式。所谓友谊的方式，即由外交官直接与军阀交际往来，联络友谊。这种方式，在中国最有效力。中国的军阀鱼肉人民，虽是威风凛凛，但对洋大人却十分害怕。因此各帝国主义国家派来中国的公使领事之类，稍与中国的军阀周旋，就可以驯化他们，收为自己的工具。所谓利诱的方式，借款即是例证。帝国主义借款于军阀，一方面可向人民索利息，另一方面却又收买了军阀的欢心。日本以巨款借给袁世凯、段祺瑞，美国也借巨款给军阀，都不过是利用军阀的一种方式。所谓威胁的方式，即军阀如不听帝国主义者之命，帝国主义者则立刻派大军来威胁。中国军阀最怕帝国主义者，往往秉承意志，唯命是从。可见，在威胁、利诱、友谊三种方式之下，中国的军阀便服服帖帖地成了帝国主义者之良好工具。

二是社会教育之变化。

周谷城认为社会经济与阶级关系的变化必然引起教育的变化。因为教育与政治一样，也是维持阶级秩序之重要工具。它的内容，它的形式，它的兴革，它的变迁，都与社会阶级有关。社会上有什么阶级，便产生出什么教育。反过来，什么样的教育，恰恰是维持什么样的阶级秩序的。

周谷城谈到了近代教育的变迁。他认为这种变迁之故，完全在于帝国主义的入侵之关系。帝国主义入侵中国，由于中国的经济太落后，抵挡不住，于是中国变得更加贫弱不堪。中国因贫弱不能对付帝国主义，为要对付帝国主义，不得不图富与强。但旧教育不足以图富强，这样就产生了教育上的维新。维新之举措，主要表现在废科举、设新学校、派遣留学生、翻译西书等，“合此种种，遂把往日维新身份的教育，讲求治术的教育，变一个崭新，变成了纯粹资本主义社会里的教育。”[17]

三是思想之变化。

社会经济与阶级关系的变动必然引起社会思想的变化。就近代中国政治思想的变化来说：

社会在变迁，思想也必然随之发生变化。从明末清初至“五四”以后，中国的思想界发生了很大的变化，其表现主要是资本主义思想的大力传播。

周谷城指出，便于统治阶级的旧思想，发达到了极点复又转成与其自身相反之物。代表这个转变的有三大家的学说，一为戴东原对宋儒理欲之辩的反驳，二为黄梨洲对君臣职责的非议，三为俞理初对男女平权的主张。三大家学说的提出，可以说是近代中国思想转变的开端，也可以说是农业手工业社会里的统治思想转变为工业资本主义社会里的统治思想之开端。周谷城接着分析道，三家思想的提出，说明中国社会思想的转变。而这种转变与整个中国的历史之转变是完全相适应的。这种转变也说明孔家学说由此转了一个方向，几乎与原来的方向相反。至若后此所出现的新思想，则完全为时代与环境之直接产物。

综上所述，周谷城谈到了近代以来，由于国际资本主义入侵，中国社会发生了很大变化，其变化的原因、变化的方式、变化的结果都有一定的特性，国际资本主义的高压，“不外把中国的种种，变成与国际资本主义发展的趋势相融合相调和，换言之，即是欧化”，这种变化恰恰帮助国际资本主义的继续发展，所谓中国实际上便完全没有了，只成了世界的一部分，国内的一切都成了世界经济网里面的东西了。斗争——变化——改变现状，争取国家光明的前途，这就是周谷城在此书中所要表述的主要思想观点。

周谷城的《中国社会史论》，可谓鸿篇巨制。他以马克思的唯物史观作指导，对中国社会的结构，中国社会的现状以及近代社会的变化，作了极为全面和深刻的分析，从而得出令人信服的结论。尽管书中有些论点还值得推敲，但此书的思想观点仍给人以较大的启示。它在当时人们展开的社会性质与社会史论战中，仍不失为一份可贵的思想史、社会史资料。

三、论中国的知识分子

周谷城关心中国的社会问题，认真地分析中国社会的阶级结构，其中就必然涉及中国的知识分子问题。中国知识分子的来源、社会地位、历史作用等问题，这些都是周谷城非常想了解的。20世纪30年代初，在中国的思想界开展关于中国社会性质与社会史讨论时，他追根溯源地对中国的知识分子问题作了较为全面的考察，最后指明了旧中国的知识分子应持的政治态度和应发挥的作用。

周谷城先谈知识分子的地位问题。

说到中国知识分子的社会地位，周谷城认为应把它放到整个中国社会的结构中作分析才能明了。他指出中国的社会结构是不平等的。而这一不平等的社会显然是由三部分人构成，一为高高在上、以政治为谋生手段的统治阶级，二为居最下层、以劳力为谋生手段的被压迫的民众，三为调和于此两者之间的知识分子。如何看待知识分子的调和的社会地位问题？因为统治阶级与被压迫者相互的冲突经常发生，在两者互相冲突中，知识分子的调和地位就很显明了。他们一方面诚惶诚恐，昧死再拜以苦劝统治阶级，叫统治阶级爱民。另一方面则聚精会神地要民众敦孝悌、笃宗族、和乡党、重农桑、尚节俭，并讲求其他一切美德，大家做一个好人以服从统治阶级。因此，知识分子的职务总是调和统治阶级与被压迫民众相互之冲突的，调和而果有效，则冲突便隐而不显，便构成历史上之太平，这叫做“治”。调和而果无效，则冲突便显而不隐，便构成历史上之纷扰，这叫做“乱”。这一治一乱，是历史的现象，统治阶级与被压迫者的冲突就成了中国历史的内容。可见，在统治阶级与被压迫者的冲突中，知识分子处调和地位。由此看来，“知识分子，差不多是社会上的中坚人物。其使命，其责任，直系了天下的安危。”[18]周谷城还以清康熙时颁发的十六条圣谕为例，说明这十六条，就把知识分子的责任或使命说得浑透。历代的统治阶级虽没有同样的条文，但对知识分子的期望，却几千年来如一日，都是希望知识分子替他们帮忙，替他们维持社会秩序（实际上就是调和统治阶级自身与被压迫民众相互之冲突）。

其次周谷城对知识分子的意义，作了如下分析。

周谷城先就知识分子这一名词作了诠释。在国文中，曾有一个流行的名词，称作“士大夫”。他认为拿这一名词来套近代社会的各种样式的学者文人，显然不妥当。如大学教授、律师、编辑、新闻记者等统统叫做“士大夫”，这颇不自然。若都叫知识分子，却是极自然之事。他建议要理解知识分子这一词，最好把“士大夫”作为机器文明输入中国以前的知识分子的称呼，把知识分子作为机器文明输入中国以后的知识分子的称呼。他还认为在事实上，士大夫的范围应该小些，知识分子的范围应该大些。知识分子可以包括士大夫，但士大夫却很难包括机器文明里的新知识分子。因此，用知识分子这一范围较广的名词来代替“士大夫”，以概括新旧两层意义，是比较恰当的。名称确定了，那么，知识分子的实质究竟是什么？周谷城认为这可以从积极与消极两方面来理解。从积极方面说，知识分子的生活内容，主要的成分属于知识。或则创造新知识，如周末的孔、老、墨等，即其实例。或则保存旧知识，如汉代的博士经生等，即其实例。或则传播知识，如报馆编辑、学校教师之类，即其实例。或则贩卖知识，如书店里的编译员之类，即其实例。或则以知识作游戏品，或粉饰太平之具，如作《两都赋》《三都赋》的那批人，即其实例，等等。总而言之，知识分子的生活内容是偏重知识的。再从消极方面来说，知识分子的工作是不生产的。中国自古以来，完全生产的只有农民、工人，商人还只是帮助生产的。而知识分子，则完全不生产。当然，历史上也可查到知识分子有时种田的实例，但这都只是一些在政治方面落伍的隐士。《论语》上称：“樊迟请学稼，子曰吾不如老农。请学为圃，子曰吾不如老圃。”这便可以表明知识分子之不直接从事生产了。

周谷城接着谈到知识分子的来源。

周谷城认为中国历代的知识分子，共有两大来源。自从阶级对立的局面产生以后，社会上完全立于相反地位的，便有统治阶级与民众。历代的知识分子主要是由统治阶级与民众两方面出来的。一是从统治阶级里面出来的知识分子，大都是统治阶级的总头子、特权者，以及达官显吏的子弟。这可以从历代受学校教育的人来做证明。如《礼记·王制》曰：“有虞氏养国老于上庠……夏后氏养国老于东序……一般人养国老于右学……周人养国老于东胶。”上庠、东序、右学、东胶等等都是大学。养子里面的国老，绝不是民间弟子而必是与统治阶级关系最密切者。再如清之太学，更是为特权者的子弟而设的。顺帝时，祭酒李若琳奏言：“学以国子监名，所谓国之贵族子弟学焉者也。”只此一语，便很明白地告诉我们：知识分子，多出自统治阶级。二是单靠统治阶级自身供给知识分子决不济事。统治阶级当然希望天下的知识分子是自己的子孙。但社会一天一天地进化，事务一天一天地繁多，镇压民众剥削民众的手续，也随着一天一天地复杂起来了。自己的子孙，颇不够用，于是乃从民众中间吸收优秀分子，一方面作为他日充当自己家奴的预备队，另一方面叫他们去作移风易俗的事情。历史愈往后延长，统治阶级从民众方面吸收优秀分子的事乃随着多起来。到后来，具有很完备的制度，若干民众之中，一定要选出若干优秀分子。就以东汉为例，凡郡国有二十万人的，每年举孝廉一人，依此类推，不满二十万人的，每两年举一人，不满十万人的，每三年要举一人。一直到清朝，统治阶级每年要从民众中间挑选优秀分子，还是随各地人口之多寡及文化程度之高低，而有一定的数目。总之，知识分子的来源，一为统治阶级自身，一为与之对立的民众。

说到这里，周谷城认为有个问题是应弄明白的，即民间中为何也有知识分子可供统治阶级挑选呢？他认为有两个原因，一是知识的宝库渐渐由统治阶级而下移于民间，二是民间有了知识之宝库，自由讲学之风渐渐发达，这有可能培植民间的知识分子。就这两方面的原因，他作了具体的分析。先就前者而言，任何国家，知识之所在处，最初完全在统治阶级那里。《汉书·艺文志》述九流十家之来历即可得到印证。章太炎在《检论·订孔》中有言曰：“宦于大夫，谓之宦御事师。言仕者又与学问，明不仕，则无所受书。”不仕，便无所受书，可见知识之储藏或知识之宝库，全在统治阶级。但后来这种情形却渐渐变化了，知识也渐渐下移，由统治阶级的专有物渐渐变为统治阶级与少数民众共有之物了。包藏知识的典籍，也渐渐散布到民间去了。典籍如何散布到民间去的呢？最初大概是由于少数人的抄写。章太炎又在《检论·订孔》中言曰：“自老聃写书徵藏，以诒孔氏，然后竹帛下庶人。六籍既定，诸书复稍出金匮石室间，民以昭苏，不为徒役。九流自此作，世卿自此堕，朝命不擅威于肉食，国史不聚歼于故府。”国史不聚歼于故府，竹帛，经抄写而下达于庶人，虽属难事，然毕竟使书籍由统治阶级下移到民间已成事实。民间渐渐有书，这就有知识宝库可供开掘了。民间有了这种知识的宝库，知识分子的产生是很容易的了。因为民间有了知识宝库，使得自由讲学之风开始盛行。自由讲学之风盛行，这对培植民间知识分子极有好处。周谷城举例说，宋朝有一位胡安定，其自由讲学的精神与周末的孔子差不多是一样的，很足以表明自由讲学能培养民间的知识分子。胡安定在宋庆历年问，讲学于苏湖间凡二十余年。束修弟子，前后以数千计。《宋元学案》云：“先生……教学二十余年。庆历中，天子诏下苏湖，取其法著为令于太学，召为诸王宫教授……是时，礼部所得士，先生弟子十常居四五。随才之高下而修饰之。人遇之，虽不识，皆知为先生弟子也。”可见，自由讲学的人，有这样大的魄力，民间的知识分子那得不多起来。民间的知识分子多了，统治阶级乃设法挑选。统治阶级愈挑选，民间知识分子乃愈多。

历代统治者如何挑选知识分子呢？其方法之流弊有哪些？

周谷城认为，民间知识分子之多，固由于自由讲学的风气盛行及知识宝库的下移。但自由讲学之风尚未发达的时候，书籍尚未遍布于民间的时候，民间未必就全然没有见多识广，相当于所谓知识分子的人物。所以统治阶级挑选知识分子，在自由讲学之风盛行的时候以前就实行着。而且最初挑选知识分子，颇有几分师事之意。周谷城还用前清刘子壮的《制科取士之法考》作参考，对历代统治阶级从民间挑选知识分子的方法作了概述。从制科取士方法的起源到实施，可知知识分子与统治阶级的关系、统治阶级挑选知识分子之方法以及知识分子自己所以自见的手段等。

周谷城指出，历代统治阶级挑选知识分子的方法，自实行以来，就已弊端百出，批评的人向来不少。他摘录朱子《学校贡举私议》中一段话，“名为治经，而实为经学之贼，号为作文，而实为文字之妖。主司命题，又多为新奇，以求出于学子之所不意。于所当断，而反连之；于所当连，而反断之。为经学贼中之贼，文字妖中之妖……怪妄无稽，实是败坏学者之心志。是以人才日衰，风俗日薄。”这可说对挑选知识分子方法的弊端作了较为切要的批评。周谷城还引用黄梨洲《明夷待访录》中批评挑选方法流弊的话，曰：“科举之弊，未有甚于今日矣。余见高曾以来为其学者，《五经》《通鉴》《左传》《国语》《战国策》《庄子》，八大家，此数书者，未有不读以资举业之用也。自后则束之高阁，而钻研于蒙存浅达之讲章。又其后，则以为泛滥，而说约出焉。又以说约为冗，而圭撮于低头四书之上。童而习之，至于解褐出仕，未常更见他书也。此外，取科举中选之文，讽诵模仿，移前掇后，雷同下笔已耳。”周谷城认为这段话也算是切要地批评了。他继续评论说：“挑选知识分子的方法，虽然流弊很多，但在最初，名义上总是用来选拔人才的。”不料后来知识分子多了，竟由挑选之法一变而为笼络之法，更扩而充之竟成了游民政策。这种游民政策实际上是统治阶级设法防御知识分子为害其统治的一种政策。他引用黄远生《游民政治》一文中扼要之言曰：“吾国数千年之政治，一游民政治而已。所谓学校，所谓选举（古之选官之制），所谓科举，皆养此游民使勿使祟者也。游民之性，成事则不足，而败人家国则有余。故古之所谓圣帝、明王、贤相、名吏也者，尽其方法而牢笼之，夺万民之肉食而豢养之。养之得法，则称治世，养之不得法，则作祟者蜂起矣。”可见，中国历史上所谓学校、所谓选举、所谓科举，从好的一方去想，固然可以叫做挑选人才的方法；若从坏的一方面想去，称之为游民政策是非常确切的。

由于统治阶级施行这种游民政策，这就使得许多聪敏的人跟着活动起来。胡适在《白话文学史》上卷中写道：“皇帝只消下一个命令，定一种科举的标准，四方的人自然会开学堂，自然会把子弟送去读古书，作科举的文章。政府可以不费一个钱的学校经费，就可以使全国少年人的心思精力，都归到这条路上去。”这条路的出口在哪呢？简单说，就是“上致君，下泽民；扬名声，显父母；兴于前，裕于后”，或者称之为“举业”。周谷城指出，知识分子竭心思才力于举业，统治阶级施行着游民政策，二者合一，就使“野蛮社会，居然也就文明起来了”。

在对中国知识分子问题作出上述解析后，周谷城特别集中研究了中国知识分子在历史上的作用与对统治阶级的态度。

就知识分子的作用而言，他指出：

总的来说，知识分子在历史上所起的作用可以概括为以下几方面：提倡学术，保存古典，做好官，粉饰太平，桎梏人性等。至于具体情形如何，周谷城则作了较详的分析和说明。

就提倡学术的作用来说，他以周末的知识分子为例，指出周末学术思想之发达，在中国历史上前后各时代都少有能比得上的，知识分子则在提倡学术方面发挥了重要作用。依照梁启超的整理结果，当时的学派可分四个时期来研究。第一个时期叫做南北对峙时期。两大对峙的学派，北派以孔子、孟子、荀子及其他儒者之徒为正宗。南派以老子、庄子、列子、杨朱及其他老学之徒为正宗。第二个时期为老、孔、墨三家学说鼎立时期。第三个时期为阴阳、儒、墨、名、法、道德诸家分立时期。第四个时期叫做分裂混合时期。儒家、道家等数家学说发生分裂与混合，到最后只剩下韩非李斯为分裂混合的总结果，与秦始皇的统一之局相辉映。政治统一了，学说也跟着统一起来！为什么先秦的知识分子在提倡学术方面这么起劲呢？原因是多方面的。其中，周谷城认为“人才之见重”是一最重要的原因。因为，当时许多国家并立，互争雄长，统治阶级自己无不是手忙脚乱的。这个时期，知识分子若能替统治阶级找得一条出路，统治阶级没有不欢迎的。再就知识分子自身着眼，知识分子果能替统治阶级找得一条出路，实际上也就无异于替自己找到一条出路。因此，在当时群雄争并的时代，一方面统治阶级需要人才，而另一方面知识分子热衷势力，以需要人才的统治阶级与热衷势力的知识分子相结合，不知不觉之中发达了学术思想。当然，这样发达出来的学术思想，是要便于统治阶级统治人民的。

“保存古典”的作用则是就西汉时期知识分子的作用而言的。周谷城指出，诸国并立、互相竞争的周期过去了，统于一尊专制万姓的汉代经过秦始皇做了一番披荆斩棘的工作之后，便渐渐到来了。在诸国并立、政治未统一时，学术思想是可以不统一的；若政治已经统一了，而学术思想反纷纭复杂，那是万万要不得的。故只有统一学术思想为妙。到西汉，学术思想统一了，然知识分子仍是大行其时。知识分子在汉代作什么？一言以蔽之，“保存古典”。在秦以前经过孔子整理的《诗》《书》《易》《礼》以及所作的《春秋》，到了汉代，都是古典了。这些古典里包含着维护统治阶级的两种根本思想，一曰宗法思想，二曰封建思想。政局既然统一了，这些思想应该发扬光大。汉代的知识分子就承担了“保存古典”的工作。因几千年以来的政治制度没有变动，历代的统治阶级都需要封建、宗法两大思想以作护身符，于是，博大精深的古典便完整地保存了几千年。

“做好官”，这是知识分子所起的又一历史作用。周谷城以东汉的知识分子为例作了如下分析：

保存古典，还算不得是最重要的作用。知识分子对于统治阶级最根本的、最重要的作用在做好官。历代的考试制度、选举制度、学校制度等等，都是用以挑选知识分子使之替统治阶级做好官的。统治阶级最大的一项工作，据历史上说，也就在选拔能做好官的知识分子。这种工作如果弄得好，政治便可以清平；这种工作弄不好，政治没有不糟的。东汉的知识分子，都是经过古典训练的。保存古典，本是知识分子的一种作用。而在这保存古典的过程之中，却训练了一些能做好官的工具。东汉二百年间，知识分子很有些替统治阶级做了好官的。东汉历代的贤相、直臣、循吏中就出了不少好官，他们替统治阶级尽了应尽的责任。为何会出些好官呢？周谷城引用赵翼《二十二史札记》的话作了如下解答：“自战国豫让、聂政、荆轲、侯嬴之徒，以意气相尚，一意孤行，能为人所不敢为，世竞慕之。其后贯高、田叔、朱家、郭解辈，徇人刻己，然诺不欺，以立名节。驯至东汉，其风益盛。盖当时荐举征辟，必采名誉，故凡可以得名者，必全力赴之。”名誉可以奖励出好官来，这在周谷城的眼里则视为一件稀奇事。

周谷城以六朝的知识分子为例，说明知识分子对统治阶级也有毫无用处的时候。他指出，能做好官，能替统治阶级做极有用的工具，在历史上，实在是少见的事。与这种少见的事实恰恰相反的，在历史上又有一种很令人注意的事实，六朝时期清谈的学术风气使得知识分子列于统治阶级几乎全然没有用处了。当时的知识分子，由于清谈风气盛行而分成了下列各派：一为怕惹祸害的韬晦派，二为高自位置的乡愿派，三为不自检点的放荡派，四为喜说空话的虚浮派，五为穷奢极欲的豪奢派等。这些知识分子如此无用，是何原因造成的呢？周谷城引用蔡元培在《中国伦理学史》所举各点说：一是经学之反动，二是道德界信用之丧失，三是人生之危险，四是南方思想潜势力之发展，五是佛教之输入。这五方面的原因造成清谈风气产生，使得知识分子无多大用处。其中人生之危险这一原因最为显著。人生危险这件事，本可以逼知识分子走风流放诞这条路。中国历史上这样的实例，历代都有，不过六朝时特别多些，遂引起人家的注意了。

“粉饰太平”，这是历史上知识分子所起的又一种作用。若站在统治阶级一边观察之，这可是一大作用。周谷城指出，历代的统治阶级，只要在他们自己那个阶级里面站稳了脚跟，没有不想藉知识分子来粉饰太平的。如东汉时，光武初爬上了皇帝的地位，也就赶快勾结知识分子。《通考·学校》曰：“光武中兴，先访儒雅；四方学士，云会京师。”又如唐朝，当时太平盛世的景象更值得特别粉饰铺张。唐代第一件利用知识分子以粉饰太平的事就是开设学校，培养学生。唐代，中央办有国子监、弘文馆、崇文馆等，地方则设有京都学、京县学、府学、州学、县学等。学校设立之广，培养学生之多，就连当时新罗、高昌、百济、吐蕃、高丽等国，都派遣子弟来唐留学，真可谓集太平盛世之大观了。唐代第二件利用知识分子粉饰太平的事就是施行考试制度。唐代制科取士的考试方法，可说比任何朝代都复杂些。合科举与学校两种制度，在唐代，竟把四方的知识分子通通罗致到统治阶级一边，而为统治阶级作粉饰太平之工具。

宋、元、明各代的知识分子，其显著的作用又如何？周谷城认为可以概括为四字：桎梏人性。因为这几个时代是理学最昌明的时代。理学是什么？理学是压制人性、桎梏人性的东西。“尊者以理责卑，长者以理责幼，贵者以理责贱。”宋、元、明代的知识分子所宣传的又大都是这个。所以，我们可以说，宋、元、明的知识分子是桎梏人性的。桎梏人性，使人人都变成奴隶，那是统治阶级所最欢迎的。所以，桎梏人性这件事，站在统治阶级方面说起来，还是知识分子的一种特别重要的作用。

知识分子对统治阶级的态度：

周谷城认为，知识分子对于统治阶级的态度，可以大体列出以下数种：一是央求统治阶级的垂顾，向其乞怜，二是无耻地谄媚，三是替统治阶级效死力，四是不合作，五是反抗。

先从第一种说起。从历史上看知识分子乞怜于统治阶级，希望统治阶级照顾，这类事实实在太多。他认为孔子是第一个乞怜于统治阶级的人。孔子自从去鲁、周游列国，后来复返于鲁，为的都是要博得统治阶级的垂顾。如有一次，他同子路向两个种田人长沮、桀溺问路，他发觉了这两个人颇明世故，同时又感觉自己没有爬上政治舞台之无聊，便长叹一声曰："鸟兽不可与同群。吾非斯人之徒与，而谁与？！"可见孔子向统治阶级乞怜之态度。孟子也是一个向统治阶级摇尾乞怜的人。楚国的屈原与汉代的东方朔这一类的人，同样也是。《楚辞·怨思》里有言曰："居愁懃其谁告兮，独永思而尤悲。内自一见而复归……"表达了进见统治者之心情。而《汉书·东方朔传》中曰："臣朔二十二，长九尺三寸，目若悬珠、齿若编贝、勇若孟贲、捷若庆忌、廉若鲍叔、信若尾生，若此可以为天下大臣矣。臣朔昧死再拜以闻。"这更表明了东方朔乞怜于统治阶级之心愿。

"无耻地谄媚"是知识分子的又一种态度。当时的知识分子，主要是孔子、孟子一类人，当其没有找到主人的时候，便栖栖皇皇，如丧家之犬，向统治阶级摇尾乞怜。但这未必十分可耻。若比此更进一步，不顾一切、一味向有权势者要求，横竖要插到统治阶级里面去当走狗，那却有些可耻了。然而历史上这样可耻的事可谓屡见不鲜。周谷城以《通考·选举考》引江陵项氏之言作了说明，再引了柳诒徵《中国文化史·明李之腐败及满清之勃兴》的话作了进一步的印证，表明唐、明、清各代，知识分子向统治阶级谄媚之事都是有的。

为统治阶级"效死力"，这又是一种态度。知识分子，没有找到主人的时候，便栖栖皇皇，如丧家之犬向统治阶级乞怜。更甚的，便丧尽廉耻向统治阶级纠缠不已。若一旦找到了主人，又怎样呢？那就是为统治阶级出死力，以博得忠仆之美名。如明朝直言极谏的士大夫，往往有替统治阶级效死力的。这在王桐龄《中国妲》第三编第七章《言路之多事》中作了说明。赵翼《二十二史札记·明言路先后习气不同》一条更把知识分子效死力于统治阶级的情形刻画得淋漓尽致。其中就写了许多不顾性命安危、替统治阶级出死力的士大夫。当然，历代知识分子中，也有与统治阶级不合作的，甚至有从理论上反对统治阶级的。皇甫谧《高士传》里所列的那90几个高士，郑樤《通志·隐逸传》及《钦定续通志·隐逸传》所列的那些隐逸之士便是实例。不合作的原因是多方面的也是很复杂的。如有的是恨继起的统治阶级还不如前代统治阶级，而不愿合作；有的是恨统治阶级太横暴了，不肯与之合作；有的是不愿做人家的工具而不合作的；有的是轻视统治阶级里的人物而不合作的；有的是根本反对统治阶级之存在的，那便不知不觉与统治阶级完全脱离了关系，而跑到人民一边来了。可见历代知识分子中，都有些与统治阶级不合作的，表明并非人人都是给统治阶级当死狗的。

周谷城最为钦佩的是那些站在人民一边，反对统治阶级残酷统治的知识分子。他认为知识分子能与统治阶级不合作，这比那栖栖皇皇、向统治阶级摇尾乞怜的固然高出万倍；但单只不合作，未免太老实了。“一定要完完全全站到人民一方面来，替人民说话，正式向统治阶级下攻击，那才算是呱呱叫的知识分子。”⑲反对统治阶级的知识分子，可谓历代都有。周谷城以老友周予同所写的《中国古代社会主义的思潮》为例，说明这篇文章中就搜集了许多反统治阶级的言论。秦以前，第一个反对统治阶级的人就是伯夷，伯夷作的歌中就有反对商纣“以暴易暴”的词句。老子也是反对统治阶级的，他写的《道德经》上就有反对赋税的话，“民之饥，以其上食税之多，是以饥”。有反对战争的话，“师之所处，荆棘生焉；大军之后，必有凶年。”有反对干涉政策的话，“民之难治，以其上之有为，是以难治。民之轻死，以其求生之厚，是以轻死。”“民不畏死，奈何以死惧之？”庄子也是反对统治阶级的。在庄子写的文章中，有反对政治的话，有反对法律的话。在《胠箧篇》中，他说过“绝圣弃智，大盗乃止；摘玉毁珠，小盗不起；焚符破玺，而民朴鄙；剖斗折衡，而民不争。”这可以说是反对一切制度的话。至于秦以后的知识分子中，也有反对统治阶级的。他们的言论中，有要求打破统治阶级的统治制度的，有反对专制君主的，有反对统治阶级的经济掠夺的，等等。如明末的黄宗羲在《原君》篇中就写了不少反对统治阶级的言论。他反对君主专制，曰："今也以君为主，天下为客；凡天下之无地而得安宁者，皆为君也。是以其未得之也，荼毒天下之肝脑，离散天下之子女，以博我一人之产业，曾不惨然日，我固为子孙创业也。其既得之也，敲剥天下之骨髓，离散天下之子女，以奉我一人之淫乐，视为当然，曰，此我产业之花息也。然则为天下之大害者，君而已矣。"[20]黄宗羲还有反对统治阶级制定的法律条文的言论。在《原法》篇中他有言曰："后之人主，既得天下，唯恐其祚命之不长也，子孙之不得保有也，思患于未然，以为之法。然则其所谓法者，一家之法，非天下之法也。"从上可见，各个历史时期中，知识分子反对统治阶级的不乏人在。这些人的言论对统治阶级不利，但对人民有利。中国近代史的知识分子问题，这是周谷城颇为关注的一个现实问题，因为他自己也是此队伍中的一员。因而，他就近代知识分子问题作了专题探讨。

在探讨此问题之先，他就上述的问题，即旧时代的知识分子问题作了如下综述：第一，中国社会是一个以统治阶级利用知识分子作工具的统治人民的三重结构的社会。第二，在这社会里，知识分子的作用彻头彻尾是利于统治阶级的。第三，知识分子对统治阶级的态度始终是拥护的、勾结的、依赖的。但也有些不合作的，更有些根本持反对态度的。以上就是旧时代知识分子问题的概貌。

在对旧时代的知识分子问题作出总结，开始讨论近代知识分子问题时，周谷城认为有必要对旧时代的知识性质以及机器文明对社会的扰动，以及知识的变动情况作一具体分析，这将有助于我们认识近代知识分子的地位与命运。

1. 旧时代的知识性质

一言以蔽之，是利于旧社会的。分析起来，它具有以下几个特点：其一，富于封建时代的色彩；其二，具备着宗法社会的精神；其三，藏满了尊古守旧的思想；其四，是维持社会家庭种种关系的伦理和政治知识；其五，而不是征服天行的自然科学知识；其六，是统治阶级用来对付人类的；其七，而不是劳动阶级用来征服天行的；其八，是处理消耗及分配种种关系的知识；其九，而非帮助生产的知识；其十，旧时代里知识分子的知识，最重要的性质在装饰身份。这十个特点，表现在何处呢？简言之，可从古典中求之。其理由是，秦以前虽有知识分子提倡学术，但纷纭复杂的学术是最不利于专制一尊的制度的。秦以后，各种学说都一起死了，剩下的只有经过孔子整理的几种古典。自汉以后，中国知识分子的精力都集中到古典里去了。古典是有用的。统治阶级统治人民，要利用古典；知识分子要帮助统治阶级，也要以古典为晋身之阶。于是古典一物，便如乌烟瘴气一般，弥漫了中国全部历史。可以说，中国自秦始皇统一中国直到前清末年，完全是在古典世界中过日子。

2. 机器文明对社会的扰动与知识的变动

社会若有变动，知识也随之变动。到近代，西洋的机器文明扰动了中国社会。当西方资本主义势力发达之时，它把本国消纳不下的剩余资本和剩余商品带到了中国，强迫中国消纳。这样，随着侵华战争的升级，各种不平等条约签订等等，中国社会开始变动起来。社会既然被西洋机器文明扰动了，变化起来了，于是知识也跟着变动起来。初变的时候，还是以古典与现代知识并重。张之洞所谓“新旧兼学”，就是这个意思。而到后来，即张之洞著《劝学篇》之后，知识尽是新的了。各科的新知识，可谓既多又广。

3. 经济落后的中国知识分子

在谈完随着社会的变动近代知识的性质也随之变动的问题后，周谷城紧接着谈到了近代的中国知识分子问题。

社会变动了，知识变新了，而知识分子却并不以此为自豪。照理说，知识变新了，这是件好事，知识分子，“宜若可以自豪矣”。谁知大谬不然。知识分子大都感到恐慌，大都觉得没有出路。原因何在？“由于中国经济之落后，经济落后，一切社会事业未能发达。知识分子遂变成了多余者，无处可以栖身。”[21]周谷城对此作了进一步的分析，他说，在中国，从来没有科学这回事，从来没有机器作生产工具，从来没有什么工厂。社会的经济基础，先没有树起来。然而一切的上层建筑，都有一个雏形了。学校制度我们已有新的了，政治制度我们也采用过很新的了，学术思想，更是日新月异。知识分子的数目，随着社会上层建筑之增加而日多。然而，就经济基础而论，就社会的下层结构而论，中国社会本容不了几个知识分子。于是在事实上，产生一种供过于求的现象。然而自从有了新式学校制度，便造成中国知识分子的厄运。

近代中国知识分子厄运怎样？其出路如何？周谷城经过分析指出以下三种不同的厄运：一曰帮助统治阶级。大学教授、政府中的公务员、秘书、报馆中的编辑与律师等，都是交的这种厄运。二曰滥用其才。原来学化学的，被逼得往政府机关去拟文稿；原来学土木工程的，被逼得往学校里去教英文，这样不知要埋没多少专门人才。三曰当乞丐。

4. 近代知识分子的社会地位与作用

在分析上述几个问题后，周谷城又对近代知识分子的社会地位与作用作了进一步的探讨。他指出，时代变了，人的社会地位跟着变，人对人的作用也跟着变。在机器文明未输入中国之前，中国的知识分子或为官僚的助手，或为地主的助手。在机器文明输入中国之后，乃渐渐转变而为资本家及买办等的助手了。在机器文明未输入中国之前，他们主要的工作在帮助地主官僚及特权者榨取农民及手工业者的剩余劳动。机器文明输入中国之后，他们乃渐渐开始转变为替资本家或买办榨取无产者的剩余劳动。

周谷城断言：近代的知识分子目前在社会上的地位，可以一言蔽之：他们都站在统治阶级或资产阶级，或剥削阶级一边，替他们当工具。当然，知识分子自己，未必一定要替人家当工具。但在阶级社会里，他们必然是人家的工具。社会上哪一个阶级占胜利，他们便伴着胜利的阶级吃饭。目前中国社会占胜利的是统治阶级，或资产阶级，或剥削阶级，所以知识分子，也恰恰是他们的工具。不可否认，近代知识分子中，也有站在统治阶级对立面的叛逆者，不过这只是少数，就其整体而言，还是稳稳地站在统治阶级或资产阶级一边。

比较全面、比较系统地论述中国知识分子问题，这在当时的中国学术思想界是为数甚少的。周谷城从旧时代的知识分子问题谈到近代的知识分子问题，从其来源谈到其地位、作用，以及对统治阶级的态度，他力图以中国历代知识分子的史实为依据，以马克思的唯物史观作指导，对上述问题一一作出解答。这的确是难能可贵的。这为我们认识和解决中国的知识分子问题提供了有益的借鉴。

四、研究逻辑

周谷城不仅好读书，兴趣广泛，而且喜欢深思，探赜索隐。比如他对中国社会历史及革命理论的研究很感兴趣，就不得不从《资本论》的研究，而上溯到黑格尔逻辑问题的研究。他在中山大学教书期间，就经常去找黑格尔的书看。他曾找到一本文德尔的《哲学史》，其中介绍黑格尔哲学颇详；找到一本黑格尔论文选集，其中有哈里士英译《黑格尔逻辑大纲》一篇；找到一本瓦拉士英译《黑格尔逻辑》，也就是所谓《小逻辑》，此外还找到一本麦塔加的《黑格尔的辩证法研究》及另一本《黑格尔逻辑述评》。周谷城把哈里士英的《黑格尔逻辑大纲》译成了中文，后来在商务印书馆出版了。又译《小逻辑》一半，准备在艾思奇主办的《思维月刊》上发表，但《思维月刊》只出版两期，就被迫停刊，译稿还未印刷就丢失了。

后来，周谷城又继续钻研黑格尔哲学，尤其是黑格尔逻辑。他曾在上海一家名叫壁恒公司的外文书店，买了黑格尔《逻辑科学》二卷，《艺术哲学》四卷，德文本《小逻辑》一卷，列宁的《黑格尔笔记》英、德文对照本一卷，又从朋友处借到《逻辑科学》的德文本，又有朋友送他一本德文本《历史哲学》。原在中山大学译的《黑格尔逻辑大纲》也用中英对照印出。周谷城在1952年商务印书馆重印《黑格尔逻辑大纲》的序言里，曾这样写道："黑格尔著作中，关于逻辑的，可寻出三套，一曰《大纲》，二曰《小逻辑》，三曰《逻辑科学》。这三者体系都完整，只内容有略与详之不同，读起来，自然以由略而详为方便。"由此可知，周谷城对黑格尔逻辑学的研究是下了工夫的。所以，1956年，他在《新建设》上发表《形式逻辑与辩证法》一文，列辩证法与形式逻辑的关系提出"主从"说，向当时苏联及国内流行的所谓"形式逻辑与辩证法是低级高级的关系"的观点挑战。这充分表明两点，一是表明周谷城对黑格尔逻辑的研究确实下了工夫，根基牢固；二则表明周谷城对待学术真理敢于争鸣。

五、悼邓演达

周谷城在中山大学社会学系开设马列主义课，他自己又和杨东莼等几位进步教授公开讲授革命理论课，这与当时国民党政府的反动教育政策是大相径庭的，自然遭受当局的疑忌与仇视。加之，1932年上海“一·二八”事变后，国民党政府取缔上海抗日救亡活动，在暨南大学宣布戒严；反动当局又唆使一帮打手，把进步教授李达等打成重伤。因此，上海一批进步学生在上海无容身之地而逃来广州。当时，周谷城就以中大社会学系系主任身份接纳这批学生在社会学系借读。这样一来，周谷城的爱国行动与校方的冲突便达到了白热化的程度。学校当局竟诬周谷城引进共产党搞破坏。他们组织护校委员会，并向周谷城写恐吓信，声称要以子弹对付周谷城，最后，逼迫周谷城离开广州。

与此同时，周谷城的莫逆之交、国民党左派领袖邓演达被国民党秘密杀害的噩耗也传到中大。邓演达是孙中山新三民主义政策的忠实信徒，原任国民革命军北伐军总司令部总政治部主任，1926年，曾指挥北伐军转战湖南、湖北、河南等地，屡立殊勋，是武汉国民政府的主要领导人之一，是国民党著名左派领袖，享有“民主革命慧星”之誉。大革命失败后，邓演达到西欧各国考察，萌发了另组新党的想法。归国后，邓演达常嘱章伯钧与周谷城等人相约发起组建新党。有一次，邓演达、章伯钧、周谷城三人为组党一事畅谈至深夜，周谷城曾表示“道德方面的支持我竭全力”。[22]在邓演达等人的努力下，1930年8月9日，在上海成立了“中国国民党临时行动委员会”，邓演达当选为总干事。上海成立了上海市干事会，周谷城曾参加上海市干事会。邓演达亲自主编中国国民党临时行动委员会中央机关刊物《革命行动》半月刊，此刊登载的第一篇论述国际经济的论文，就是周谷城写的。以邓演达为首的“中国国民党临时行动委员会”成立以后，便以继承孙中山未竟事业为己任，团结和组织相当数量的国民党左派人物及进步人士，展开了与以蒋介石为代表的南京国民党政权实行的专制统治的斗争。1931年8月7日，邓演达因叛徒出卖而被捕，11月29日，被蒋介石派人杀害于南京麒麟门外沙子岗。

对于邓演达的牺牲，周谷城与在中山大学的进步人士无限悲痛，想开追悼会，却为反动派所阻。周谷城深感追悼会不能开，自己在广州恐怕亦不能立足了。这年秋，周谷城被迫离开广州中山大学返回上海。后，周谷城回忆与邓演达一起共事，组建新党以谋中国出路之往事，专题写有《悼邓演达同志》七绝四首，以抒发内心深切悼念老友的感慨：

农运同心

会友何尝只以文，
要当声应气相通。
农民运动开新纪，
莫逆于心两共鸣。

相约组党

北伐成功一篑亏，
遂教人与愿相违。
重张旗鼓同舟济，
誓把前功尽夺回。

惊闻噩耗

噩耗传来夜五更，
压城云黑地天倾。
馨香未荐逢豺虎，
痛别羊城返沪滨。

后继有人

后生鸣鼓继前攻，
豺虎当头誓肃清。
领导英明功在党，
凯歌声里慰忠魂。

注释：

① 周谷城：《中国社会史论》下册，济南：齐鲁书社，1987年，第668～669页。

② 周谷城：《中国社会史论》下册，济南：齐鲁书社，1987年，第668～669页。

③ 周谷城：《中国社会史论》，济南：齐鲁书社，1987年，第671页。

④ 周谷城：《中国社会史论》，第672页。

⑤ 周谷城：《中国社会史论》，济南：齐鲁书社，1987年，第24～25页。

⑥ 周谷城：《中国社会史论》，济南：齐鲁书社，1987年，第39页。

⑦ 周谷城：《中国社会虫论》，济南：齐鲁书社，1987年，第125页。

⑧ 周谷城：《中国社会史论》，济南：齐鲁书社，1987年，第672页。

⑨ 周谷城：《中国社会史论》，济南：齐鲁书社，1987年，第672页。

⑩ 周谷城：《中国社会史论》，济南：齐鲁书社，1987年，第356～357页。

⑪ 周谷城：《中国社会史论》，济南：齐鲁书社，1987年，第357～358页。

⑫ 周谷城：《中国社会史论》，济南：齐鲁书社，1987年，第422～423页。

⑬ 周谷城：《中国社会史沦》，济南：齐鲁书社，1987年，第595页。

⑭ 周谷城：《中国社会史论》，济南：齐鲁书社，1987年，第673页。

⑮ 周谷城：《中国社会史论》，济南：齐鲁书社，1987年，第793页。

⑯ 周谷城：《中国社会史论》，济南：齐鲁书社，1987年，第795页。

⑰ 周谷城：《中国社会史论》，济南：齐鲁书社，1987年，第959页。

⑱ 周谷城：《周谷城教育文集》，长春：吉林教育出版书，1991年，第156页。

⑲ 周谷城：《周谷城教育文集》，长春：吉林教育出版社，1991年，第183页。

⑳ [清]黄宗羲：《明吏待访录》。

㉑ 周谷城：《周谷城教育文集》，长春：吉林教育出版社，1991年，第192页。

㉒ 丘挺、郭晓眷：《邓演达生平与思想》，兰州：甘肃人民出版社，1985年，第1页。

第六章

任教上海暨南大学

（1932—1941）

一、潜心史学研究

周谷城被迫离开了广州中山大学，于1932年秋到上海国立暨南大学任教授兼史地系主任，直到1941年。周谷城在暨南大学的十年生活，是他学术生涯的关键时刻。虽然，他在学生时代就酷爱历史，早期也写过关于中国思想史的专题论文，但实现以历史学做专业的愿望，则是他在暨南大学的这十年。

周谷城一向善于把教学与科研紧密结合，所以他开课多，论著也多。他在暨南大学主讲《中国通史》课，每周12个课时，只用自编的教学大纲，讲自己的观点。他坚持的教学原则是把理论贯通于史事之中，既无以论代史之弊，又无为考证而考证的问题。这样既可免反动当局的挑剔，又可以满足进步学生的要求。在民族危亡的时刻，身居“孤岛”上海的周谷城，既投身于反帝爱国运动，又担负繁重的教学任务，但他仍未放弃写《中国通史》的计划。当时周谷城的处境艰难，就在暨南大学校长郑洪年被当局赶走以后，新来的校长以周谷城支持进步学生活动反对所谓本位文化为理由，宣布撤掉周谷城史地系主任的职务。周谷城对此并不挂怀，仍埋头写完了《中国通史》上下两册，于1939年，由上海开明书店出版了。

周谷城原有一个庞大的写作计划，要编“史学五书”，即《中国通史》《中国政治史》《中国经济史》《中国思想史》《中国文化史》。但《中国通史》刚一出版，接任的新系主任陈某说“书中有马克思主义‘毒素’”，禁止周谷城讲《中国通史》，要他改教《世界史》，并指定要教《世界史学史》，妄想以此为难周谷城。岂知周谷城并不是抱残守缺之辈，他深知各门学科的有机联系，不怕改行；相反，他“正想多知道一些世界史，并且认为研究中国史而不研究世界史是很不方便的。”[①]周谷城因势利导，跨入了世界史研究领域，很快又成为世界史专家。

潜心于史学的教学与研究，周谷城试图以马克思的唯物史观来做指导，这样就逐步形成了他的一些史学观点。1933年11月，他在《史地丛刊》上发表《关于历史哲学》，这是他在暨南大学史地讲座上所作的演说。文中他谈到历史的本质、历史的解释、历史学家的问题。他认为在阶级社会中的历史是阶级斗争的历史，并指出历史的解释问题是史学家的任务。关于史实与史论的问题，他认为二者不可偏废。关于史实的偶然与必然的关系，他认为“史实的偶然与必然实是同一的东西，不过表现在不同的人事过程而已”。由偶然到必然间的这种联系，就需要正确地观察与解释，这就是历史学家的任务。谈到真理的相对与绝对时，周谷城指出真理的相对与绝对和史实偶然与必然是并行的不悖，如何由相对而达到绝对这也是历史学家的任务之一。他认为要做一个好的历史学家，就要了解历史的实践，实践的历史是史学家研究的对象。了解历史就是要了解历史发展的必然性，把握现实，创造将来。在谈到英雄与时势关系时，认为这两者是辩证联系的，是密不可分的，分开了即成机械论。实际上英雄固然可以造时势，可是英雄并不是从天上掉下来的，他是在时代中孕育出来的。而且不能超越时代，所以英雄实在为时代所造。用今天马克思主义史学观点来分析周谷城30年代初期所表述的上述史学观点，虽不很系统和完整，但仍不失有其真知灼见。

二、《中国通史》的问世

周谷城精心撰写的《中国通史》上下册，约65万字，1939年由开明书店公开出版。该书问世后，一批御用文人便鼓噪而起，对周谷城竭尽污蔑攻击之能事。南京中央大学一个姓缪的教授造谣说，周谷城“拿了俄国人的卢布写《中国通史》”。这样，周著《中国通史》很快被当作禁书，在杭州、西安等地的存书也遭没收。

这部《中国通史》为什么一问世就使反动派如此恐惧和仇视呢？其中必有缘由。只要看看当年开明书店重印这部书的广告，就不难明白了。开明书店的广告说：“本书为国立暨南大学周谷城教授所著‘史学五书’之第一种，周君本其十余年的教授经验，汇合最新的史学理论，形成自己的一套系统，用来说明中国数千年往事，轻快自然，头头是道，书中有任何其他中国通史著作未曾运用过的史学理论，未曾采录过的新鲜材料，未曾使用过的编制方法。文字诚朴，动人情感。凡大学一二年级学生、中等学校教师、从事党政军各界者、负有指导文化之责者，都应一读此书。前为敌人（指日伪）禁售，并将存书没收，兹特重印。”

这三个“未曾”确实是《中国通史》的精华所在。尽管《中国通史》是半个世纪以前的著作，难免带上时代的烙印，存有不足之处，但它以其独特的风格和学术见解，新颖的史学理论观点，赢得了学术界的重视，流传于国内外。在国内，《中国通史》从初版到现在，共印了21次，100万册以上。其中开明书店从1939—1948年，印了12次，新知识出版社1956年出版1次，上海人民出版社从1957—1986年，印了9次（其中包括1981年以后修订重版的6次），在中国香港、澳门、台湾及新加坡等地，《中国通史》的发行，也受到了读者的好评，大家都称赞它是一部有研究特色、史料翔实、见解深刻的好书。

的确，这部通史特色鲜明。当年开明书店重印《中国通史》的广告中说此书使用了“未曾运用过的史学理论”，此乃周谷城独具特色的新颖的史学理论——“历史完形论”。周谷城以马克思的唯物史观作指导而提出的这一史学理论，贯串于《中国通史》的始终。这种史论，究竟新意何在呢?

周谷城指出，用马克思的唯物史观作指导，这是有积极意义的，但它不能当作具体的史学理论与方法，基于此，他提出了“历史完形”的史学理论，其“意在指出历史事件的有机组织和必然规律”②，即写出一个客观存在的统一整体的历史。“历史完形论”的要点大体包括以下三方面：

1. 历史完形论的基本理论

周谷城先从“史料史观非历史”这一问题谈起。他指出史料是历史之片断。从片断的史料中可以发现完整的历史，但完整的历史之自身，绝非即等于片断的史料。史学家从史料中去寻找历史，从而编著史学书籍，但并不把史料当历史，“而只把史料当寻找历史的指路碑及历史的代表”。他不赞成蔡元培的“史学本是史料学”的观点。无论如何，史料只可视为寻找历史之指路碑，只可视为历史之代表或片断的痕迹，却并不是历史之自身。

史料不等于历史自身。同样，史观也不是历史之自身。史观，只可视为对历史的看法。例如：历史即理性发展史，如Hegel所说：所谓历史即阶级斗争史，如Marx与Endes等所说。但这都只是对历史的看法。本着这等看法从史料当中去寻找历史是可以的，但是把这些对历史的看法当作历史之自身的观点是不妥当的。

史料、史观并非历史之自身，那么，历史自身之含义是什么?周谷城认为“历史之自身乃客观的独立存在”，历史这一名词代表两层意义，即“常代表着历史之客观的存在与历史之文字的表现”。要看到“客观的存在与文字的表现一向是未加分别的，其实，客观的存在与文字的表现倘不分别清楚，则历史之自身云云，终将被人忽视。”因此，他赞成冯友兰先生的意见：历史有二义，一是指事情之自身，二是指事情之记述。前者可称之为“客观的历史”，后者可称之为“主观的历史”。周谷城认为不必再冠以“客观”、“主观”字眼，只要弄清楚区别，懂得历史之自身乃客观的独立存在即可。

周谷城不无遗憾地指出，截至今日为止，所有史书却不注重历史是人类过去之活动，甚至完全遗漏这一点。于是历史书籍中所见的只是记事文字之摘录，或典章制度之说明，或个别史料之排比，而不是过去活动之显现。换言之，史书中所见只是静止而不是活动。之所以不注重活动，或遗漏活动，究其原因或出于无意地忽略，或出于有意的主张。他认为即使像梁启超这样著名的史家亦不免有此忽略，其研究历史的一最大缺陷，几乎与过去多数史书相同，只详述已经成立了的朝代，而略述朝与朝之交的剧烈变乱情形，换言之，“惯以静止为叙述的对象，不以活动为叙述的对象”。周谷城认为这样编纂史书，由于把“朝与朝之间的剧烈活动”这一“内容最丰富的单位”给忽略了，故使编写的史书就缺少了“活力”，显得呆板。

如何认识与维护历史自身的客观的独立存在？周谷城指出，历史自身乃人类过去之活动，即为客观的独立存在，并不是因我们加以认识而始存在的。那么，我们研究历史时，就应该始终追随并维护它的客观的独立存在。不应当将此客观的独立存在化为主观的。这如同矿物学者之研究矿物，不能将矿物化为主观的一样。因此，历史学，也不过是研究人类过去之活动，分解此活动之诸种因素，寻出诸种因素间必然不可移易之关系，从而明白此活动之自身而已。对这一点，周谷城认为梁启超说得很明白：“吾侪今日所渴求者在得一近于客观性质的历史。”但是梁在维护历史或人类过去活动之客观的独立存在的同时，他又发表了把客观的独立存在完全化为主观的言论。梁说：“无论研究何种学问，都要有目的。什么是历史的目的？简单一句话，历史的目的在将过去的真事实予以新意义或新价值，以供现代人活动之资鉴……吾人做新历史而无新目的，大可以不作。历史所以要常常去研究，历史所以值得研究，就是因为不断地予以新意义及新价值，以供吾人活动的资鉴……研究历史也同做电影一样，吾人将许多死的事实组织好了，予以意义及价值，使之活动，活动的结果，就是供给现代人应用。”[③]周谷城认为梁说一方面反对强史就我，另一方面却又只想强史就我。这种矛盾的说法，在过去史书中很普遍，史学界几乎都陷入这矛盾中。其起因大抵由于源远流长的资鉴说。编著史书而以资鉴为目的，或供后来人之取法为目的。

周谷城指出承认历史之客观的独立存在，就不应把它化为主观的，或只注重资鉴之目的。他认为资鉴的观念不打消，历史之客观的独立存在终维持不住。他说历史完形论并不是说治史可以不要目的，也不是说治史可以不重功利；反之，其所悬之目的也许比资鉴说所悬者为大，其功利观念也许比资鉴说之功利观念为深，不过达到的方法两样。概而言之："资鉴说不惜破坏历史之客观的独立存在，摘取个别的先例，以作今人的训条；完形论则务须维护历史之客观的独立存在，明了历史之自身，以增今人的知识。"

在分析上述三方面的问题后，周谷城就研究历史应尊重历史自身之完整形态问题作了更进一步的说明。

他指出资鉴说摘取个别的先例，以作今人的训条，这并非说资鉴说就不尊重历史之客观的独立存在。其中，有一个区别应当弄清楚，即历史自身之部分与历史自身之全体。资鉴说之目的在摘取先例以资鉴，则任取今人所需要之部分便可以，若目的在阐明历史之自身，则非注重此自身之全体不可。若再对历史之全体与部分的关系作一概括性的说明，即要认部分与全体同在，为不可分。部分之所以为部分，只因其构成全体；全体之所以为全体，只因其成于部分。周谷城认为此种解释才妥当地说明了历史全体与部分的关系。

2. 破坏历史完整性的各种史书体例

为了维护历史自身之完整形态，周谷城对中国已有各种史书作了具体分析，认为它们的最大缺陷是破坏了历史自身之完整形态，没有阐明历史自身所构成的各部分间不可移易的因果关系。

中国的史书体例大体是纪传编年本末等体例。周谷城对三种体例的史书作出了实事求是的评析：其一，就纪传体的史书而言，他认为这种体例不适宜于编纂通史，因这种体例编成的史书恰恰破坏了历史自身之完整这一点。纪传体常将完整之事分散，述于不同的"纪"或"传"之中。例如楚汉之争，参加此事的主要部分为楚汉。《史记》不以此整个的"争"为叙述之对象，而将其分述于《高帝本纪》及《项羽本纪》之内。且纪传体常将同一时期同做一事之人不予合并叙述。如汉代统治本不是高祖一人所创成，实成于高祖与其许多功臣之共同努力。然体例所限，只好分述。于是同时期的人变成不同的了。再者，纪传体分类以叙事，不能不将历史自身之完整加以分裂，加以捣碎。鉴于以上原因，所以纪传体只适合保存史料，不能作为通史。其二，就编年体的史书而言，它“以按年月之前后排比事情为特征，然同一年或同一月所发生的许多事情，彼此间未必定有不可移易的因果关系。无关系而并列之，只是杂录。其次每一事情之产生发展完成未必定在同一时限之内，其所历时间往往有数年乃至数十年的。编著史书之时，将整个的一事分散，按年排比其零碎的部分，而与其他许多不相干的事情混合，于是这一事情的完整性亦不能保。”④周谷城还引杨万里言“予每读《通鉴》之书，见事之肇于斯，则惜其事之不竞于斯。盖事以年隔，年以事析，遭其初，莫绎其终；揽其终，莫志其初……盖编年系日，其体然也。”⑤说明编年体史书亦破坏历史自身之完整。这就使得治史的人如欲了解每一事件之真相，非恢复其完整性不可。于是当浏览史书之时，只好将自己的欲知之事件之被分割出来的诸部分，或分书于历年中之各零件，一一摘录出来，另立一个题目以概括之。其三，就纪事本末体例的史书而言，周谷城以袁枢的《通鉴纪事本末》为例，先肯定它有两点长处：一则比较接近了人类过去之活动。历史不是空虚的时间，不是独立的人物，而是人物在时间上的“活动”。《通鉴纪事本末》不为人物所拘，不为时间所拘，而以个别的事情为叙述之对象，较为接近人类过去活动之意。二则破坏历史自身之完整处较少。《通鉴纪事本末》之长处固不容抹杀，但其缺点，却亦不可秘而不宣。其缺点有三方面：一是事情与事情之间或篇与篇之间没有联系。每一篇所述之一事与前后各篇所述之各事必然的关系如何，全未指出。每一篇都是孤立无援的。这一缺点完全由于未能明白认识历史自身之完整性。历史之全体成于个别的诸部分，诸部分固各有其独立性，但其能构成全体，则只因彼此间有不可移易的必然关系或因果关系。《通鉴纪事本末》未能注意及此，故不能充分显示历史之完形。二是每一事情之内，或每一篇之内没有分析。我们现在任取一篇读之，看不见其中较大的事情如何依赖较小的事情，只看见一条一条尚保留着从通鉴中抄下的原形并列在一篇之内而已。如此所成之篇，不是辩证的完整，而是含糊的笼统。三是此书未能充分表现人类过去之活动。周谷城认为：“历史之为物，只有从人类过去活动之自身着眼，才能看出全体如何成于诸部分，才能看出诸部分又如何相互依靠着。《通鉴纪事本末》篇与篇间之无联系，每一篇内之无分析，只因没有把人类过去活动当作历史之对象，终于未能成为科学的史书。”⑥

3. 维护完形的通史释义

如何写出一部维护历史自身之完形的通史，而避免以上体例史书的缺点。周谷城他认为首先应明确“专史之和非通史。”中国过去所谓通史的“通”字，至少有四个不同意义：一曰历代事情前后相续，著于一书，叫做通史。二曰历代各种专科史料，如关于典章经制的等等，分类并列于一书，亦得名通史。三曰通史与专史之总汇亦得名通。四曰中国往日所谓通史，其“通义”，完全是指作者之学说主张而言。周谷城指出：以上四义中，第一义代表着《史记》与《通鉴》一类之史书，这类史书，其体裁或为纪传，或为编年，都不适于编著通史，第二、第三两义，或指专科史料之和，或指通史与专史之总汇。顾名思义，亦不能算为通史。第四则玄之又玄，几与通史无关。至于说到今之新体史书，周谷城也认为它破坏了历史自身之完整性。“今之新体史书，全然不能发挥教育的效用，令人循诵数遍，尚不能得一明确之印象，其原因就在抛弃了历史自身之完整性。所有史料之排比，乃至典章制度之说明，虽井井有条，然都离开了完整的历史，或离开了完整的人类活动，成了无联系的零碎东西。”⑦

那么，照周谷城的观点来看，旧体、新体史书所述史实，皆为专史之和，而“专史之和非通史。”然则通史究竟是什么？他认为：“以人类过去活动之自身为对象的即是通史。如果忽略了这个意义，终不免要把专史之和当作通史。”⑧

周谷城认为专史只是叙述历史某一方面者，叙述各方面者为专史之和，这和通史的含义是不同的。当然，通史与专史固可区别，但却不可分离，二者是交相为用的。因此，治专史的人倘时时留意通史者，将见他那所治的专史意义愈明朗，反之治通史的人倘时时留意各科专史者，将见他那所治的通史内容愈丰富。只有忽略了过去活动之自身与过去活动之成果的分辨，才不免把通史与专史混同起来，或分离起来。

说明了专史与通史的区别与联系，那么，如何撰述完形论的通史呢？周谷城认为要满足以下几个条件：第一，选材以历史自身为标准。任何史学家要编著通史，其取材自然要有一个标准。资鉴说盛行时代，则取材以资鉴为标准，凡过去的史事，著者认为可供今人取法的，则一一选出。今之新体例的史书，不一定仍持资鉴之说，然其取材，却仍以“强史就我”者为多。其实，这两种做法都非破坏历史自身之完整不可。故编著通史，始终应以历史自身为选材之标准，或以人类过去活动之自身为选材之标准，不能专着眼于读者的特别要求，于无形中化通史为专史之和。第二，行文以说明史事为标准。选择材料，在乎表明历史之自身，发为文章，则在说明所选之材料。然后者又复依靠前者，文章之有效与否，要看材料之适当与否以为断。如果所选材料不是构成历史自身之一环，或是一环，而移易了地位，以致与前后各环间的必然不可移易之关系或因果关系被打断了，则文字无论如何优美，终亦不能显示其所应有之效用。周谷城指出今之新体史书等，枯燥无味至极，即令循诵数遍，也不能得到深刻印象。其唯一原因，即在所选之材料不是构成历史自身之必要的诸环，或是必要的诸环，而因移易了地位，彼此间必然不可移易的关系被打断了，以致显不出历史自身之完整性。每一段，每一节，每一章都是孤立无援的，而与前后的章节全无联系。于是读起来有如读历史辞典，历史之完形终不可得，深刻的印象当然更没有了。如何补救上述弊端？周谷城指出：“法亦简单，莫毁坏历史之完形即得。分解历史自身之诸因素时，只图寻出诸因素间之因果关系，目的仍在求得历史自身之完整性，那便可以了。”⑨第三，标题以符合内容为标准。历史书之文，每一段，每一节，每一章，每一篇，皆必有其适当之标题，既能表示着内容，又能与内容相符。为什么篇章节目，要标以有意义之题？周谷城认为这有两个重要作用：一则明责任，二则明价值。题目有意义，是指作者对于自己所叙史事之内容了解得透彻。内容又明确，且恰如其题目，则足见作者对于编著工作之负责认真。其次，一书之价值，亦尝由其标题表明之。故标题不可不适当。总之，“维护完形之通史，其文章之内容应与其有意义之题目相符合，诸有意义之题目所代表的诸事情，应该彼此相关联。事情与事情之联系，反映文章与文章之联系；文章与文章之联系，反映为题目与题目之联系。倘标题全无意义，那便不能表明文章内容之彼此相关，而显示着历史自身之完整性了。”⑩

周谷城以自己提出的历史完形论作指导，他编辑的《中国通史》就与“编年体”、“纪传体”、“纪事本末体”和“章节体”式的通史著作有了很大不同，周谷城所著《中国通史》之特色就体现在：一是突破了按照朝代编写通史的旧框框，二是突破了积专史之和为通史的旧观念，三是突破了通史取舍无标准的状况。这些突破体现了《中国通史》在内容上的有机联系和整体性，即历史的有机整体性。[11]

1. 纲目清晰、结构严密的编写格局

在《中国通史》的编写格局上，周谷城虽然沿用了撰述史书常用的古代史、中世前期、中世后期、近代史四大阶段划分法，但从其体现的内容来看，从原始社会一直到“五四”运动的历史，构成为一个有机的统一整体。他把公元前2000年左右到公元9年，定为古代史，“就横的方面说，是由并立的诸族归并为统一帝国的归并过程”，他把新莽开始（9年）到五代末（959年），定为封建社会全盛时期，“包括阶级斗争及各族间的战争”，他把北宋初（960年）到鸦片战争（1840年），定为封建社会持续时代，“包括阶级斗争，种族斗争。种族斗争比中世纪前期更厉害。对外贸易几乎完全代替了陆路贸易”。他把鸦片战争（1840年）到“五四”运动（1919年），定为半封建半殖民地时代，说“已有了资本主义”，但“内部仍有封建势力的压迫，外部则有东西方各资本主义国家，亦即后来的帝国主义国家，大肆人侵。广大人民，特别是劳动人民，在此双重压力下，进行激烈的斗争”。[12]周谷城把中国从古代到近代的历史分为四段（或四篇），且每段前作概要的绪论，然这四篇首尾衔接，绪论内容且前后相承，而各篇内容又以绪论作提要而分别论述，其格局的确严谨、整饬、浑然为一有机整体。

2. 独立深思，自创新说，成一家之言

在《中国通史》中，周谷城独立的深思，新见迭出，择其要者而述之，关于中国古代历史分期问题，周谷城结合对世界历史的考察，认定新莽元年（9年）是中国封建社会的开始，为我国史学界古史分期论之一派。他在回答为什么要把秦汉包括在奴隶社会阶段时说：“一则秦汉时代，奴隶主的势力还很大，如秦汉帝国几乎完全是工商奴隶主所支配的，我们不能认为奴隶的使用，到秦亡时便终止。二则王莽篡汉之时，更名天下田曰王田，奴婢曰私属。王莽改革的壮举，尚包括更奴婢为私属，可见当时用奴隶的风气也很盛行。三则由全局看部分，我们觉得把秦汉归人奴隶阶段，较为正确。古代埃及帝国、亚述帝国、波斯帝国、印度帝国、罗马帝国等，无不是征服许多部族或国家扩大而成，这些帝国方盛之时，无不是奴隶社会全盛时代。秦汉帝国与这些帝国同一系列，其内容断不会相差很远。”[13]虽然中国古代史的分期问题，争论颇为激烈，然周谷城自圆其说，自立一家之言，其精神可贵。

在我国历史上，农民起义与农民战争的史实是不容忽视的，究竟如何撰写农民起义的历史？在以往的史书中，一般来说，篇幅占得较大，且把其历史作用说得过于重大。实事求是地评价历代农民起义，重在总结经验教训，这也是周谷城《中国通史》中写得较为出色的一个问题。如写宋代方腊、宋江领导的农民起义，在谈到起义的原因、结局中，周谷城都有自己的独立见解。他指出：方腊领导的农民起义，部属系被剥削的农民，因不堪统治者的剥削而酿成的，这是人民暴动的起因及导火线。此外，方腊“生长的地方，天然环境，有些奇特，人民的知识未开，所以他能以特别方法（指利用宗教）组织他们。”可见，周谷城认为地理环境也是方腊发动农民起义的一个不可忽略的重要原因。在总结宋代方腊、宋江等领导的数次农民暴动后，他得出了以下要点：第一，各种暴动，多以宗教迷信为号召大众的手段。如《宋史·张俊传》所谓“多造符谶，蛊惑中外”，即是例证。人民暴动，本因生活困苦。但说不清理由，建不起信仰，只好“多造符谶”。符谶之所以有吸引力，只是由于人民生活困难。第二，暴动的主体，就是生活困苦的农民及手艺工人及至现在所谓流氓无产者，为数动辄以万计。如方腊“因民不忍，阴聚贫乏游手之徒。”[14]后来官军进攻，“杀‘贼’七万”。曰七万，可谓多矣。《岳飞传》称“曹成拥众十万余。”凡此，可见人民暴动，并非少数人的呐喊，实有多数贫民的参加。第三，暴动的对象，大抵为官僚地主等。“凡得官吏，必断脔肢体，探其肺肠，或熬以膏油，丛镝乱射……破六州五十二县，戕平民二百万。”[15]由此可见人民暴动的对象之所在了。第四，暴动的民众，在种族战争激烈之时，尝为两造所欲夺取的势力。盖种族战争的两造，谁能取得成千成万的大众，谁的势力便要增加。李成、孔彦舟领着大众依附刘豫，刘豫所管的傀儡国，便要增加不少实力。张用、曹成领着大众降于岳飞，宋之实力，也就要增加很多了。由此看来，人民暴动在种族战争中有决定作用，足以影响种族战争的进展。[16]这几个要点的总结，尤其是农民起义与种族战争的关系问题的见解，颇有独到之处。

经济基础与上层建筑的关系问题是历史唯物主义的一个重要理论问题，在撰写通史时是绝对不能回避的。周谷城在写作《中国通史》中，运用辩证唯物主义与历史唯物主义的观点来看待各朝代的政治制度与文化制度，提出了自己的独到见解。如秦汉两代的刑法制，他既点明了二者不同的内容，又用比较的观点、发展的观点来看待二者的联系与区别。他首先说明了秦统一后实行刑法制的需要。法治的发达由于经济的发展，也是奴隶主的要求。一般说来，社会经济发展了，社会关系随着复杂起来。社会关系复杂了，次序的维持便没有往日那么容易，往日的“德”与“礼”等等，渐渐失去作用，而发生“法”的要求。在一般的经济发展过程中，贵族被奢淫生活所侵蚀，而逐渐腐化，逐渐没落，工商地主等阶级便随着各自的业务之兴起而兴起了。社会关系既然这样变了，则旧有的维持社会秩序的方法，自不得不变。旧阶级所用的方法，自不能合新阶级之用。管仲治齐，倡行法治，完全由于齐国工商业发展较早，事实上有了法治的要求。卫鞅治秦，倡行法治，也因见习山东诸国都有法治的要求了，乃先事而为之备。到秦汉时，法的要求更迫切了。法的要求，既已十分迫切，那么注重法治，正是事理的必然。所以秦始皇便假口于所谓五德终始的神秘之说，而行法治。秦用法治的目的，在于使阶级社会秩序能够稳定。由于秦之统一帝国运用严格的刑与法，以代替贵族时代的德与礼，便结束了战国以来之混沌局面，使阶级社会走上轨道。总的来说，秦采用的是严刑主义。而到了汉代，其刑法，较秦稍宽。秦帝国是从极端的腐化的贵族混战之局中创造出来的，其性质与封建制完全相反。贵族时代用以维持社会铁序的有名无实的礼治，秦时完全用严格的刑法制代替，结果流于“刻削毋仁恩和义”。论者且以秦法太严为其亡国之一原因。贾谊谓秦“置天下于法令刑法，德泽亡一有，而怨毒盈于世，下憎恶之如仇雠。”[17]汉高祖以得地主阶级的拥护而完成统治，便首先纠正了秦的这个错误。周谷城引用汉高祖入关告谕曰：“父老苦秦苛法久矣，诽谤者族，偶语者弃市。吾与诸侯约，先人关者王之；吾当王关中，与父老约法三章耳：杀人者死，伤人及盗抵罪；余悉除去秦法，诸吏人皆案堵如故。”[18]再从汉废去秦之严刑之种类来说，都可见汉的刑法，较秦稍宽。当然，汉代统治者并不是不要法治了。“巩固统治，依然要有很完备的法治工具才行，因此便有很详密的汉律出现。”[19]秦汉两朝的刑法制，从其建立到完备，从二者的联系与区别，周谷城都用史实说话，而且注意了史论结合。在叙述史实的过程中，使读者明确了一个深刻的道理，即秦汉两朝的刑法制，不管有何变化，不过都是统治阶级用以维持剥削人民“秩序”的工具而已。

又如说到隋唐的科举制，周谷城也并不就事论事，而是以发展的眼光，从文化制度与政治制度的关系入手进行了分析与研究。他指出，学校是培植人才之所，科举是选拔人才之法。在两汉、魏、晋、南北朝时期，情形就不同了。学校虽设，且设得很多，然不是与选举制并行的。他评价说，这种科举制度，不能算是与学校相辅而行的，只能算是超乎学校之上的一种制度。因为由学校出身的生徒，仍须经过考试，不能直接由学校决定其是否为人才也。但同时又可以说是与学校相辅而行的，凡乡贡出身的人才，初不必定要学校培植。一经考试及第，便也算是人才。不过，这样一来，学校的地位却降到很低了。久而又久，决定人才几乎全凭考试，入学与否，都不相干。于是学校变成了考试的预备场所。教学方法，管理情形，便不免疏懈。同时投机取巧，运动舞弊，当更不能免。

究竟如何评价科举制呢？周谷城指出唐时的科举制取魏、晋以降的九品中正制而代之，于专制政治的发展有极大的助力。在九品中正制下，衡量人才的中正之官，全系士族或封建地主，政府的权力因之未能完全集中。唐代的科举制把衡量人才之权完全集中在政府，政府的权力固加大了，而封建地主的势力亦遭受了削弱。且这一个转移，于士与庶的对立情形亦逐渐缓和了。盖在科举制下，庶人有自由参与考试之权，不如往日那样完全受制于九品中正，或封建地主。再者自唐以后，历代的统治者们都能以考试制发挥专制政治的权力。封建地主的势力固未因此消灭，但较之以衡量人才之权交给他们，由他们自己去衡量自己，情形却大大的不同了。[20]这段对科举制与专制政治的关系的论述，虽寥寥数语，但说得极为明白，这在当时的史学界，也是不多见的。

学术思想史是通史的不可缺少的一个重要部分。一部通史，不写学术思想史，就等于抽去了灵魂。如何写？以往的史书，就是今人之史书，一般的做法就是在每个朝代后加一部分学术思想的内容，至于为什么这个朝代出现的是这种思想，它在此时出现有何特殊的作用，它和以前各代之思想有什么联系，它们是怎样发展的，对这些问题都很少提及。而周谷城写学术思想史，则颇有其特色。如讲到宋代理学的产生、内容与作用，则说得条理清晰，观点明确，十分透彻。

他先分几个大段落谈了中国思想的演变。他认为自殷商至秦汉，中国思想的演变自成一个大段落。殷商时代迷信支配了人生，凡征服天然，征服外族，乃至维持社会的次序，一切以迷信为准。其迷信的对象最主要者为“天”。凡耕耘田亩，出征殊方，建立都城，皆取决于所信之天，而以卜法为手段以获得天示。这于许多龟甲、兽骨上的卜辞可见。“大抵至上神的观念殷时已有之。年岁的丰啬，风雨的若否，战争的成败，均为所主宰。”[21]这样的迷信思想，是古代中国思想演变中最早的因素。到了春秋战国时代，贵族奴隶主因受优越的经济生活所腐化而逐渐瓦解，工商奴隶主则因生产进步而逐渐抬头，于时百家争鸣，思想为之一变。殷周思想在这时代虽未完全斩绝，但受了一次大的扬弃。这时代流行的思想，《庄子·天下篇》中概括之为孔、老、墨三大派，司马谈则概括为阴阳、儒、法、名、墨、道德六家。到了秦汉，统一帝国完全确立，思想亦随着而统一，恰好成为殷商与周末两期思想的合一。可见，自殷商至秦汉，中国思想的演变自成一个大段落。殷周时代迷信上天，经过春秋战国到秦汉则将此种迷信为之理论化。西汉的《纬书》以及董仲舒的天人合一说都是如此。董仲舒为汉代思想的总代表。其最重要的主张为天人相与。意谓人类生活的变法，恰与天道变化相适应。在西汉末年，谶纬极盛，大抵都是“诡为隐语，预决吉凶”。王莽自以为应谶而易汉为新，光武亦自以为应谶而易新为汉。甚至大臣的进退，亦取决于谶。总而言之，殷人尊天，汉代则有天人相与的学说；殷人以卜决事，汉代决事则相信谶纬。西汉思想显然为殷商思想受过春秋战国思想的冲击后的较高发展。至汉唐时代，则是中国思想演变之第二个段落。汉、魏、隋、唐时代，中国与西域的通商关系非常密切。因通商关系的密切，印度的佛教思想随着商人之后传入中国。这种思想传入中国之时，或与易、老、庄三玄相混同，或与周末传下的儒家思想相摩擦，终于形成宋、元、明清时代的理学。因此，自宋初至清初，可说是中国思想演变之第三个段落。理学思想在清初可以说发展到了尽头，于是中国思想的演变乃进入第四个较大的段落。到清初，因中国与西洋列强通商之故，西洋的科学思想又复输入中国，首先进来的有天文、数、理、地学，等等。科学思想入中国，与宋明以来的理学相反对。于是这一思想演变的较大段落的完成，当是东方思想与西方思想的汇合，为理学之较高的发展。正如理学为汉唐思想之较高发展，汉唐思想为古代思想之较高发展一般。中世纪前期与古代相对反，乃有第二段落的汉唐思想；印度与中国相对反，乃有第四段落的资本主义思想。[22]

在简述中国思想演变的过程后，周谷城谈到了理学内容的特质。他认为，理学最重要的内容或唯一无二的内容厥为超于现实的抽象之理。现实为具体的事物，理为抽象的概念。现实为形而下之器，理为形而上之道。“形而上者，无形无影是此理。形而下者，有情有状是此器。”[23]至于说到理的根据，历来有两种极端相反的见解。一则谓理或抽象的概念为先存的，另一则谓理或抽象的概念为后起的。同时诉诸思维之理，一则谓是先具体事物而存在之现成的东西，一则谓是从具体事物中归纳出来的结果。前者实为不可思议，后者却极近人情。而理学家却认为理在物先。朱熹曰：“若在理上看，则虽未有物，而已有物之理。然亦但有其理而已，未尝实有是物也。”[24]至于宇宙间的事事物物，千差万别，是否每一事物有一事物之理？理学家认为每一事物有其独特之理。事事物物固然各有其独特之理，但宇宙间的事事物物并非彼此孤立，实统于一个全体的宇宙。然则全体的宇宙是否有一个总极之理呢？理学家承认宇宙有一个总极之理。朱熹于此总极之理，尝袭用周敦颐所用之名，名之曰太极。与此总极之理或太极相对的具体事物，不论形象如何，概称之曰气。

理学一旦产生，究竟有何作用呢？周谷城先作了这样一个定论：理学有裨于统治。理学家之所谓理一经树立，便与人类的一切欲望对立起来，于是有所谓“存天理，灭人欲”的教训。“存天理，灭人欲”，若用到政治上，便成了政治原则。这一原则的运用，就产生了以下作用：第一，统治的君主要依循这个原则以施政。依循的程度之或深或浅，便是君主的或优或劣之分。完全依循此原则以施政的，自然成功。完全不依循的，只有失败。"存天理，灭人欲"于是乎成了统治者手中的利器。第二，凡受治的人民，也必须依循"存天理，灭人欲"之原则以守秩序，以做顺民。在这个原则之下，个人的意志或主观性，全然没有地位。可以说，中国人民所服从的"存天理，灭人欲"之原则，正如黑格尔之所谓普遍的意志一样。服从就只是服从而已，全无反省与自我之可言。戴震曾对理学扼杀人性，强迫人们做顺民作了挞伐："圣人之道，使天下无不达之情，求遂其欲，而天下治。后儒不知情之至于纤微无憾是谓理，而其所谓理者，同于酷吏所谓法。酷吏以法杀人，后儒以理杀人。驳驳乎舍法而论理，死矣，更无可抹矣。"[25]戴震对理学的批判是切中了要害的。第三，"存天理，灭人欲"这个原则，君民两方，都用得着。君主用此一统天下，为令主；人民依此以守秩序，为顺民。但君主未必愿意执行这个原则，以规范自己；人民未必懂得这个原则，奉行无少差池。于是介于君民之间的知识分子重要了。知识分子依据着"存天理，灭人欲"之原则以保种族，以辅君主，以导人民。

由上可见，周谷城对理学的发端、特质、作用等问题，他是通过分析具体的史实后，经过独立深思才得出上述结论的。

如何写好重要人物的历史，这无疑是编写一部《中国通史》的重要任务之一。周谷城在这方面也有他独到的见地。历史上重要人物多，通史中不可能都写到，而写到的重要人物的历史，也不能千篇一律，搞一个统一的模式进行评价。周谷城写重要人物的历史，遵循的一条最基本的原则，即实事求是。具体来说，一要用史实说话，二要恰如其分地评价其地位与作用。

如对董仲舒的评价，一般史书仅对董提出"罢黜百家、独尊儒术"的主张作了介绍，而对董之地位是很少评说的。周谷城则不然，他指出董建议"罢黜百家，表彰六艺"，可算是划时代的创举了。就他自己在学术上的造诣看，也要算为当时很突出的人物。史书上曾称其"为群儒首"、"为儒者宗"，把董仲舒同文王孔子并列，可谓推尊备至。之所以周谷城用了"划时代"、"很突出"的字眼来评价董仲舒，之所以他同意史书中评价董仲舒为"儒者首"、

"儒者宗"的说法，当然，自有其理由。对此，他作了以下分析：其一，董的天人合一的学说，系上承殷商时代的术数迷信，中采春秋战国时代的诸子学说，近察秦汉时代政治社会的需要，而融会贯通的一种学说。其以天的次序为人类社会次序的张本，正合专制一尊的统一集权帝国的需要。在他的学说系统中，"天人合一"是一个中心，许多道理都从这个中心推演而出。董认为人既与天相类，则天道变法可以有秩序，人类群居当亦有秩序。于是又推演出两个道理：一则天道变化之有秩序，恰为王者所取法以治人的张本；二则人类群居之有秩序，恰为王者施治的可能。天道变化倘无秩序，则王者无所取法以施治。人类群居倘无秩序，则王者之治为不可施。其二，在董仲舒看来，人类能经营有秩序的社会生活，这完全由于人可与天合，人超异群生，自然能经营有秩序的社会生活。人类自知贵于万物，自己愿意循礼，这便是天然能够群居的动物，天然可以有政治生活。但遇例外，或不自知贵于万物，或不愿意循礼，又将如何？曰：以教育救济之。董仲舒也从不担保人类个个是圣人。但相信人之性可以为善。于是有所谓王教。王教者，以人类天性为基础，而使日进于善之教育作用也。人有向善的可能，加之以王教，便可完全进于善。这是依据天人合一之旨而推出来的一个道理。其三，董仲舒认为圣人法天以施政教。这从两方面来看，一则王者施政之方法的变化，完全与天道变化相适应；二则王者设官分职，概以天道变化之数为准。把设官分职之数与天道变化之数这样配合起来，这无异于替王者制造出一施政之天然根据，其作用等于宪法。大抵统一帝国成，这种天然根据，总有一次要被人制造出来。董氏的学说，恰好完成了这个任务，达到了巩固统治的要求。周谷城详析了董仲舒的"罢黜百家，独尊儒术"的学说，即以天人合一为中心的儒说，指出其"正合专制一尊的统一集权帝国之需要"，"无异于替王者制造出一施政之天然根据"。周谷城认为，"统一帝国的制度，自秦始皇开其端，到董仲舒便尊崇儒术，罢黜百家。"从精神上来努力巩固，这没有划时代的意义吗？周谷城对董仲舒的学说及其地位的评价，可说是有其独特之处的，也可视为其独到见解。

再如对孔子的评价，周谷城亦有其深刻的见解。他把孔子与法家相提并论，说孔子是右翼的代表，代表贵族奴隶主。孔子的思想"仍属贵族时代的，仍是一味拥护那传统的而又垂于死亡的典章制度，并造出他所以拥护的种种理由来，成为一种学说”[26]。具体而言，他谈了以下内容来评价孔子：其一，孔子极力拥护传统的制度。在孔子看来，只要传统的制度能遵行不乱，能执行无碍，便是天下有道，便可以维持长久的统治。孔子熟悉旧典籍，懂得旧制度，无形之中养成了维持现状的心理，自然守旧，自然要拥护传统的制度。其二，传统制度及正名主义。孔子极力拥护传统的制度，究竟持着什么理由？曰，有一个根本理由，即传统的制度的自身，值得拥护。他以为一切制度，其自身各具有一种特殊意义，并不是可以滥用的。例如君、臣、父、子，就必定要与各自的理念相符合，才算是真正的君臣父子。只可惜当时一切制度自身所具有的特殊意义或理念都淹没了，故是非毫无标准，社会混乱。因此，他想一一给恢复原义，故主张正名。孔子因熟悉旧籍之故，维持现状及拥护传统制度的心理，牢不可破了。为要说出一个理由起见，乃认定传统制度自身各有其特殊意义或理念，根本值得拥护，因之贵族奴隶主的一切，都是值得拥护的。其三，仁为万物之衡。制度自身有意义，值得拥护。但谁个能认取其意义呢？退一步言，纵有能够认取制度自身的特殊意义或理念的人，但谁能担保他不因自己的利益，而加以曲解，而加以阉割呢？孔子又是熟悉旧籍，重视现状的人，不能像墨子那样，空空洞洞，提出尊天明鬼等办法，希望人们奉行。无已，只有向人类本性上去寻找。结果发现人皆有“仁”，仁可以为万物之衡。然则仁是什么呢？一言蔽之曰：仁是衡量万物，而得其当的可能性。人类若没有这衡量万物的仁，则万物或制度各自的意义一定淹没。所以，孔子以“人”或“仁”为思想的根据、言论的中心、行动的准则。周谷城对孔子学说及其地位的评价，可说是与众不同，而有自己独特的见解的。到了80年代，周谷城认为“孔子主义”已成全世界通用之词。它对统一中华民族，维护传统文化曾起过重大作用。例如，我国中世纪的反佛和近代的反耶稣都利用了孔子主义。孔子主义的教育理论和道德学说，对后世都有积极影响，即使反孔者，实亦多阳违之，而阴奉之。孔子主义的正面意义，与中国文化的绵延不可分割。[27]这些话表明周谷城对孔子的评价始终都有自己的见地，他从不人云亦云。

此外，周谷城还对许多问题作研究，发表了自己的见解。如对待阶级矛盾和阶级斗争，周谷城并不完全局限于两大对抗的阶级，而注意对社会全体成员在社会主要矛盾和主要斗争目标下的相互关系的剖析，这实际上是他60年代"时代精神汇合论"的早期反应。他还充分注意地理环境、天然资源对社会经济文化发展的作用。如他谈到"六朝时代江南的文化"，说江南的物质环境非常优美，地处长江下游，其气候温和，土地肥沃，地势优良，为整个中国之冠，所以在发展过程之中，人口越集越多。人口多了，事务繁了，行政区域乃越分越细。行政区域的细分，乃长江下游发展进步的一证。而优越的地理环境就使江南文化有了其发展的物质基础。再如他谈到春秋时期齐、晋、秦、楚、吴、越诸国的"霸政"，在结语中，他写道："总观称霸的各国，其称霸的先后，似与地理有极密切的关系。黄河流域的霸政，自东至西，陆续兴起。长江流域的霸政，自西至东，陆续兴起。黄河长江两流域的霸政，则自北至南陆续兴起。黄河流域的霸者，自齐而晋，自晋而秦。后则留晋霸与楚相持，结果毕竟把霸权让给南方之楚。长江流域的霸者，则自楚而吴，自吴而越，让越做最后之霸者，反转来，号令齐、秦、晋、楚。这种事实，由于经济发达的先后不同。凡经济发达的地方，文化一定早开通。文化早开通的地方，历史上某些制度如果是必须经过的，一定先经过。黄河流域，经济先发达的地方，为山东之齐；文化落后的地方，为秦所在之西戎诸境。长江流域，经济先发达的地方，为湖北之楚；文化落后的地方，为吴越所在之沿海诸地。经济发达的先后，大概决定了诸国称霸的先后。"就地理环境、天然资源和政治经济文化的关系进行阐述，这在周谷城的《中国通史》中，可谓多矣。

3. 中外对比，联系东西的宽广视野

周谷城的《中国通史》还有一鲜明的特点，即注意了中外对比、东西各国的联系。因此，其视野极为宽广，给人一种新的视角，一种新的启示。

周谷城首先谈了研究中国历史不能离开中外对比与联系。原因很简单，只有一个，即"祖国与外国的关系密切是也。这种密切的关系有时是经济的，有时是政治的，有时是文化的；有时比较单纯，有时比较复杂"。对中外历史进行比较研究，"它只帮助我们更好地进行研究工作，获得更好的研究成果。"[28]

至于说到通过中外比较与联系来做研究，这方面的例子在《中国通史》中可说是随处可见。如说到与西域或中亚乃至西亚的关系，就是兼有经济、政治、文化的关系。汉武帝派张骞到西域，为了联络大月氏，共同抵抗匈奴，可以说具有政治目的。张骞到过的地方有大宛、大月氏、大夏、康居等。回来时向汉武帝详细报告了西域诸国的经济情况，说他在大夏时看见了邛竹杖和四川布，是大夏人从印度贩来的，印度又是从中国贩来的。更谈了大夏、安息诸国的情况，说这些国家都很大，都有特产，都喜欢中国的东西。总的说来，纪元初几世纪内，中国与中亚及西亚的关系，几乎纯是经济的，当时中国的声名远扬到了中亚及西亚，西方商人多来中国贸易。中国与安息已建立了外交关系，与更远的叙利亚、大秦（即罗马），关系也是颇密切的。公元97年，汉使者甘英曾到波斯湾，企图与罗马发生直接关系，此后许多世纪内，中西贸易往来未曾中断。

又如说到中国与印度的关系，其密切的程度，与其他中西各国关系比较，有过之而无不及。中印关系，主要是文化的，表现在佛教的传播上。魏、晋、南北朝时期，西域僧人，包括安息、月氏、康居、罽宾、印度各国的僧人，多来中国传播佛教。尤其隋、唐时代，印度僧人来者更多。西方僧人东来，固然把佛教种子传到了中国，同时，中国翻经求法者西往，直达印度，更把佛教的重要因素吸来不少。举例说，如法显是平阳武阳人，于东晋安帝隆安三年（399年）西行求法，历15年始归；如玄奘，是洛州缑氏人，于唐太宗贞观二年（628年）西行求法，历17年始归；如义净是范阳人，于唐高宗咸亨二年（671年）西行求法，历25年始归。此外西行求法的，为数极众。计自朱士行的时代起，到悟空时代止，即自魏甘露五年（260年）到唐天宝十年（751年）约500年之内，国人西行求法的，有姓名可考的，共100余人。此外姓名不传的，还有80余人。求法翻经的活动，如此热烈，中印文化关系，如此密切，自然引起对文化关系本身的研究，也自然引起对印度各地情况的研究。《历游天竺记传》、《大唐西域记》、《南海寄归内法传》等著作，便应运而生。

再如中国与东南亚及东非乃至欧洲诸国的经济关系，自汉、唐以后，逐步展开。汉、唐时代，中西的通商往来，必须经过葱岭，而以葱岭东西许多地方为国际市场。但到了唐、宋时代，情形就不同了。越过葱岭的那种艰苦的陆路交通，渐渐为东南海及阿拉伯海的海道交通所代替，国际市场也渐渐移到了中国的东南部，如广州、泉州、扬州等处。而且自唐、宋时代，一直到明、清时代，通商的国家越来越多。唐、宋时代，通商国家主要是亚洲的，如西北方面与中国通商的为波斯、阿拉伯等国，东南方面与中国通商的为东南亚诸国。明、清时代，中国与外国的通商，更由东南亚及东非发展到了欧洲诸国。明朝建立之初，对各国的关系，都一度有所改善。太祖时，派人到有关各国联络，常以封号加于各国元首，更以大统历赐给各国，使奉中国正朔。这样的联络，既可以招徕各国的通商，又可以提高中国的威望。成祖永乐三年（1405年），更有中官郑和奉使出国。郑和一共出使7次，所到的凡30余国，其地自东南亚远达东非。清时，欧洲方面与中国通商的有西班牙、葡萄牙、荷兰、法国、美国等，至于意大利，则早在明万历时，即有利玛窦来中国传播天主教。

在《中国通史》中，把西方各国与东方国家，特别是中国的情形作比较研究来说明问题，例证也是很多的。如谈到中国古代的封建制与中世封建制问题时，书中有这样一段话："这种古代封建制，是古代诸部族相互战争的必然结果。古代埃及'中王国时'有此，布勒斯特氏称之为古代封建，紧接着古巴比伦之后的亚述帝国有此，马斯伯乐氏称之为军事封建。与奴隶制社会以后的中世封建制截然不同。中世封建为领主对农奴的剥削关系，古代封建为大部族对小部族的支配关系（如认古封建及军事封建为中世封建，那就错了）。"㉙

周谷城在《中国通史》中如此注意中外关系、东西各国，尤其是中国与世界各国的联系，其中，自有其重视的理由。他认为这样做，首先可以帮助我们了解祖国与外国的关系。其次可以帮助我们了解外国自己的情况。再次，可以帮助我们了解历史的发展，首先是各国自己历史的发展。

周谷城的《中国通史》，无论是在谋篇布局，还是史论结合等方面，都有其独特之处。史料的应用恰到好处，问题的论证融会贯通，真正做到了持之有故，言之有理，成一家之言。书中表露出的观点为周谷城学术思想的重要组成部分。

当然，如果我们用今天的眼光来看周谷城的《中国通史》，无论在观点上或在资料的取舍方面，不妥之处当是显而易见的。解放后虽经周谷城的两次修订，对包括秦桧和岳飞评价在内的许多问题，都有了大幅度的改动，但总的体系决定着它无法大动修改之工程。至于这半个世纪以来新发现的中国历史资料和新的研究成果，限于书的体例，那更是无法补进去的。这些不足之处，并无损于《中国通史》的学术价值和历史作用。周谷城曾直言不讳地说自己还算不上是马克思主义者，因而对待他半个世纪以前著的《中国通史》，我们今天也无须求全责备。在当代著名史学家中，唯独周谷城一个人著成并出版了完整的《中国通史》。他的这部《中国通史》至今仍是学习和研究中国历史文化的一部系统参考书。

三、深究中国政治史

“我虽不一定要问政治，但政治却要问我。”[30]周谷城在研究中外历史的时候，又着重于中国政治历史和现状的探讨，他非常不满国民党政府此时抗战仍不坚决的态度，试图从实现国内民主政治的视角加深对实现政治问题的思考，以此论证中国现代化与政治民主化的因果关系。周谷城在出版了《中国通史》之后，仍未忘“史学五书”的计划，他又写了《中国政治史》。

1938年10月，日本帝国主义侵占广州、武汉以后，抗日战争进入相持阶段。此时，日本侵略中国的政策，逐渐将对国民党的“军事打击为主”的方针，改变为“政治诱降为主，军事打击为辅”的方针。日本侵略者把军事打击的重点指向了解放区。另一方面，国民党的政策随着日本侵华策略的改变则由片面抗战转为消极抗战，积极反共。1939年1月，国民党五届五中全会确定了实行限共、溶共、反共的方针，并不断制造反共摩擦，尔后发展为国民党的第一次反共高潮。

周谷城对国民党抗日态度的变化，以及对抗日民主势力的压制和迫害深感不满。于是他想探讨中国政治的历史与现状，并以此论证中国政治民主化与抗战救国，实现现代化的关系。1940年，周谷城写的《中国政治史》由中华书局出版了。这部书的着眼点，在于研究占统治地位的中国社会势力。此书引起了人们的注意。正如他1940年2月8日《中国政治史·弁言》中所说：“本书不是政治思想史，不是政治制度史，更与一般专讲理乱兴衰之政治史绝不相同。理乱兴衰为政治现象。然政治现象为各国社会势力所造成。故善为政者，应该洞明每一时代支配政治之主要社会势力。本书研究着重这一点，在中国为初创，即在欧美各国，亦不多见。”由此足见该书别具一格。此书出版后，中华书局曾重印了四次。1981年，该书经修订后，仍由中华书局出版了。

《中国政治史》约22万字，共分五篇，即：第一篇，部族联合的完成（周平王东迁洛邑公元前700年前）；第二篇，政治社会的确立（自周平王元年至新莽元年即自公元前770年至公元9年）；第三篇，门阀藩镇的交替（自新莽元年至北宋初元即自公元9年至960年）；第四篇，绝对专制的完成（自北宋初至鸦片之战即自公元960年至1840年）；第五篇，民主政治的创造（自鸦片战争至“五四”运动，即自公元1840年到1919年）。全书由以上五篇组成，而每一篇中又有若干章节。总的来看，全书篇章节目的划分，脉络清晰，结构严谨。由上面所述篇目可见，内容亦前后相承，逻辑性很强，史论结合论理充分。

他先从中国政治社会确立之前的历史谈起。中国的原始氏族发展到部族后，便出现了周初部族的联合。这一联合的完成，是周武王在战胜商纣以后，把许多并立的部族陆续拉到自己势力之下，于是就有“封国”的产生。这些封国的首脑或部族首长，有的是由周人从当地强有力的氏族中挑选出来的，有的是由周人自己派去的。由当地氏族中挑选出来做部族首长的，其例甚多。不过，在这些“封国”首长之上还有一共同的首长，那就是周天子（意即天王）。辅佐天子执行政务的官员，最重要的就是六卿，即周礼上的天官，掌邦治；地官，掌邦教；春官，掌邦礼；夏官，掌邦政；秋官，掌邦刑；冬官，掌邦事。天子或各部族的共同首长高居于各部族之上，究竟用何方法以控制各部族呢？其方法有：一命官。凡各国或各部族的重要官员，由天子任命。二朝觐与巡狩。诸侯或部族首先进见天子叫做朝觐，其目的在报告自己的工作。天子或各部族的共同首长巡视各国叫做巡狩，其目的在考察各国的治理情形，凭考察的结果以定赏罚。至于等级秩序，周天子与各部族首长（或称封国国君）以及部族内部的官制而言，那是等级森严的。然而，“无论代表团体的天子或诸侯，也无论代表职位的卿大夫或士，就经济上的地位而言，实站在同一地位，即剥削的地位是也。王或天子，公侯伯子男各级诸侯或国君，卿大夫士各级职官或治事人员，尽管属于不同的等级，然在经济上却属同一地位，都是剥削他人的。这些人我们可以统称之为上层。与他们站在恰恰相反的地位，在经济上被人剥削的，有庶人、工人、商人及奴隶等。庶人工商三者似乎还有等级之分……不过无论庶人工商及奴隶的等级如何复杂，然在经济上，他们都站在被剥削的地位，不过被剥削的程度或者略有些不同罢了。这些人我们可以统称之为下层。”[31]那么，上层与下层的主要工作各不相同，下层的主要工作为劳动力生产，为经济的；上层的主要工作为维持氏族、部族乃至民族内部的秩序，为政治的。

中国政治社会确立之前的历史大致如此。我们可以看出影响社会的主要势力已露端倪。

到中国政治社会的确立时期，周谷城先从社会经济的变革说起。自周初以至春秋战国时代，农业极为发达。《诗经·甫田》中就有这样的诗句：“曾孙之稼，如茨如梁；曾孙之庾，如抵如京。乃求千斯仓，乃求万斯箱，黍稷稻粱，农夫之庆，报以介福，万寿无疆。”发达的农业，于是对中国的政治社会产生了几种极大的影响：第一，腐蚀上层贵族。由于农业发达，各部族的共同首长及各国诸侯或各部族首长从农民方面征取的剩余农产品极多。为图生活的舒适，他们常将这些农产品转化而为奢侈的东西，如宫室、如园囿、如台榭等。结果生活奢淫，统治能力丧失，自身崩溃。第二，增强部族战争。农业盛兴，土地生产力加大，农业剩余品随着增多，足以满足上层贵族或部族首长的奢侈欲求。因此之故，各部族间关于土地的争夺战乃日见增多。第三，产生地主阶级或工商奴隶主。争夺的结果，便是土地集中于少数人之手。

从社会经济变革中产生出来的新阶级，最重要者为地主与商人。地主与商人的政治活动，正适合时代的需要：消极方面，结束氏族社会的礼治；积极方面，推进政治社会的法治。这种推进就以管仲相齐的新政开始，接着有卫鞅相秦的新政等。新兴阶级的活动，始则帮助各国改革内政，继则帮助大国树立霸权，最终于秦汉时代创立了集权的帝国。

中国的政治社会确立以后，又是什么社会势力主宰中国的政治社会呢？周谷城认为，从新莽元年至北宋初年，可说是门阀藩镇交替主宰社会的时期。六朝及隋、唐时代，血统关系与财产关系又重相结合而有了新的发展，这就构成所谓“门阀”，即封建大地主。门阀势力相当庞大。在经济上，它为优越阶级、剥削他人的阶级。虽然他们要向政府缴纳赋税，但赋税并非由他们自己担负，而是从农民方面剥削来的。在社会方面，门阀的经济地位既已优越，再加上累世有人做大官，则在社会方面，势力很大。如不与下一级的人通婚，不与下一级的人同坐等。在政治上，门阀势力亦不小。他们若拥护政府，政府便可以稳固。他们若反抗政府，政府便不免动摇。抵御外侮，政府要借重他们。用人行政，政府要给他们以若干的优先权。在文化方面，门阀自然势力亦很大。然而，由于国际市场的扩大，武功与商业相依，造成对门阀的压迫，再加上门阀自身的不断腐化，最后，支配政治社会的地位不得不让给手握兵权的武人，即藩镇。这些武人，占有独立的地盘，所谓“大者连州十数，小者犹兼三四”。拥有独立的权利，所谓“既有其土地，又有其人民，既有其甲兵，又有其财赋”，权利成为世袭的。所谓“父死子握其兵，而不肯代”。藩镇横暴无忌，权力极大，最终造成了军阀割据的局面。

从北宋之初至鸦片之战，就中国政治社会而言，这是皇权绝对专制的时代。武人的割据，使社会混乱已到了尽头，社会各方面都需要安定的秩序，都需要统一。于是，宋太祖赵匡胤便乘机削平许多并立的割据之国。此后，绝对专制乃完全确立。这种皇权的绝对专制自宋初起一直延续到清末才发生动摇，长达900年。不过，宋太祖削除藩镇后所确立的专制与秦汉帝国时代的专制是不同的。因为，“秦汉帝国时代的专制相当于罗马帝国时代的专制，是直接或间接统一许多部族的结果。宋明时代的专制相当于欧洲14到17世纪时代的专制，是直接或间接加紧支配封建地主的结果。前者之成立由于陆续统一外部诸势力，后者之成立由于加紧支配内部诸势力。外部诸势力为部族，秦汉帝国与罗马帝国的专制，都是一个较强的部族战胜了许多较弱的部族之后的产物。内部诸势力为阶级，宋明时代与欧洲14到17世纪时代的专制，都是工商阶级战胜了

封建地主（欧洲的情形）之后，或取得了与封建地主同等地位（中国的情形）之后的产物。”㉜

那么，在皇权绝对专制的时代，支配政治的主要社会势力情况如何呢？周谷城在对秦汉时代的专制与宋明时代的专制作了比较分析后，他对上述问题作了如下结语：一、在绝对专制时代，因商人阶级渐渐抬头，地主阶级已失去了门阀时代或封建势力凝结时代之绝对优势。向来所谓重农贱商之说，可改作如下的解释，即在文化或教育政策方面，专制政府颇拉拢地主，在经济或财政政策方面，专制政府实借重商人。因此之故，地主阶级的地位虽未降到商人以下，然已失去了往日的绝对优势。二、专制君主欲得到统治的人才，常利用地主阶级，同时又恐地主阶级叛变，常拉拢他们。因着利用与拉拢，地主阶级常分为两大部分。一部分插入政府或与政府接近，构成政府派，其未插入政府或与政府不合作的，则构成反政府派。政府派常重功利与富强，反政府派则重节操与道德等。三、若纯粹就政治进化的观点而言，政府派的活动，比较地适合于专制政治发展的趋势。而反政府派的活动，则往往与专制政治发展的趋势相背驰，如反对王安石之新法的一班人，几乎完全违反了政治进化的趋势。就是清初遭受文字狱之害的士人如谢济世、陆生楠辈之偏袒封建论，若撇开种族问题不谈，便也完全是违反专制政治之一般趋势的。四、反政府派的活动，如系障碍专制政治之发展的，可视为地主阶级对其自身之存在的挣扎。原来专制时代，就经济发展的阶段而言，正属于过渡的阶段，或称此为封建时代，典型的封建地主曾占绝对的优势，此后的时代为资本主义时代，典型的资产阶级占绝对的优势。在这过渡期间，商人阶级为着本身的利益，当促进专制政治的发展；然地主阶级，为着本身的利益当阻碍专制政治的发展。故反政府派的活动，如系障碍专制政治之发展者，都可视为地主阶级对其本身之存在的挣扎。五、反政府派与政府派之对立，有时又可视为地主与商人之摩擦。政府派能促进专制政治之发展，因与商人之要求相同。但反政府派之活动若障碍专制政治之发展，一任封建的地方主义长期存在，甚至以周初的封建为理想，以打击专制君主之集权，那更是与商人的主张相背驰。

那么，到了中国的近代，政治社会的情形又如何呢？周谷城分析说，从鸦片战争开始，由于列强对华的侵略与压迫，使得中国的国际地位低落，领土完整受到破坏，主权独立遭受损害。在列强不断在华获取利益的情况下，中国新式产业创兴了。这以咸同时代曾国藩、李鸿章首先利用机器开其端。自从中国出现了产业革命的过程，中国社会各阶级自然形成一种转移之势：一方面，脱离旧有的、趋于没落的阶级或地位，另一方面则加入新兴的、趋于繁荣的阶级或地位。例如旧日的官僚地主等，则逐渐脱离其原有的阶级，而加入新兴的资产阶级，旧日的手艺工人及农民等，则逐渐脱离其原有的阶级，而加入新兴的产业工人阶级或无产阶级，旧有的士大夫或游移于地主农民间的读书人等，则逐渐脱离其原有的地位，而为新时代的自由职业者，如医生、律师、教授、编辑、著作家等。周谷城还认为，产业革命仅能转移社会阶级，不能消灭社会阶级，故旧社会里的阶级对立关系，新社会里依然有，不过性质不同而已。产业革命过程中的诸种社会阶级或社会势力，对于政治的改进，常因地位不同，利害关系不同，而有不同的态度，不同的主张。

社会各阶级对于社会政治进化，究竟起何作用呢？简言之，“有的加以阻碍，有的加以推进。”阻碍政治进化者，主要以皇室或满洲贵族，旧式官僚或贪官污吏，残余封建地主或土豪，乃至军阀及买办为主。这在1898年的戊戌维新的前后，他们阻碍政治进化，就有明显的表现。而推进政治进化者，这在戊戌维新前后，有进步的官员、进步的地主阶级或士大夫等。在辛亥（1911年）革命运动的前后，则由此类分子扩大到会党，扩大到华侨，扩大到新式资产阶级。在1924年国民党改组前后，更扩大到农工大众。概而言之，时代越往后延，改造政治的运动越被新阶级所支持，所推进，换言之，即越近于民主，这是发展的趋势。

周谷城深信，时代越往后延，改造政治的运动越被新阶级，即无产阶级与其他劳苦大众所支持，所推进。他也深信，社会政治越发展，只能越接近于民主，不可能再行专制，这是发展的趋势。民主必然战胜腐朽，这是不以人的意志为转移的发展趋势。

四、“孤岛”接来鸿

周谷城在进行教学与著书立说的同时，从未放弃反帝爱国的活动。就在抗战前夕，毛泽东率领工农红军经过二万五千里长征，历尽千辛万苦，到达陕北，重建革命根据地，红军又开始发展壮大起来了。由于蒋介石仍然执行对外卖国，对内剿共的反动政策，使得日本帝国主义更加猖狂地进攻中国，妄图实现变中国为其独占的殖民地的狼子野心。当时的中国正面临亡国灭种的空前严重的民族危机。为了挽救国家民族的危亡，1935年12月，毛泽东主持召开了瓦窑堡会议。会上，毛泽东在所作的报告中发出了建立广泛的抗日民族统一战线的号召，以便更加有效地动员和团结一切赞成民主、拥护抗战的阶级、阶层和个人，参加广泛的抗日民族统一战线，从而有力地抗击日本帝国主义的野蛮侵略。

当时，正在上海暨南大学任教授的周谷城，住在上海老靶子路一个犹太人的公寓里。有一天，他突然接到邮局寄送来的一卷报纸，拆开一看，内有用复写纸写的一封信，信封上写着“致师友”。信笺下面署名毛泽东。这封信不只是给周谷城一个人的。信中提及的还有两位军政要人，一位是李烈钧，是孙中山二次革命时反对袁世凯的江西都督，另一位是大革命时期任北伐军第六军军长的程潜。提到的知识分子还有方克刚、舒新城、李达、顾颉刚、周予同等人。毛泽东在信中强调形势危急，正处在民族存亡的关键时刻，应奋起共同对敌。这是针对蒋介石当时不放弃反共政策，排斥异己而发出的号召。周谷城收到此信，很受鼓舞和感召。但是他当时是“孤岛”上海的知名爱国人士，受到国民党当局的严密监视，处境十分险恶。他接到这封信后，只对李达讲过，并同李达商量如何响应毛泽东号召的问题。他决心尽最大努力做好抗日宣传工作。

1936年11月，周谷城在钱俊瑞编辑的《现世界》杂志上征答关于对中日问题意见时发表文章，强调在此中华民族生死存亡之关头，“各党各派，为图整个民族的生存，应立刻自觉地停止内战，放弃内战的企图，一致团结，进行对外的实力抗争”，“兄弟阋于墙，外御其侮，各党各派应虑及此。”1937年初，《前进》杂志以“民国二十六年我们工作的目标与方法”为题，征集各界人士意见。周谷城应征，认为1937年我们工作的目标就是要“求中国之自由平等”，最有效的方法就是要“唤起民众及联合世界上以平等待我之民族，共同奋斗”。周谷城坚信，只要中华民族团结抗战，与世界上一切平等待我之民族，共同奋斗，就一定能战胜帝国主义。

注释：

①《周谷城自略》，晋阳学刊编辑部编，《中国现代社会科学家传略》，太原：山西人民出版社，1987年，第242页。

② 周谷城：《我是怎样研究世界史的》，载《历史教学问题》1982年第3期

③ 梁启超：《中国历史研究法补编》第一章《史的目的》，上海：商务印书馆，1935年。

④ 周谷城：《周谷城史学论文集》，北京：人民出版社，1983年，第57页。

⑤ 袁枢：《通鉴记事本末·旧序》。

⑥ 周谷城：《周谷城史学论文集》，北京：人民出版社，1983年，第60页。

⑦ 周谷城：《周谷城史学论文集》，北京：人民出版社，1983年，第64页。

⑧ 周谷城：《周谷城史学论文集》，北京：人民出版社，1983年，第60页。

⑨ 周谷城：《周谷城史学论文集》，北京：人民出版社，1983年，第67页。

⑩ 周谷城：《周谷城史学论文集》，北京：人民出版社，1983年，第67页。

⑪ 周谷城：《周谷城史学论文集》，北京：人民出版社，1983年，第70页。

⑫ 均引自周谷城：《中国通史》的各篇序。

⑬ 周谷城：《中国奴隶社会论》，《文汇报》，1950年7月27日。

⑭《宋史·童贯传》。

⑮《宋史·童贯传》。

⑯ 周谷城：《中国通史》下册，上海：上海人民出版社，1957年，第104页。

⑰《容斋续笔》卷五《秦隋之恶》。

⑱《史记·秦始皇本纪》。

⑲ 周谷城：《中国通史》上册，上海：上海人民出版社，1957年，第191页。

⑳ 周谷城：《中国通史》上册，上海：上海人民出版社，1957年，第473页。

㉑ 郭沫若：《卜辞通纂考释·天象》。

㉒ 周谷城：《中国通史》下册，上海：上海人民出版社，1957年，第293页。

㉓ 朱熹：《语类》卷九十五。

㉔《朱熹文壤》卷四十六《答刘叔文》。

㉕《东原文集》卷八《与某书》。

㉖ 周谷城：《中国通史》上册，上海：上海人民出版社，1957年，第207页。

㉗ 周谷城给孔子76代后裔孔令朋的信，1984年8月30日。

㉘ 周谷城：《周谷城史学论文集》，北京：人民出版社，1983年，第78页。

㉙ 周谷城：《中国通史》上册，上海：上海人民出版社，1957年，66页。

㉚ 周谷城：《周谷城自传》，《晋阳学刊》1980年，第2期。

㉛ 周谷城：《中国政治史》，上海：中华书局，1940年，第85页。

㉜ 周谷城：《中国政治史》，上海：中华书局，1940年，第196页。

第七章

在陪都重庆

（1942—1946）

一、转道山城

1941年12月，太平洋战争爆发，上海“孤岛”即将沦陷，爱国民主人士受到当局的监视，处境十分危险。暨南大学其时也由上海真如迁入市区。周谷城的岳父母卢志英、张育民（系中共地下党员）某日来到周谷城家，对周谷城及夫人李冰伯说：“赶快走，上海你们不能待了，很危险！”竭力劝周谷城夫妇尽快离开上海。尔后，在岳父母的资助下，周谷城夫妇开始向内地转移。周谷城化装成商人，改名为周可珍，绕道通过火线到杭州，被敌伪逮捕，关押了30多天。后经杭州越过义乌封锁线，辗转经香港到广西，再经衡阳回到益阳老家小住。1942年初，益阳行政专员彭国栋发起创办林翼中学，以纪念胡林翼，校董事会公推彭国栋为董事长，周谷城也挂名为校董事会董事。

周谷城未在家乡久留。开春不久，他由益阳到达重庆。到重庆后，徐冰即约他到章伯钧家吃饭，畅谈沦陷区情形。交谈中，徐冰等人对周谷城历经千辛万苦由沦陷区逃到内地，再三慰勉说：“辛苦了！辛苦了！”一番言语使周谷城感到莫大的宽慰。

为了解决工作问题，周谷城经陈望道、张志让介绍到复旦大学历史系任教授。复旦当局考虑到周谷城是爱国民主人士，可以“勉励”进步学生，所以聘他。但是身为天主教徒的历史系主任却不让他开课。时陈望道任新闻系主任，愤而请周谷城到新闻系教书。陈望道嘱周谷城从英文报刊上选文章给学生阅读，并教他们翻译。周谷城在新闻系上课，心情很愉快，加上与陈望道相处甚好，心中更是高兴不已。

为了启发学生的民主意识和爱国思想，周谷城在陈望道支持下，曾邀请著名进步教授翦伯赞和丁燮林到新闻系举行语言学座谈会。当时，慕名前来参加会议的人山人海，会场内外，挤得水泄不通。这样的座谈会自然引起了校方的恐惧。他们先派人捣乱会场，后又散布流言蜚语，大喊大叫，声称“搞民主的滚出去！”把矛头直接对准周谷城。列此，教授们都很气愤。陈望道为保护周谷城，劝周谷城暂时回避一下，而周谷城则认为爱国无罪，坚持不肯回避，仍参加和支持爱国民主运动。

1941年3月19日，在重庆成立了中国民主政团同盟。同盟以反对国民党政府消极抗日、积极反共和进行法西斯统治为宗旨，主张加强国内团结，坚持抗战到底。民盟还要求实践民主精神，保障人权，尊重思想学术自由。并强烈要求结束国民党一党统治，实行民主宪政。周谷城到重庆后，他非常赞同民盟的上述主张。不久，他受聘为中国民主政团同盟顾问。在复旦，他以同盟顾问的身份参加了进步学生举行的座谈会，与他们一道探讨民主政治问题。

有一天，在重庆的郭沫若为了帮助几位青年学生学习与研究历史，他热情邀请周谷城去讲学。课后留餐。饭后两人作了长谈。自此周谷城与郭沫若成为莫逆之交。

在重庆，周谷城有一次在马路上遇到了老友陈家康，老友重逢，很高兴。陈随即约周谷城到莫斯科餐厅吃饭，并对周谷城说：“恩来先生知道您来了，很想同您谈一谈。”周谷城见天色已晚，怕来不及了，建议改日再一同去见周恩来。然而，周谷城后来在重庆一直未能见到周恩来。因为他住在北碚复旦大学，离重庆市有很长一段汽车路，有时周恩来通知参加市区的一些座谈会，终因路远及其他原因未能到会，这对周谷城来说，不能不说是件憾事。

二、论“中国之现代化”

身在山城，周谷城一面参加与支持爱国民主运动，一面则继续其学术思想的研究。如前所述周谷城的学术研究有一显著特点，即不空谈理论，而是注重理论与中国社会的实际问题相结合，力求解决一些理论探讨中的重大现实问题，给人们以有益的启示。1943年6月，他连续在《新中华》杂志上发表了《论中国之现代化》的文章。他关心抗战结束后的建设问题，想在这方面做些开拓性研究的工作。

围绕国家现代化的主题，周谷城将历史与现状结合作了如下分析：

第一，对中国革命与产业革命所经历之艰辛过程作了回顾。

周谷城指出，中国产业革命所遇到的最大艰辛，即为其发展秩序未能依循常态。照理说，一国之经济发展，若达到适当程度，转成革命，则其表现，有一定之秩序可循。如英国产业革命，是逐渐演成的，其表现秩序是最为顺利的。这一秩序的过程为：首先有轻工业，如纺织业等。纺织业既盛，对外贸易乃日渐扩充。对外贸易日见扩大，于是保护贸易之军备就随之显得重要。因此，军用工业乃日益发达。简言之，由纺织工业而对外贸易，由对外贸易而军用工业。这在英国，实为极顺利之秩序。“盖后者皆所以推进前者，军用工业可以充实军备，以保护贸易；对外贸易可以畅销商品，使工业无限展开；结果是，富国固不能不强兵，而强兵亦更足以富国，对外之军备固维护国内之生产者，而国内之生产亦支持对外之军备，吾所谓英国产业革命秩序之顺利，盖谓是也。”①

而中国则不然，产业革命，以军用工业开其端，与英国人之以纺织业开端正好相反。周谷城认为这并非国人较英人愚笨，“实以事势有所不得不然”，英国之产业能循序演进，而中国首先企图发展新式产业，实迫于外力之相乘。

国人因见外力中可怕者为军备，于是，“师夷之长技以制夷”，亦努力于军用工业之发展，设船政局，开制造厂，力效产业先进国之做法。但这并不容易仿效。故历时不久，弊端毕露，中国的军用工业仅有消耗而无出息。“于理固可以强兵，于事不足以富国也。世固未有国不能富而兵可以强者。”这不能不说是一惨痛教训。

周谷城还指出，中国产业革命进展之艰难，并不止于上述所言。究其艰辛之真正缘由，在于“经济先进诸国所加之拘束，更足以使其时起时蹶，不易舒展”。他详析说，当我国产业革命发轫之时，正值经济先进诸国产业革命早已完成之日。英国在1750—1850年这一百年内，产业革命即已由发展而完成。而我国在1850年，尚无产业革命之端倪。此一对比，至少可证明吾国在经济进化途中，落于英国之后者凡一百年。经济先进一百年之国家与经济落后一百年之国家，两相接触，强弱之分是显而易见的。“落后国家经济之势力，自不足以与先进国家经济势力相周旋，况不平等条约，更利于先进国家，而于我为桎梏者。”由于一系列不平等条约的签订，使得经济先进国家的商品，在近数十年内，乃如潮水般涌来。他人之商品即已涌来，而我国无关税壁垒，不足以防之。且国内中产以上的阶级，新的需要欲望渐强，于是颇欢迎外来商品。积时已久，外货便充斥于国中。这样，我国固有之手工业，日渐凋残。而亟待发展之新式机器生产事业，亦由于外来商品势力之强，而抬头不起。这一事实，30多年来，国人中才有深知者。基于此，30多年内，废除不平等条约的运动表现得空前强烈。中国近代出现的废除不平等条约之运动、挽回利权运动、抵制外货运动，以及其他类似运动，一浪高于一浪，实为反对外力拘束中国产业革命之表现。

外力拘束固足以使中国产业革命困顿，不易抬头。但对这一点，周谷城亦有其辩证的观点。他认为，还应看到外力拘束之紧，客观上也推进了中国的产业革命。“倘无外力之束，国人固无须力图自振，旧时之经济生活，并无不便之可言，产业革命云云，根本为不必要者。因有外力之相乘，挽回利权之运动以起，于是中国乃始步上产业革命之途。”

总的来说，外力拘束是严重阻碍中国产业革命进程的障碍。对此，周谷城进一步分析到：就事实而言，先进诸国经济势力莅临中土之日，确亦于中国经济之发荣滋长，有推动之功。以人口物品而言，最初中外通商之日，人口物品多为珍奇可供玩好之类，销售于皇室或少数达官贵人之家，除换去金银之外，于中国经济似无甚关系。稍后则入口物品由贵族玩好之珍奇转为民生日用货物，如粮食布匹等。其最著者，也是直接激起挽回利权运动之缘故。更后，则入口物品中有机器，有资本，资本之外，甚至还有技术人才。可见，人口物品，由珍奇之物转而为日用者，由日用者转而为机器，转而为资本，甚至转而为技术人才。此一转变，一方面固可证明外来经济势力之加强，然另一方面，亦可证明中国新兴经济之滋长。中国新兴经济之滋长，达到适当之程度，自当与外来经济势力相抗衡，而这对于后者是极其不利的。于是中外经济势力之间的抗衡不断，最后的结局，中国经济势力无力与外来经济势力相抗争，外来经济势力的恶性膨胀，自然阻碍了中国产业革命的进程。

第二，要加速中国的产业革命，须从组织、人才培养、思想文化等方面加以革新。

周谷城指出，中国经济势力在与外来经济势力相抗衡的过程中，已表现出自身严重的弱点：资本不雄厚，组织不健全，管理无人才，环境不适当。具体来说，中国原无大量产业资本。往日商人地主略有余资，均散在农村，借高利贷给农民，破坏农村经济。商人地主将余资专用来发展生产事业，确甚少见。直至产业革命运动兴起，商人地主之余资才开始稍稍聚集，直接或间接投入发展生产事业。然其数量微，固非经济先进国雄厚资本之对手。至于组织、管理，当更相形见绌。此外，中国的环境与产业革命的发展也是不相适应的。所谓环境不适当，周谷城认为主要指政治文化等不相配合而言。产业革命已告成功之国家，其政治设施、文化活动，常能与其产业配合而自成体系。产业、政治、文化等之活动，不得不互相背驰，且彼此互相和谐，这就使得整个社会显得有组织性，整个文化亦表现出现代精神。而我国政治文化本身存在严重的缺陷，不适应于产业革命，甚至极大地阻碍产业革命。而外来经济势力与政治文化等配合而来，这就使得在强大的外来经济势力的逼迫下，中国产业界显得相当幼稚，固不易与之相抗衡。

中国产业革命近数十年来举步维艰，当数以上诸原因。周谷城指出，自今以后，如欲及早完成中国现代化，则国人必竭力来推进产业革命，加速现代化的实现。当然，这并非易事，首要之条件，必须使国人要对实现现代化有信心。此信心又必普遍而为人人所有。否则，信心不足，精神态度、言论思想皆与事势之发展背道而驰，那就不可能推进产业革命的步伐，甚至还会阻碍之。

说到此，周谷城认为思想上的问题，有一个国人皆感兴趣的问题，有必要提出来讨论。这就是国人对宋明以来的理学极感兴趣，认为“欲重加发皇，以为救时之良药。”周谷城却不以为然。“吾以为理学之重加发皇，纵不致障碍产业革命之进行，但无论如何，不能推进产业革命，以加速中国现代化。理学之效用，固未可以抹杀者，特其效用之在今日，实已至于极端，再加发皇，使国人精神萎靡，事或可能，欲使国人新生蓬蓬勃勃之朝气，则未可必。”今日国人生活，受理学影响甚深，生活习惯等，可说是理学影响之结晶，且许多美德，如安贫守分等，皆可视为理学影响之表现。但这些美德，仅能应付贫困生活而已。若要推进产业革命，其精神动力必另有所加。倘若所加者为与宋明理学相类似之物，或竟为纯粹之理学，则产业革命之大轮，固仍推不动。尤其是青年人若羡理学之美称，相率埋头于故纸堆中，薄科学而不屑深究，则结果之恶，将非发皇理学者所可逆料。

要推进产业革命，除了思想上要适应外，还有个人才问题。“人才之培植，自始至终，为推进产业革命之一要件。”周谷城指出，中国积极培植新式人才，自废除科举制度以后，至今日，也已数十年了，人才也培养了不少，但实际作用却并不显著。“盖以时当草创，人未能尽其材，材未能尽其用，而浪费者太多也。自今以往，为应付急需起见，广派留学，尤为刻不容缓之图。”派人留学对中国实现现代化是有益的。

说到“现代化”，周谷城认为，思想未能现代化之人，生活未能现代化之人，皆不足以语此。思想以及生活习惯之现代化，在经济先进诸国，是随产业革命俱进的。今日在落后的中国，为欲迎头赶上他人之步伐，必先培养思想及生活习惯彻底现代化之人，以推进产业革命。否则，是难而又难之事。诚然，培养新式人才的办法较多，学校训练、言论鼓吹等都起作用，然最显著者，或收效最大者，远不如身居国外，所受物质环境刺激之深且显著。身居外国，为时纵短，然所经历者为已经现代化之环境，因之思想态度，生活习惯，可以改造于无形之中。归国以后，能否完全担当推进产业革命之重任，换言之，能否使中国日趋于现代化，固未可断言，但留学者对于现代化之分野，了解必较他人为深。何者为现代化，何者非现代化，他取何态度，是较清楚的。

推进产业革命的思想亦已深入人心，人才具备，是否说就可搞现代化呢？周谷城认为，条件尚不完备。还有一不可缺少之要件，即组织。如何理解“组织”的要义呢？中国并非完全无组织，如木工有会，铁工有会，游戏娱乐，由会主之，议事决策，由会主之等，这都证明中国社会有组织的存在，然这些组织并不能适应现代化。周谷城指出，他所言之应付现代化之组织，或说推进产业革命之组织，与国人所常提及者不同：一、非每一工厂或每一产业单位自身之组织；二、亦非召集众人，以纪律相绳之团体组织。他所言之“组织”实与英国罗素的“科学的组织”意义相当。其中要义为社会各部之“相需”。经济与政治，彼此相需，经济政治与学术文化，彼此又复相需。“相需”，即社会每一部分之所为，常为他一部分之所需要，于是，社会各部分都有存在之必要。若相需之义失，则每一部分之所作为，不知如何应付他部分之需要。于是，社会各部分，对社会全体而言，均成无用之物，各部分无活动目标，则社会全体即呈现混沌而无秩序之状。换言之，即社会无组织也。

周谷城认为中国近数十年来，推行新政不为不力，经济界有新组织，政府中有新机构，教育界有新设施。现代国家所有的组织，我国亦大体具备。然而从实际意义上来说，中国社会并无强有力的推进产业革命的组织。社会各部分之所作所为，彼此之间，并未具备相需之义。“产业界之所需求，政府未能为之立办，最近过去之苛捐杂税，其一端也；教育界所培植之专门人才，整个社会以产业未充分发达之故，或竟无处收容，任其闲散，此又一端也；产业界，经济界之潜在要求，为崭新而具现代型之社会生活，然思想界、文化界或不足以语此，而执旧日之思想习惯以打击之，此又一端也。社会中之部门或要素，虽已渐具新型，而相需之义未明，终至各部自身之效用不彰，社会亦停滞于无组织之境。”②

周谷城指出当时中国社会虽有组织，或说有各部门，然组织间、各部门间却无相需之义。所谓无相需之义，即各部门彼此不配合。倘若趋于完全配合，这对推进产业革命有利。也只有各部门之间的完全配合，才谈得上有相需之义，或说存在“科学的组织”。

第三，劳动对推动中国产业革命起了极为有力的作用。

如前所述，组织、人才、思想等固皆所以推动产业革命，“然直接推动之力之大，莫过于劳动。”周谷城认为他所说的“劳动”可从两方面来理解其含义：一则从国民之构成言，另一则从劳动问题言。中国要发展产业，推进产业革命，实现孙中山先生之民生主义，不可不高度重视“劳动问题”。

在资本主义国家，资本家视劳动者与机器、原料、土地等无异，皆为资本表现之物，并借以牟利。而我们则不然。我们视劳动者为构成国民之要素。因此，如何改善劳动人口之生活，如何降低劳动人口之死亡率，如何提高劳动人口之智识水准，如何消除劳动人口愚昧无知之状等问题，在产业革命进展之时，我们不能不重视它们。就国民之构成要素而言，劳动者之生产，一方面固所以为国，另一方面则应保证其为健全之国民。若国民健全，则更足以担当建国之任。

第四，加速资本的积累，在不损害国家主权的条件下，亦可举外债来发展生产事业。

周谷城认为，资本问题也是推进产业革命进程的一个重要问题。资本之表象，可以为货币。而其实质，则机器、原料、工资、房屋乃至土地之所宜，矿山之所出，等等都是货币的物资表现。如何来筹集资本，发展产业，今人对此看法不一，或云举内债，或云举外债。对举债一事如何看待呢？周谷城指出，“举债之义，不过将明日可供吾人使用之物资，提于今日使用而已，债之机能，仅在将未来之使用价值移充现在之使用价值。”无论是举内债，还是举外债，都要就当时产业发展与本国的实际情形来确定，若草率从之，则举内、外债都不妥当。特别是举外债，若有损主权，则是无益于产业的“繁荣”的。

从上可见，周谷城论中国现代化的问题即有学术价值，更有现实的意义。

三、为"中国的民主政治建设"呐喊

从1943年底开始，中国抗战的形势日趋好转。形势越来越有利于中国而不利于日本侵略者。至1944年初，第二次世界大战即将结束，世界反法西斯战争行将胜利，世界政治将倾向于民主政治。对当时的国际态势作怎样的分析，抗战胜利后的中国究竟向何处去？对这些重大问题，中国共产党人发表了一系列的文告、谈话，明确表明自己的态度。1944年3月，中共中央发表《关于宪政问题的指示》，指出国民党应当允许人民充分讨论民主宪政问题，对人民不能有种种限制。为此，中共中央决定参加并领导国统区的民主宪政运动，以便吸引一切可能的民主分子到自己周围，达到战胜日寇，建立民主国家之目的。5月，中共代表林伯渠、王若飞和国民党代表专就实现国内的民主政治问题进行了谈判。9月，国民参政会三届三次会议在重庆召开。这次会议的中心议题是国内的民主宪政与经济建设问题。15日，中共参政员代表林伯渠代表中共中央提出，"挽救目前抗战危机准备反攻的急救办法，必须对政府的机构、人事政策来一个改弦更张，希望立即结束国民党一党统治的局面，由国民党召集各党派、各抗日部队、各地方政府，各人民团体的代表，开国是会议，组织各抗日党派联合政府，一新天下耳目，振奋全国人心，鼓励前方士气。只有这样加强全国团结，集中全国人才，集中全国力量，才能和盟军一起反攻，打垮日寇。"③对世界政治将让位于民主政治的趋向，周谷城表示了极大的关注；对中国共产党人提出的结束国民党一党专政，实现国内的和平民主；成立民主联合政府的主张，他深表赞同。当林伯渠在参政会上提出中国共产党的政治主张后，他和陶行知等人联合发表宣言，拥护联合政府的主张。为了能在兴起的国统区的民主运动中尽一份力，给人民以精神上的鼓励与思想上的启迪，从1944年1月起至1945年8月毛泽东赴重庆和谈前后止，周谷城还在《东方杂志》、《宪政月刊》、《民主世界》、《中华论坛》等杂志上发表了一系列关于民主政治的政论文章，其中颇具影响的有：《世界民主政治之倾向与中国民主政治之创造》、《复兴民族之民主政治论》、《论世界民主政治之最后胜利》、《论民主政治之建立与官僚主义之肃清》、《英国民主政治之发展》、《辟几种有碍民主的言论》、《论民主趋势之不可抗拒》等文章。仔细分析周谷城的这些文章，可以了解到他对以下几个关于民主政治的问题作了较为深刻的阐述：

第一，关于世界民主政治的演进与世界大战的起因。

周谷城首先从西方历史谈到了世界民主政治的发端问题。

他认为古代地中海沿岸之民族，如非洲北部之迦太基人、小亚细亚之克尔特人，他们生活在由氏族联合而组成的部族里，过着群居生活。其最高权力机关为部族评议会，它的代表，则由各氏族之族众选举而来，这可视为世界民主政治之发端。由此发展，后来出现了中世纪的城市民主共和制，但其政治势力仅及于市民。然而到近代则不同了。近世之民主政治制度，其政治势力，却扩大及全国。“民主国家之民主政治，无论其掌握政权之人为属于某一阶级，抑属于全国人民，其政治势力，固以能及全国为目的者也。”

当然，近世之民主政治的产生并不是偶然的，它的产生、发展有一演进的过程。周谷城指出，近世之民主政治，是继十六七世纪绝对君主制而兴起的。那么，由绝对君主制进入民主政治，其中有一过渡形式，即有限君主制。有限君主制较绝对君主制而言，是进了一步，然较民主政治，则落后一步。此一过渡形式，似曾普遍流行，然成功者，仅英国一国。英国白1689年革命以后，即行有限君主政治，行之既久，人民之政治权力，乃越扩越大，越增越多。直至民主政治大功告成，英皇犹拥虚位，以君临其国，这是有限君主制成功之明显例证。法国自1789年大革命爆发之后，1791年亦曾实行有限君主制，然成效未著，纷乱随之，历时80多年，近世民主政治，才得以确立。就中国而言，在辛亥革命之先，亦有一部分进步官僚、进步地主，拥满清贵族，试行新政。就当时的情形来说，似乎也要采用有限君主制。然以民主潮流已至，有限君主制乃毫无结果而告终。这种过渡之制，最后徘徊于新旧势力之间，一方面以旧势力日渐凋残，另一方面又以新势力有增无减，终不能不归于消灭也。总的来说，民主政治，自各国产业革命以后，至第一次世界大战之前后，陆续兴起，已成为政治上唯一不可抗拒之潮流：英国固早已由有限君主制进入民主制；美国自1776年7月4日发布独立宣言以后，民主政治逐渐完成；法国继美国独立革命之后，爆发反对专制之革命，历时80多年，民主政治亦已确立；至于苏联则后来者居上，自1917年以后，采行社会主义，其政治已成为今日社会主义民主政治之唯一典型；即使像德意两国，在第一次世界大战前后，亦已踏上民主政治之坦途，俨然以民主国家自称。可见，“世界民主政治之趋势，当然更为不可抗拒。”

对近世民主政治的演进作简要的分析后，周谷城提出了下列问题：既然世界上诸大国都先后走上民主政治之坦途，照理说，世界政治“宜若可以平流顺进，而入民主大同之境”。然今日却反民主的逆流忽起，全世界竟陷入苦战之中。引起世界大战的原因何在呢？对此，周谷城作了明确的论断：是经济方面之不民主所产生之恶果所促成的。他分析说：“经济方面之不民主，最大之特征，厥为生产手段被少数人或资本家所独占，而劳动者皆成无产之人。此种不民主之恶果，即为经济恐慌[④]。”这种经济恐慌是怎样产生的呢？资本家恃其握有生产手段，为欲无限增加利润，常将已得之利润，重新投入生产过程，以扩大资本，从而扩大生产。生产既已扩大，产品随之增加。产品虽无限增加，但社会一般购买能力有限。无产劳动者，几乎全无购买力之可言。于是，供过于求，物价低落，造成所谓经济恐慌。1929—1933年之世界经济大恐慌，即可视为恐慌自身演化至最高程度之表现，初有美国金融界之恐慌，影响所及，随即扩大到一切生产部门。恐慌之洪流，亦随即流入世界各大国。1933年，世界失业人口，总数达到3000多万。失业人口之众多，这是各国政府最不易解决之难题。第二次世界大战的发生，可视为德意日等国对此难题解决方法错误所酿成。

周谷城作出上述结论后，他接着深入分析到，对于经济不民主所产生之恶果的解决方法大致有以下三种：一是建立经济的民主，使与政治的民主平行；二是改善经济方面之不民主，使不与政治方面之民主相去太远；三是维持经济方面之不民主，并政治方面已有之民主种子，亦予毁灭无余。这三种办法都可找到例证。苏联自1917年革命以后，稍经困厄，即继之以新经济政策。新经济政策行之不久，又继之以几个五年计划，经济的民主乃大告成功。当1929至

1933年世界经济恐慌时代，各国为空前未有之经济恐慌所袭，困苦不堪之时，苏联则能立于旋涡之外，未受影响。且五年计划，步步成功。“建立经济的民主，使与政治的民主平行，经济的民主既行，政治的民主乃更接近于人类理想，此苏联对付经济的不民主之恶果所发之成功也。”⑤可见，周谷城对苏联解决经济恐慌之办法是充满敬佩之意的。

第二，世界民主政治之倾向是不可逆转的。

周谷城指出，世界民主政治之倾向，可拿目前进行的反法西斯战争来证实它。这次的世界大战，就政治方面的意义而言，实际上是民主势力对付反民主势力的大战。在军阀统治的日本、在纳粹统治的德国、在法西斯统治的意大利，当然没有民主可言。且日本军阀、希特勒及其党徒、墨索里尼及其党徒，不独毁灭其本国的民主，使其国内无辜人民无所申诉，而且要将他们那种野蛮的统治，扩大到全世界，毁灭全世界的民主，使全世界的人民都做他们的奴隶。

由上可知，法西斯就是要毁灭全世界的民主。而同盟国的抗击法西斯就具有保卫世界民主的政治意义。具体言之，可从以下方面来理解：首先，同盟国的抗战在保卫各自的民主。如中、美、英、苏四强是抵抗轴心侵略的主力，皆为民主国家，其作战的政治意义便在保卫各自的民主。其次，消灭法西斯轴心诸国的野蛮统治，扶植各国内被压迫人民的民主势力。中、美、英、苏四强宣言中，即明言：法西斯及其一切恶势力与野心等，务必完全摧毁，于意大利人民，务必予以任何机会，俾能依照民主的原则，建立政府及其他的组织，言论的自由、宗教信仰的自由、政治信仰的自由等。就此可见，同盟国的作战，不独在消灭侵略国的野蛮统治而已，而且要扶植各该国内被压迫人民的民主势力，使其建立民主政治。再次，则为更进一步建立国际的民主机构，这可以说是同盟国作战的最高政治理想。最后，这场抗战使各国政府深知必须依据一切爱好和平国家主权平等的原则，及早建立一种国际组织，为维持国际和平与安全计，一切大大小小爱好和平的国家，都可以参加这个组织。总之，同盟诸国的作战，不独在保卫自己的民主而已，不独在扶植侵略国内部被压迫人民的民主势力而已，而且要进一步建立一般的国际民主机构，或民主的国防机构。反法西斯战争正在使世界朝着民主政治之方向迈进，这种势头不可抗拒，无可逆转。

第三，中国应担负起实现国内民主政治与促进世界民主政治之倾向发展的责任。

周谷城认为，保卫自己的民主，扶植被压迫人民的民主，建立国际的民主，可统称为世界民主政治的倾向。在这个总倾向之中，中国的责任较英、美、苏诸盟友的责任要大一倍。之所以如此，因为英、美、苏诸国自己的民主政治，虽不能说达到了绝对理想之境，但都有大的成功：英国自1689年光荣革命成功以后，民主政治逐渐发展，到1918年颁布《国民参政法》以后，更见成功；美国自独立以后，1787年颁布《美利坚合众国宪法》，民主政治早已名实具备；苏联更是后来居上，1936年第八次全国苏维埃非常代表大会通过苏联新宪法以后，几已成了世界民主国的“最新楷模”。因此，各国对内的政治建设工作，较为轻松，可多致力于国际的政治建设。至于中国自己的民主政治，经过过去数十年的创造，虽大具成效，但大功告成，仍需要国人最大的努力。“因此之故，中国于负起国际政治建设的责任之时，对内的政治建设仍丝毫不能放松。所谓中国的责任要大一倍，即是指此。”

周谷城指出，我们应当看到本国建设民主政治责任的重大和光荣。因为我们自己的民主政治建设，尚得完成，而又欲负起国际民主政治建设的责任。这一事实，就好像少年骑脚踏车，自己尚不十分会骑，然已负起责任，教人骑脚踏车。任务艰巨，责任重大，但也值得我们引以自慰。因为，“我们之能与盟友共同负责建立世界民主政治，是长期浴血抗战所换来的光荣责任。我们如不抗战，则今日正在展开的国际民主政治的建设工作，固无由参加，自己的民主政治，更以野蛮的侵略势力袭来，亦永无抬头之日。故抗战的功绩，实是我们对自己、对世界建立民主政治的一个始基。依据这一始基，我们才能谈国内的民主政治之创造与国际的民主政治之建设。”⑥

第四，指出专制政治是建设民主政治之最大障碍。

周谷城指出，专制政治对建设民主政治危害极大。可以说专制政治是一大障碍物。有如人生活而遇障碍，有如河水之不得顺进而横流。“专制政治，窒息人生之活力者也。”⑦专制政治之成功，实为民族活力之失败。因专制政治驱人民于政治生活范围之外，为逸民，为流寇，或纳人民于政治生活范围之内，为奴隶、为愚夫，这都不利于发挥民族之活力。“民族活力之发挥，固有赖于生产方法之改进，固有赖于教育效用之完成，然政治作用，实亦直接而深宏者。况生计与教育，又皆直接或间接依政治为转移乎？政治而能发挥民族活力者，厥为民主政治。”⑧

专制政治窒息人生之活力，而民主政治却能发挥民族之活力。之所以如此，因民主政治，首要之图，在尊重国民之人格。简言之，即视人如己。若“执政之人，而能视人如己，不以奴隶视他人，则最足以增进国民之活力者。国民而得被人重视为有人格之完人，则其为民族国家效力也。若为自己效力然，能自觉而负责。集自觉而负责之个人，以成民族国家之全体，则其生存之力之大，必远较奴隶似之国民全体为有加。”

周谷城认为，人格既立，责任就随之。这看起来好像民主政治之麻烦，实则为民主政治之收获也。因为它对复兴民族之民主政治是很有好处的。“执政之人，以责任分诸国民，则国民即成国家之人矣。民主政治，固首重国民之人格者，自始即视国民为国家之主人，故在民主政治之下，国民之责任为不可逃。以有人格之人，负不逃之责，民族之活力，乃得大张。今日正复兴民族之时期，复兴民族之大业，首在发挥民族之活力，要发挥民族之活力，则必图国民先有人格，以负不逃之责任。”

周谷城接着谴责到：长期之专制政治，已将民族之活力摧毁无余。全国国民，虽各具形骸，然大多数皆心若死灰，形同槁木，驱之当兵则当兵，强之纳税则纳税。当兵纳税，虽为国民分内之事，然在专制时代，国民亦无分可言。显而易见，这里，周谷城对蒋介石在抗战后期坚持实行国民党的一党专制政治进行了严厉的抨击。这种专制政治就是“窒息人生的活力”，阻碍民族民主政治之复兴。

第五，论述全体国民要为复兴民族的民主政治而努力。

抗战即将胜利，而日寇却垂死挣扎，蒋介石仍坚持执行一党专制的统治。针对这种情况，周谷城指出要挽救民族危亡，夺取抗战的最后胜利，必须“实行政治之革新及民主化”，即要复兴民族的民主政治。

他认为在政府所有对日的对策中，民生主义的民主政治之理想，还是最要紧的。换言之，政治民主化，仍是最主要的对策。他指出，纳粹德国常以最后武器恫吓同盟国，我们是抵抗侵略的国家，我们的最后武器，还没有拿出来，也许不必拿出来。但我们有一个武器是必须拿出来的，这就是政治民主化。政治民主化，不是我们最后的武器，而是我们最初要用的武器，即最基本的武器。凭这武器，我们发动一切力量，集中一切力量，并善于运用，使倾注于军事制胜一途。

周谷城还认为在抗战的最后关头，军事与政治的密切关系不可不弄清楚。在寇深事急、军事吃紧的时候，二者关系问题，最易被人忽视。其实军事与政治是分不开的，要军事上有迅速制胜的办法，必须军事以外的一切都有办法，要军事以外的一切都有办法，必须政治上有大革新，依照孙中山先生所创民生主义的民主政治之理想，实行政治民主化。他打比喻说：政治有如工厂里的发动机，军事活动有如工作机，其他一切，介于政治与军事之间，有如发动机与工作机之间的传导机，是用来传导动力于工作机，使工作机发生效用。在敌人加紧进犯的时候，我们断不能撇开政治不谈，而仅着眼于军事的一面，我们更不能认政治与军事为截然可分的两途，甚至以政治的革新及民主化，为不切事情，为于军事无补。要知道，政治的革新及民主化，实是直接或间接推动军事的。军事力量，实建基于全国一切力量上，全国一切力量之发动、集中及善于运用，实际上直接影响着军事。但是发动、集中全国一切力量，且善用之，是一政治问题。我们今日如果认定我们的军事力量已用到了尽头，那便是认定军事所基的全国一切力量都用到了尽头，更是认定我们的政治效用发挥到了最大限度，而无丝毫可以改善之余地。然事实上却并非如此。因此，“我们如果只知有政治，不知其他，固属错误，但如果事急寇深之时，只向军事本身上苛求，而不能使军事所基的条件，一一实现，也一样是错误。军事的吃紧，最易使人只知有军事，而忽略军事之所基，而忽略政治，或竟认政治之革新及民主化为与作战无关。其实政治之革新及民主化，正所以增强军事实力，以打击敌人，消灭敌人的侵略核心，以争取我们的最后胜利者。”⑨

弄清了军事与政治的关系，尤其是革新政治与实现民主化的重要性，周谷城又提出了这样的问题：一是中国民主政治的创造，现在究竟已达什么阶段？

二是如何实现中国的民主政治，或复兴民族的民主政治？关于第一个问题，周谷城对中国过去数十年政治演变的大势作了回顾，他总结说，过去数十年政治的演变，就民主政治的创造而言，至少产生了两大结果：一曰障碍民主的旧势力渐告肃清，二曰拥护民主的新势力之日臻强大。可以看到这样的事实，至1927年北伐完成之时，“一方面旧势力就衰，另一方面新势力涨大；一方面障碍民主的势力没落，另一方面拥护民主的势力健全，直到今日，民主势力已屹立若泰山之不可动摇”[10]。

照此看来，中国民主政治之创造，已成不可抗拒之势，已至“水到渠成”之日。周谷城告诫国人，倘若再进一步，完成两事，中国即可成为崭新的民主国家。哪两事呢？一曰完成民主组织，二曰贯彻民主精神。就组织而言，政府官员由民选出，依从民意，执行人民大家的事，这就是民主政治。他还借用孙中山先生所用的比喻，指出政府以内之官员，与政府以外之人民，其关系有如开汽车者与坐汽车者。开汽车者有能而无权，坐汽车者有权而无能。政府之必须听取民意，一若开汽车之雇员必须服从坐汽车之主人。“听取”二字，就是民主精神。孙中山先生所用之比喻，的确简明扼要，人人可知。当然，政府固须听取民意，才算是贯彻了民主精神，但人民如要贯彻民主精神，首须表示意见。人民如无意见表示，政府虽要听取民意，以实行民治，亦不可能。周谷城相信，只要及早完成民主组织，贯彻民主精神，中国即可成为伟大之新民主国家。

四、“中国史学史”论析

在着力呼吁中国民主政治建设的同时，周谷城继续他的学术问题研究。1944年，他在《复旦学报》上发表《中国史学之进化》一文，这是一篇专论史学史的著作。这篇文章和他写的《历史与人生》等其他论文，后来汇集成册，仍取名为《中国史学之进化》，1947年，由生活书店出版发行。读读周谷城的这本专论史学史的著作，可以知晓他在史学史理论的研究与探讨中，独立深思，有他的颇具新意的独到见解，这对我们从事史学史的教学与研究不无启迪。

《中国史学之进化》一书共分以下部分：一、历史与史学之别；二、起于实用的记录；三、道德文学与史书；四、由史书进到史学；五、史学的独立发展；六、创造中的新史学。从6个部分的内容来看，相互之间有着内在的联系，并充满辩证的观点，且由以上部分所构成的专论史学史的基本体系也是比较严谨与完善的。这篇史学史专著主要论述了以下几个问题：

（一）历史与史学的区别，史学由记录而到史学的独立发展过程

周谷城首先就历史与史学的区别作了专题探讨，指出“历史为人类过去的活动，属于生活的范围；史学为研究这种活动的结果，属于知识的范围。”历史既属生活范围，故系独立自存；史学既属知识范围，则依循历史而起。有历史而无史学，事属寻常，正如有植物而无植物学，有动物而无动物学，有矿物而无矿物学，等等，同属寻常之事。但如果说有史学而无历史，或史学不是依循历史而兴起，则为自相矛盾而不可思议的奇谈。虽然历史与史学有这种区别，二者截然不可混同，但过去治史者并不完全知道它们之间的区别以及各自内容所属的范围。例如培根就常以历史与哲学科学等并列，这样，历史一词，当然代表知识范围内的事情，而非代表生活范围内的事情。又如叔本华论历史，则常以历史与艺术生活相提并论，其所论者，实属于生活范围，而非知识范围。既然如此，我们今日治史，对于历史与史学所涉及的两个不同的范围，务必划分清楚，否则治史的目标最易流于歧误或暧昧不明。历史已成过去之史实，其实在情形如何，亟待阐明或解释，而史学尚在创造中，所见之成绩，仅有若干未具系统的史书。治史者必须清楚：“治史的唯一目标，在阐明历史，或阐明人类过去的活动，断不能故步自封于未具系统的史书。”过去治史的人，忽视这点，常以熟读史书或考证史书，为等于阐明历史。其实不然。阐明历史，固不能不熟读史书或考证史书，而熟读史书或考证史书，则未必等于阐明历史。应当说，阐明历史为一事，考证史书或熟读史书，为又一事。阐明历史为目的，考证史书或熟读史书为手段。在史学尚未臻于完全成熟的今日，倘历史与史学的界限划不清，最易误认手段为目的，而以熟读若干史书或考证若干史书为等于阐明历史，这便是治史目标的歧误。

至于说到史学的产生与发展，周谷城认为史学经过了从记录到史学的独立发展过程。他指出：介于历史与史学之间者为记录，记录的后面为历史，记录的前面为史学，“史学的发展生长，记录实为第一步工夫。”中国古代记录的产生，完全由于实用上的需要，这与其他自然科学发展的途径正相同。未有几何学之先，已有测地术；未有天文学之先，已有观星术；未有物理学之先，已有建筑术；未有化学之先，已有冶金术；未有医学之先，已有诊断术。史学亦然，当其未及成科而具系统之先，记录之术，则早已出现。史之一字，其根本意义，即为记录。

（二）由史书到史学的产生与进步

由于文化日益进步，成书稍易，诸书乃逐渐出现，诸书既出，史书随之。周谷城认为周汉之间，即春秋战国秦西汉这一段，约800年，史书陆续出现，而其中以孔子所作《春秋》和司马迁所作《史记》为重要的代表。二书影响甚大。《春秋》为后世所谓编年体史书之祖，《史记》为后世所谓纪传体史书之祖。然这两本代表作，亦非单纯的史书，《春秋》系与道德教训或政治主张相混同者，《史记》则俨然与传记文学结有不解之缘。何以见得呢？拟分述之：

孔子所作的《春秋》，实为鲁国一国的史书。其编次的方法，系依鲁国最高统治者在位之年相续编次，计自鲁隐公元年至哀公14年，共12公，凡242年之事。孔子的《春秋》既出，解释《春秋》经文的传亦随之而起，有《公羊传》《穀梁传》《左氏传》，等等。当然，必须明确：“左氏是史学，公谷是经学。”公、谷偏重《春秋》的义理，左氏偏重春秋的史事。事与史，属于史书的范围；义或经，则属道德教训，或政治主张的范围。因此之故，我们自始可以即认《春秋》非单纯的史书，而系与道德教训等相混同。

《春秋》与道德混一，说到《史记》，则可说其与文学混一。《史记》全书，上起黄帝，下迄汉武。共130篇，分为5类，计本纪12，世家30，列传70，表10，书8，为中国规模宏大的诸史书中之首先出现者。“本纪纪年，世家传代，表以正历，书以类事，传以著人。”[11]著人之传，完全为纪传文学之文。130篇中，列传占篇70，超出50%以上，故史纪实为文学与史书混一之作。况本纪与世家，亦以人物为中心，与列传相去并不甚远。诸家评论，亦不忽视其文学方面的优点。周谷城引裴骃《史记集解》序云：“刘向杨雄，博极群书，皆称迁有良史之才，服其善序事理；辩而不华，质而不俚；其文直，其事核；不虚美，不隐恶。”辩而不华，质而不俚，尚只是就文学的形式方面言，若各传的描写人物，生动具体，实传纪文学的最优美者。

《史记》以后，东汉明帝之时，有班固写作的《汉书》。《汉书》开了断代史书之先例。不过，“其著作体裁，仿司马氏。”即仍为纪传体史书。自东汉至于唐末，为时近一千年，其间重要史书，多为纪传体，如宋范晔的《后汉书》、晋陈寿的《三国志》、唐房玄龄等的《晋书》、梁沈约的《宋书》、梁萧子显的《南齐书》、唐姚思廉等的《梁书》及《陈书》、唐李延寿的《南史》、唐李百药的《北齐书》、唐令狐德棻的《周书》、唐李延寿的《北史》、唐魏征的《隋书》，等等，都是纪传体史书。由于“依史汉为标准的纪传体史书既已盛行，于是依春秋为标准的编年体史书几乎被其压倒”。

不过主动之下，常有反动。当纪传体盛行之日，亦即编年体活跃之时。因为纪传体史书与传记文学混而不分，描写人物，过于烦琐，因而史书的效用，几乎为文学的效用所遮，“所谓于文为烦，颇难周览是也。”于是东汉末年以后，编年体史书，复盛行于一时。汉纪即是当时一部甚为优秀的编年体史书。此后的《晋纪》，晋人于宝所著，还有裴子野的《宋略》、王劭的《齐志》，等等，都为编年体史书。纪传、编年两体史书发展之日，亦正是史学渐趋独立之时。由史书进到史学，正是这时的主要特征。周谷城指出这一特征的表现，有两事最足以引起我们的注意，一则刘歆对于史事的假托，二则王充对于史事的批评。“假托史事者，欲利用往事，以贯彻自己的主张；批评史事者，则欲肃清虚说，以明史书的进步。两种精神之相反，正学术上的一转机。”⑫

当然，史学的进步，固有赖于批评，但汉唐之间史学进步的表征，周谷城认为这主要表现在史料分类法的演进。史料最初与其他书籍混同，刘歆分群书为六略时，即以史书入于六艺略中的春秋类，史书固无独立地位。迨晋荀勖分群书为甲乙丙丁四部，始以史书为独立的一部门，史记为乙部。至唐杜佑作《通典》，其分史料之类，则较为合理，且有理论为依据。“《通典》对于史料之分类，颇采管仲仓廪实知礼节，衣食足知荣辱，及孔子既寓而教之旨，以为原则，俨若今之唯物史观然。”

杜佑的《通典》，虽有较为合理的处置史料的方法，但它并非完全脱离史事，专言方法。只有刘知几的《史通》，则专言处置史料的方法，与史事完全分开，属纯粹的史学方法论。如他对于史书的体裁，主张一日兼重纪传与编年二体。二日表志之外，主张更立“书”之一门，以收古人言论，不使言论杂于史事之中。三日表志。本身亦主变更旧制，表这一门，除年表外，其他皆不必保存；志一门，主张增设都邑氏族方物三志，废去天文二志。关于史书的编著，刘知几亦提出自己的主张：一曰史贵直书，“良史以实录直书为贵。”二曰不必有论赞。编著史书，旨在阐明历史，殊无所取乎沦赞。周谷城认为此点乃“卓见”也。三曰文章的烦省不拘，一以叙明史事为主。四曰著作史书，应用当代语言。凡此正纯粹史学所不可忽视也。不过，刘知几由于为时代所限，故关于著作史书的目的，仍未能跳出道德教训的固有范围，其主张，仍为“申劝诫”一类的陈说。

（三）整理史料与史学的独立发展

宋元明清时代，是史学独立发展的时代。①这一段史学发展的大概情形如何，史学的独立发展有何特征呢？

其一史学独立发展的大致情形。周谷城认为从北宋初至清乾嘉时，约800年间，史学得到了独立的发展，这是显明而毋庸置疑的事实。这一时期，纪传体一类的史书，愈演愈趋于庸俗，且书皆官撰，著作等于奉公，更不足以言进步。在这个时期中，有一空前巨著，即司马光的《资治通鉴》。此书面世正值宋神宗熙宁新党得势之时，历时凡19年，所采参考资料，正史之外，杂史至322种。对于此书的批评，凡有种种，关于其述事者，一曰渊博。四库简明目录谓其“淹通贯串，为史家绝作；朱子欲修纲目以掩之，迄不能掩。”二曰质实。凡稍涉奇异之事，概弃不录。而《资治通鉴》表中自谓其书足以“监前世之兴衰，考当今之得失，嘉善矜恶，取是舍非，足以懋稽古之盛德，跻无前之至治。”通鉴以后，又有宋刘恕的《通鉴外纪》、宋李焘的《续资治通鉴长编》、宋金履祥的《通鉴前编》、元陈桱的《通鉴续编》、清徐乾学的《资治通鉴后编》，等等，皆依司马氏的著作为中心，而为增补接续的工作，无一能出司马氏之右者。史学由史书进到独立发展的时代，还有一重要新体例之史书需提及，这就是通鉴纪事本末体的创立。继司马光《资治通鉴》以后，袁枢作《通鉴纪事本末》。其著书之动机，在嫌纪传与编年两体之失，欲纠偏，乃创纪事本末体例。他所编史书以事为叙述的中心，“每事各详起讫，自为标题；每编各编年月，自为首尾。”[13]这与一事复见于数篇的纪传体异，与一事分记于数卷的编年体亦异。由于《通鉴纪事本末》一书，一方面固足以纠纪传编年两体之失，而愈近于有科学意义的著作，另一方面则创立前此所无的新体，而为后世的楷模。因此之故，依本末体而兴之其他著作，乃陆续出现。当时就有高士奇的《左传纪事本末》等9种书，共658卷，数量蔚为可观。

讲到史学独立发展的时代，周谷城提到与袁枢《通鉴纪事本末》同时代者，还有郑樵的《通志》值得重视。《通志》凡200卷，可分为三类：一曰通史的部分。如《通志》中的帝纪18卷、皇后列传2卷、年谱4卷、列传125卷。二曰专史的部分。《通志》中有略50卷，除校仇图谱两略外，余48略，如天文、地理、礼、乐、职官、食货、艺文等概为专科史。三日纯粹史学的部分。校仇略、图普略均属于此一部分者。“通史，专史与纯粹史学三者，郑氏之书兼而有之，此在中国史学发展的过程中，实为少见者。”可见，郑樵的《通志》在中国史学史上是占有较重要的地位的。

至于说到专史之书，元马端临的《文献通考》为最著名。“我们今日而欲研究旧制，此书实为最精详而可用者。其述事则利用经史，事实的意义，则取历代奏疏评议等以明之，其有不明者，则更附自己的意见，以为论断。”《文献通考》的史学价值是极高的。马端临之后，专门学术之作，则以黄宗羲的《明儒学案》为开山祖宗。后又有黄氏弟子全祖望又续成《宋元学案》。两书的长处，均在选录原文，极为精审，读者可借此以窥见各家学说的真精神。

专门学术史著作之外，则以章实斋的《文史通义》等为纯粹史学的巨著。周谷城认为“章氏的学说，博大精深。”一曰扩大了史料的范围。自经史子集分为甲乙丙丁四部之后，学者只知史与史学有关，为必须研究的书籍；若经、子、集三者，则多认为与史学无关，章氏之见，与此不同，认为经子集皆为史，意即皆为史料也。二曰说明史书的进化。自《尚书》以下，至《通鉴纪事本末》，其间各体史书演变之迹，一一指明，并显示其进化的趋势。三曰分别著作的性质。历来著作，有仅将材料编次成书者，有对材料加以考索者，有能发表独立的判断者，然三者实相伴而不可分。周谷城指出，《文史通义》中上述三个要点，“与我们今日的意见，几乎全同，我们今日亦欲扩大史料范围，认一切著作或一切典籍，皆有史料价值；我们今日亦于比较各体史书之后，发见纪事本末为近乎科学的史书；我们今日亦认独断之学与考索之功彼此相需，且皆依比次之书以为原料。”以上所述内容，大概就为史学独立发展阶段的大致情形。

其二，即史学独立发展时期的特征。周谷城认为考证史料，整理史料乃独立发展时期的特征，这是“前此各期所无者”。

章实斋著《文史通义》，标志着纯粹史学的出现。此时亦正考证风气甚盛之时，经与史的考证，尤著成功。其在初期，以顾炎武、阎若璩、张尔岐、胡谓等为最著。乾嘉以后，分两派发展，一曰吴派，以吴之惠栋为首脑；二曰皖派，以皖之戴震为首脑。周谷城引章太炎言，“成学著系统者自乾隆朝始，一自吴，一自皖南。吴始惠栋，其学好博而尊闻；皖南始江永戴震，综形名，任裁断，此其所异也……凡戴学数家，分析条理，皆参密严瑮，上溯古义，而断以己之律令，与苏州诸家殊矣。”前言六经皆史，则考证经典，即无异于考证史料。

经典中固多史料，而史书中则史料尤多，故考证经典之风既开，影响乃及于史。此时期出现了泛考各史者，有王鸣盛之《十七史商榷》，钱大昕之《二十一史考异》，洪颐煊之《诸史考异》等。专考一史者，有惠栋之《后汉书补注》，梁玉绳之《史记志疑》，杭世骏之《三国志旁证》，等等。此外还有补作表者，如钱大昭之《后汉书补表》，周嘉献之《南北史表》、《三国纪年表》、《五代纪年表》，齐召南之《历代帝王年表》等等。补作志者，有洪亮吉的《三国疆域志》，倪灿的《宋史艺文志补》，钱大昕的补《元史艺文志》，等等。考证古史者，有陈逢衡的《逸周书补注》，洪亮吉的《国语注疏》，顾广圻的《国语札记》，等等。凡此皆以考证经典的方法考证史书，从而整理史料者也。考辨史实，整理史料，史著倍出，这不能不说是此时期史学独立发展的一特征。

那么，今日正在创造中的新史学，将如何成为纯粹科学？对此，周谷城认为有以下几方面是不容忽视的：

第一，应确认史学的对象。凡科学各有其一定的对象，生物学的对象曰生物，矿物学的对象曰矿物，史学亦然，其一定的对象曰历史。历史为人类过去的活动，包括人与自然的斗争，种族与种族的斗争；有阶级时，包括阶级与阶级的斗争。梁启超对于专史的对象，能明言之，而于通史的对象，则未能以一语道出。其实，积专史之和以为通史，无异于认通史的对象为不能独立自存。实则通史并非专史之和，其对象乃有客观独立的存在者。而过去的学者，不以客观独立存在的“历史”为“史学”的对象，常不惜寸寸断之，使各自成体，复于一切断体之中，摘取若干零件，嵌入自己的文章，以炫学问之博，以增文章之美，或又摘取若干零件，灌人他人的脑海，以博他人的信任，以坚自己的主张，凡此等等，皆与史学无关。“史学非不重视功用者，特其重视之道，与此截然不同，首在阐明历史的自身，或历史发展的必然趋势。整个的历史发展的必然趋势，如果得到阐明，则其为用，将较摘取零件之用高出万万。史学成立的经过，当在求真，其存在的理由，则为致用。求真以致用可，若欲致用而首先毁灭其真则大不可。”

第二，应稳定史学的地位。史学与其他科学相较，虽有不同，然非对立。不同者，谓史学与其他科学各有个性，未可强之使同；所谓不对立，则说史学与其他科学，同属科学范围，并非完全相反。梁启超认为史学与自然科学完全相反，此论实有商榷之必要。周谷城指出：一则自然科学，名称即已难定。自然科学与精神科学对立之称，为立言遣词的方便计，偶尔用之，未为不可，然欲严格分划，几乎为不可能。如心理学一科，往日为属于精神科学的范围，今则公认为属于自然科学的范围。又如数学一科，往日为属于自然科学的范围，今则以罗素的论断之高明，亦不能强将数学纳入精神科学或自然科学范围之内。故自然科学之名，纯依方便而设，非绝对正确而无误者。二则纵令其名可立，然科学的事项又非与梁启超所说完全相符。如历史学所处理的事项，如封建制度，如专制制度等，东方有，西方亦有，中国有，外国亦有，似又未可完全视为一度的，个性的。退一步说，史学所处理的事项，固绝对不能超越时空，但其他所谓自然科学的事项，亦均不能逃到时间空间关系之外。爱因斯坦的四度空间论，其明证也。“准此而谈，史学固与其他各学有别，但不能谓与其他科学性质相反而不相侔，且其他科学的进步，亦正史学本身所依以为进者。”

第三，要改进史学的方法。往日学者认为史学与其他科学相反，故其他科学所创的方法，史学不能利用之。其实，其他科学的新方法，无论为经济学或政治学所创获，抑或物理学或化学所创获，皆直接或间接，部分或全体，可为史学用。任何科学方法之用，在于分解该科对象的诸种因素，求出其间不可移易的关系或因果定律。史学方法之使用，亦是如此，亦在于分解其对象的诸种因素，求出其间不可移易的关系或因果定律。周谷城不同意梁启超视史学为神秘而不可方物之观点，他认为：“因果定律，固不易求，但非不能求者。”因此，周谷城提出，“我们所谓新史学，须首先确认史学的对象为客观独立的存在。此存在之体，虽与自然科学所处理的对象有别，然非完全相反而不相侔。历史上，或人类过去活动的诸因素间，或人与自然的斗争间，或种族与种族的斗争间，或阶级与阶级的斗争间，也都有因果定律可寻。”

周谷城对创造中的新史学提出的上述意见，就是在今天我们发展历史科学，发挥其特有的社会功能时亦不无指导的作用。

五、老友相逢

中国人民在以毛泽东为代表的中国共产党的领导下，坚持抗日方针，经过八年艰苦浴血奋战，终于打败了日本帝国主义，赢来了抗日战争的最后胜利。

抗战胜利后，蒋介石为了独占抗战胜利的果实，继续维持国民党的专制统治，阴谋发动内战，妄图用武力消灭共产党领导的人民革命力量。但是，由于解放区和人民武装力量的壮大，全国人民要求和平民主，反对内战的舆论压力，和当时的国际条件，不容许蒋介石轻易发动内战。而且，将介石要完成进攻解放区的内战部署，还需要时间。为此，蒋介石经过同美帝国主义的密谋策划，在积极准备内战的同时，还采取“和平谈判”的反革命两面手法，妄图在谈判桌上逼中共交出人民军队和解放区，吞掉人民革命力量，于是，靠反共起家的蒋介石，居然戴起了“和平”的假面具，在1945年8月14日到23日，一连三次电邀毛泽东到重庆“共同商讨国家大计”。

中国共产党是中国人民利益的代表者，为了尽可能争取人民所希望的和平、民主，也为了在争取和平斗争中揭露美蒋反动派的真面目，以利于团结和教育广大人民，决定派毛泽东、周恩来为代表，参加在重庆举行的国共谈判。

当时，周谷城正在重庆北碚的复旦大学任教授。对毛泽东来重庆谈判一事，国民党的报纸没露一点音信，唯有《大公报》有一个直排的通栏标题：“毛泽东先生来了！”周谷城看到这一消息，真是欣喜若狂，他随即跑到中苏文化协会秘书长张西曼处打听消息。张西曼告诉他，协会会长孙科要开茶会欢迎毛泽东，嘱他按时赴会。

周谷城猜想开会的时候要人一定很多，苏联人也不少，自己绝没有同毛泽东谈话的机会。于是他按照张西曼的办法，提前在会场入口处前几十步远的地方，等候老友的到来。过了一会儿，果然看到毛泽东精神抖擞、气宇轩昂地走过来了。只见他身着工人装蓝布衣服，头戴白色邮帽，手执卫生手杖。一见老友，周谷城急忙跑步上前，用双手紧紧握住毛泽东的手，顿时感到一股暖流涌遍全身。他看到毛泽东那诚挚而深情的目光，激动得说不出话来。还是毛泽东首先响亮地说：“您是周谷城先生吗？”周谷城连忙答道：“是的！”这时，毛泽东也十分激动，眼里噙着泪水，伸着手指说：“十八年了！”（表示两人分别已有十八年）周谷城也被感动得流出了眼泪，颤抖地说：“您从前胃出血的毛病好了没有？”毛泽东既严肃而又幽默地说：“我这个人啊！生得很贱，在家有饭吃，要生病，拿起枪来当‘土匪’，病就没有了。”[14]讲了这几句话后，他快步向会场走去。两天后，周谷城又约徐冰、翦伯赞、邓初民等十几人到张治中住宅同毛泽东晤面。周谷城等人没有多说话，毛泽东对他们讲了复员（由重庆搬回南京之意）的问题，说复员问题并不简单，大家要听话，听人民的话。听到这些话，周谷城等人深受鼓舞。与毛泽东握别后不久，周谷城即复员到上海，积极投身反对美蒋的斗争。

注释：

①《新中华》复刊第一卷，第九期。

②《新中华》复刊第一卷，第九期。

③ 郑德荣：《中闻革命纪事》，长春：东北师范大学出版社，1990年，第593页。

④《东方杂志》第40卷，第6号。

⑤《东方杂志》第40卷，第6号。

⑥《东方杂志》第40卷，第6号。

⑦《宪政月刊》第2号（1944年2月）。

⑧《宪政月刊》第2号（1944年2月）。

⑨《宪政月刊》（1945年1月）。

⑩《东方杂志》第40卷，第1号。

⑪ 郑樵：《通志·总序》。

⑫ 周谷城：《中周史学之进化》，上海：上海生活书店，1947年。

⑬《四库总目》。

⑭ 中共重庆市委党史工作委员会等编：《重庆谈判纪实》，重庆：重庆出版社，1983年，第457页。

第八章

迎接曙光

（1946—1949）

一、《世界通史》创新见

1946年暑假，周谷城从重庆复员回到上海，复旦大学也在江湾复校了。

回复旦后，周谷城最后教的是《世界通史》课。当时，复旦大学的文、理、法、商各学院都开设《世界通史》课，每周三小时，班大人多，每周要讲授十二节课。周谷城在讲课的同时，又考虑编写《世界通史》教材。

如何编法呢？他首先考虑的一个大问题，是怎样得出一个客观存在的统一整体。周谷城认为历史事实之存在，虽是客观的，但统一整体不易看出。这在一国是如此，在全世界更是如此，如要记录下来，写成有条理的系统的统一整体，或有机组织，好像是不可能的。因此，有关历史书，充其量只能是流水账式的纪实。如中国著名的《资治通鉴》，记述事实，把事实一件一件记在发生日里，把日又记在月里，把月又记在时或季节里，又把时或季节记在年里，这叫做以事系日，以日系月，以月系时，以时系年。时间的先后俨然同春秋一样，次序虽然也不错乱，而事情的有机组织或统一整体则显示不出来。这样的史书，必然是流水账式的，不能使读者得到较有条理的统一整体或有机组织的认识。周谷城谈道："我著《中国通史》时曾力求得到通史的统一整体，其初版导言曰《历史完形论》，意在指出历史事件的有机组织和必然规律。撰写世界通史亦复如此，统一整体或有机组织也是必要的，否则写出的书也必然是流水账式的。"①他指出，近代科学发达，交通工具日益进步，世界交通日趋便利。客观形势迫使史学家著《世界通史》时，力求得出世界史发展的统一整体，或有机组织。但这并不容易，一般只能得到一些较大事情的叙述，比较有条理，比较易懂而已。因此，今日世界通史的著作，仍是单纯堆砌事件者多，阐明有机组织统一整体者少。周谷城自认他教《世界通史》或写《世界通史》，首先考虑的是统一整体问题。著一部《世界通史》，不患材料太少，而患材料不易安排。因此我们在仔细审核材料的同时，必须高瞻远瞩，注意整体。"我所著的世界通史，虽谈不上高瞻远瞩，得出了统一整体，但在寻找有机组织，希望得出统一整体方面，我是花了工夫的。由商务印书馆出版的我著的《世界通史》，只出到第一、二、三册，第四册尚未写完，自认为不同于百科全书，不同于材料的机械堆砌。今后编著《世界通史》，在认真审核史料的同时，周谷城力求打破传统的写法，即反对欧洲中心论，尊重与世界文化发展的较为完整的历史情形。他认为传统的写法是单从一个地区、一个角度独立地去看世界。如古代史是从埃及到希腊罗马开始，以后讲中世纪、讲基督教、讲封建制度专制政府。再后讲文艺复兴、民族国家、地理大发现，都是以欧洲为中心。似乎古今世界的历史，都是从欧洲发展起来的。由于此种偏见，因而在以欧洲为中心的《世界通史》著作中，都忽视或轻视亚、非、美洲的文明史，近代东方国家的文化发展史，也很少提到。对此，周谷城观点鲜明，"我对欧洲中心论是坚决反对的。"他提出，"我编写《世界通史》时，不从单一的一个角度写起，而是要着眼全局，或统一整体，从有文化的或文化较高的许多古文化区同时写起。"依据自己所拟定的写作原则，他顶住一些人对他写作《世界通史》的攻击与非议，独自一人写下了具有新体系和新风格的《世界通史》。他所写的《世界通史》一二三册，于1949年由商务印书馆印行。具体而言，周谷城撰写的《世界通史》具有以下鲜明特色：

其一，打破了国别史集合而成世界史的框架结构，加强对世界各国相互关系的研究，以揭示世界是一个统一有机整体的发展概貌。周谷城指出："世界史并非国别史之总和。"研究世界史，必须利用国别史，而且世界史的撰写，也离不开对具体国家的介绍。但是，在撰写中，我们要坚持揭示人类历史从地域联系到世界联系的形成过程和整体概貌。在《世界通史》第一册中，他就依据自然环境的差别，即依据地球分作寒带、中带、热带三大部分，综合考察了人类古文化的分布及其特点。依据这种划分，在《世界通史》中，周谷城并非简单地排列一个个国家发展演变的过程，而是特别注重国与国之间、不同文化体系与不同文化体系之间的联系与交流。他始终将世界看作是一个多元的统一有机整体，所以，他反复阐明，世界上虽然多文化区、多国度并存，但彼此并不是各自孤立活动。相反，相互之间自始就蕴含了相互往来、相互交叉、相互渗透的必然趋势。由于处理好部分与整体、各国与世界史全局的对立统一关系，因此，在他的笔下，一部世界史就被描述成世界各民族生动活泼、绚丽多彩的活动图景。

其二，世界文化多元并存，共同发展，反对欧洲为中心论。在《世界通史》第一册中，周谷城写世界古代史一共举了六个古文化区，即尼罗河流域文化区、西亚文化区、爱琴文化区、中国文化区、印度文化区、中美文化区。他指出这六大文化区多元并存、相互联系、共同发展，构成世界古代史的统一的整体。显然，它并不是以欧洲为中心的。

其三，突出世界各部分之间的内在、外在的交流、联系和互为因果的相互作用，突出某一历史时期的重点，反对对史实的繁冗、琐碎的叙述。在《世界通史》第二册中，周谷城就15世纪地理大发现之前，亚、欧、非三洲之间的文化交往与联系，作为重点进行了论析。他指出，15世纪前，"所谓世界活动，几乎只限于亚、欧、非三洲之间。"三洲各国的政治、经济、文化势力一直存在不同形式的接触和交流，从而出现了相互并存，又互为消长的关系。周谷城指出："在这期间，亚、欧、非三洲政治势力的存在、发展、变化是这样安排，虽不能说前后次序条理井然，然重点毕竟突出了。"[②]可见，周谷城强调，写《世界通史》尤其要注重各部分之间的内在联系，要将彼此的交流和互为因果关系的作用如实反映出来，这才能揭示历史发展的客观规律。

其四，反对欧洲中心论，但并不否定欧洲在世界近代历史发展中所起的作用。周谷城反对欧洲中心论，态度极其明朗。他始终强调世界文化的多元并存，以及世界各部分的相互联系，从而构成统一整体的思想观点。他指出："希腊、罗马并非世界古代史上驾于其他各地的文化中心。我们发言并不一定只称希腊，印度、中国、希腊、罗马是可以相提并论的。"[③]再说，中世纪的封建社会，并非最早出现于欧洲。欧洲封建制始于公元五六世纪之交，中国封建社会的出现却要早得多。最早的"西周封建说"，就较欧洲早1500多年，最晚的"南北朝封建说"，也比欧洲早半个世纪。可见，"以五六世纪之交为中世纪的开端，只能适用于欧洲史，而不能适用于世界史。"就拿海外活动来说，并不是欧洲人最早进行。中国郑和出使西洋30多国，前后7次，都在15世纪初至该世纪30年代。欧洲人的海外活动始于15世纪90年代，比中国晚了八九十年。"正因如此，我们不能追随以欧洲为中心的思想。我们忠于历史事实，更应先讲海外活动最早者，以见世界大势转移的真相。"可见，周谷城反对欧洲中心论是以史实为依据，以理服人。

他反对欧洲中心论，但也承认欧洲在历史发展中的影响与作用。"反对欧洲中心论，并不抹杀世界历史上某一个时期欧洲是重点。若没有重点，不仅没有世界史，也将没有历史本身。"16世纪起，欧洲经济逐步发达，对外贸易的开展，交通工具的进步，人口的增加，于是，就逐步向外扩张。"地理大发现"以后，海上贸易一天天扩大，终于形成所谓重商主义。重商主义的发展，一方面肃清地方主义，发展工商各业，另一方面发扬国家权威，促成海外贸易。对内对外活动的目的，都不外乎致富强国。致富与强国又互为因果，要致富便须强国，要强国便须致富。所以重商主义可以说是16—18世纪的欧洲人，特别是西班牙、葡萄牙、荷兰、法国、英国人等的致富图强主义。在重商主义下，西、葡、荷、法、英各国的商人先后到世界各地活动。几百年中，竟使亚洲各国震动不安，非洲土人加速奴化，南北美洲被欧洲移民者所占领，欧洲人称此为欧洲的向外发展。16—18世纪，欧洲在世界历史的发展上，确实成了重点，这是事实，不能否认，如实叙述这是应该的。由此可以看出，周谷城对近代欧洲历史的发展及其对世界的影响问题的分析，是实事求是的，是尊重客观历史事实的，他并没有从一个极端走向另一个极端。

其五，“力避机械的公式主义”，按历史实际去撰写《世界通史》。周谷城坚持撰写《世界通史》，一定要从历史实际出发，去探求历史发展进步的内在规律，而避免用固定的公式去套用历史的真实面目。他在《世界通史》前言中写道：“世界各地历史的演进，无不有阶段可循。典型的阶段为氏族社会时代到奴隶经济时代，再到封建时代，再到前资本主义及资本主义时代，然后到社会主义时代。”而《世界通史》不在于说明有这样的规律存在，而在于它努力从历史发展本身的实际出发，去揭开历史发展演变的本来面目。因此，他认为，套用任何的公式去叙述历史，是无济于事的。正因为他坚持从历史实际出发，从世界研究中揭开历史发展进步的规律，这确是周谷城撰写《世界通史》的又一个鲜明特点。

其六，遵循马克思主义的观点，将自然史与人类史有机地融合在《世界通史》中。马克思指出：“历史可以从两个方面来考察，可以把它划为自然史和人类史，这两方面是密切的，只要人存在，自然史和人类史就彼此制约。”④周谷城以马克思的这一学说为指导，提出“世界史是人类史和自然史的有机整体”，我们不能将二者人为地加以割裂。他认为从历史的发展情况来看，人类就是自然发展到一定阶段上的产物，自从产生了人类，人类与自然就相互影响、相互利用、相互制约、相互进化、交错发展。人类离不开自然，人类的进步离不开自然的发展。在《世界通史》中，我们既可以看到作者写了宇宙的进化、地球的进化、生物的进化、人类社会的进化、科学的进步，又可以看到自然的变化、发展与人类文明的发展、进步相互交错，相互依存，相互促进，共同发展，从而构成了一部人与自然融为一体的完整的世界历史。

如上所述，周谷城的《世界通史》，观点鲜明，新意迭出，风格独特，它无愧为中国史学家贡献给20世纪世界史学界的一部珍贵的科学著作，它在中国近代史学发展史上具有极为重要的地位和学术意义。

二、组织“大教联”

1946年暑假，周谷城随复旦师生迁回上海后的一天，法学家张志让教授造访周谷城，向他征求关于组织爱国团体的意见。周谷城说：“我是教书的，带有教育性质的团体，要作反帝爱国斗争，我是可以参加的。”这样，周谷城就和张志让、翦伯赞、周予同、潘震亚、沈体兰、蔡尚思、李政文等进步人士发起组织并领导了上海大学教授联谊会（简称“大教联”）这一公开的群众组织。“大教联”成立后，不论在整个解放战争时期的反内战、反迫害、反饥饿和反美抗日的民主斗争中，还是在上海即将解放时反对迁校和动员各大学教授留在上海为建设新中国服务的工作中，以及解放后各大专院校进行接管和教学改革、思想改造、院系调整的工作中，都起了很大的作用。

“大教联”在最初发起组织时，只有三四十人，而且大部分是复旦大学文、法学院的教授。随着国内形势的急剧变化，“大教联”在民主斗争中的威信不断提高，“大教联”的成员不断增加，已经达到100多人。除复旦外，交大、同济、暨南、上海法政学院、上海商学院、中华工商专科都有不少教授参加，其他如大同、大夏、光华、圣约翰、沪江等校也都有教授参加。

“大教联”的活动，一般是采取聚餐会、座谈会、报告会等方式，对重大时局问题表示意见，主要采取组织个人签名发表宣言的方式。有时也有人参加学生界的游行示威活动。为了营救被捕学生，甚至采取过罢教斗争。由于大学教授在社会上的地位比较高，他们对时局的意见在国内外影响甚大，对国民党的反动统治打击也很大。而且大学教授们的上层关系较多，“大教联”的活动可以影响到各个方面的上层人物，并得到这些人物的支持。曾经有过这样两件事：一是某次“大教联”通过曹末风等人的关系，动员了张元济、唐文治等几个有很高社会地位的老人公开出面表示反对国民党的倒行逆施，使得蒋介石大为恼火，大骂吴国桢等人无能，连这些在全国都很有社会地位的老人也站出来反对国民党的反动统治，可见“大教联”活动与社会关系之广泛。二是“大教联”的有些积极分子由于参加罢教斗争被学校当局解聘，生活发生了困难，工商界的盛丕华、张纲伯等人得知这种情况后，就在经济上慷慨给予援助。

1949年初，上海中共地下党组织为了迎接解放，成立了上海市人民团体联合会总党团组织。此后，上海地下党的工作就转移到以护厂护校、迎接解放为中心。“大教联”的工作，除进行一些必要的政治活动外，也转移到保护学校、反对搬迁、迎接解放为中心的工作上。当时“大教联”的一部分领导人离开了上海，有的去香港转北平参加新政协的筹备工作，有的去香港转山东解放区准备解放上海后的接管工作。周谷城和其他进步教授组织的“大教联”在解放战争期间，为配合中国共产党领导的革命斗争，迎接解放，发挥了重要的作用。周谷城也因此而成为当时上海著名的民主进步教授之一。

三、抗议“临时办法”

1947年5月18日，国民党反动政府颁布了所谓《维持社会秩序临时办法》：严禁十人以上之请愿和一切罢工、罢课、游行示威，并授权各地政府镇压人民运动。蒋介石发表了杀气腾腾的谈话，声言：“要整饬学风，维持法纪”，攻击爱国学生为“恣肆暴戾之青年”。暴徒特务则扬言：5月20日要举行的示威游行是反政府的暴动，政府已准备机关枪，决心镇压。但是，学生的爱国行动并未被高压所吓倒。5月20日，在南京、北平同时发动了声势浩大的反饥饿、反迫害、反内战的群众运动。所谓《维持社会秩序临时办法》颁布后，周谷城、张志让、翦伯赞等“大教联”的负责人便在八仙桥基督教青年会九楼开会，就国民党反动派所公布的《维持社会秩序临时办法》公开发表宣言，表示抗议，对学生的爱国行动表示坚决支持。宣言由周谷城和翦伯赞两人共同起草，经张志让修改，签名的有60余人。宣言在《大公报》上发表了，但开了“天窗”，把其中重要的一句挖掉了。不过，虽开了“天窗”，影响还是很大的。国民党对此非常恼火，外面也谣言纷传。郭沫若曾对周谷城说：“宣言影响很大，但要提高警惕，可能还要遭到反动派的一些麻烦。”周谷城说：“宣言是讲道理的，且开了天窗，该不会有什么麻烦吧！”郭沫若又说：“宣言虽是温和的，但调子究竟不同，还是要提高警惕，提防解聘、撤职等。”果然不出郭老所料，国民党当局十分恼怒，事隔不久，张志让被撤掉了复旦大学法学院院长职务，周谷城则被撤去了历史系主任的职务，并禁止周谷城公开发表爱国言论，不准他与学生一起开座谈会。但周谷城却不顾这些，他经常向中小学教师作报告，讲形势，启发教师们积极投入到反美反蒋的斗争中去。

四、“教授说话了！”

1947年5月20日，京（南京）、沪（上海）等地学生冲破军警的重重阻拦，在金陵大学会师，决定去伪参政会和伪国民政府请愿。他们高举“京沪苏杭十六所专科以上学校学生挽救教育危机联合大游行”的大旗，高呼“反对饥饿”、“反对内战”、“取消《维持社会秩序临时办法》”等口号，手挽手奋勇前进。游行大队到达珠江路，爱国学生与宪警展开搏斗。宪警、特务手持凶器，从四面八方，围攻殴打手无寸铁的学生。学生在此次事件中受重伤的达20余人，轻伤90多人，被捕20多人，这就是震惊中外的南京“五二〇”惨案。

南京“五二〇”惨案的消息传到复旦，立即激起了广大师生的无比愤怒。5月23日下午，同学们在子彬院101教室举行大会，听取赴南京请愿代表报告惨案经过。群情激愤，当即成立“国立复旦大学‘五二〇’血案后援会”，宣布罢课三天。当时，少数特务分子混进会场，制造混乱。学校当局乘机引进大批军警，包围学校，冲进会场，殴打爱国学生，并逮捕五个学生。同学们毫不畏怯，团结战斗，坚持不离开会场。军警围困学校一夜，学生则在会场里手拉手，肩并肩地引吭高唱革命歌曲，运用各种文艺武器，向反动军警进行不屈不挠的斗争，一直坚持到天亮。但天亮后，特务打手继续挑衅，他们向会场扔石头，甩砖块，肆意捣乱，一些未曾参加大会的处中间立场的学生，目击特务打手的野蛮凶暴和进步同学英勇战斗的革命精神，深受感动。他们自觉地买来食品慰问坚持斗争的同学，在群众的压力下，校长不得不出面交涉，反动军警终于狼狈地撤离学校。

经过斗争，被捕的5个同学也被释放回校。5月25日晚上，学生自治会又在101教室召开群众大会，欢迎战友出狱，并声讨国民党镇压人民的法西斯暴行。国民党反动派十分惶恐，又策划了新的血腥暴行。当学生大会正在进行时，特务打手设伏于校门附近的国权路车站的四周，当散会后的学生途经车站返回宿舍时，手持凶器的暴徒，熄灭路灯，从四面八方猛冲过来，袭击赤手空拳的进步同学。从宿舍赶来营救的同学又被荷枪实弹的军警所阻。反动军警还假惺惺地说："我们巡逻到此，遇到互殴，在未查清之前，暂时戒严，不准通行。"这完全暴露了军警与特务狼狈为奸，合伙制造了这次血案。这次国权路血案，重伤进步学生30余人，轻伤不计其数，激起了全校师生更大的义愤。学生自治会为抗议反动政府的血腥镇压，宣布无限期罢课。周谷城对这次进步学生被打的血案，十分愤慨，他仗义执言，伸张正义。为揭露宪警特务迫害进步学生的真相，曾紧急草拟了一篇宣言，在宣言上签名的除周谷城自己外，还有陈望道、洪深、周予同、曹享闻、朱伯康等人。其中周予同的签名，还是周谷城未征求周予同的同意而代签的。事后周谷城告诉周予同，周予同说："代我签名很好，正表示了我的意志！"宣言送给《大公报》，没有发表全文，只摘登几句，并加了小标题："教授说话了！"谁知这样影响更大，灭了敌人的威风，长了人民的志气，也使得反动当局对周谷城更加憎恨，伺机迫害。上海解放前夕，上海警备司令部曾逮捕周谷城。

五、声援"反美抗日"运动

1948年，中共上海地下党为了进一步打击国民党反动派，发动上海人民团结一致地展开了争生存、反迫害的斗争。在国统区人民反迫害、反饥饿斗争方兴未艾之际，五六月间又爆发了声势浩大的反对美国扶植日本侵略势力复活的爱国活动。复旦大学的师生，也积极投入到这场斗争之中。

5月2日，中文系、外文系等系的进步学生联合发起举行“五四”晚会。会后各系学生纷纷行动起来，用各种形式开展反美扶日的宣传活动，各系又纷纷举办展览会、座谈会、演讲会、大签名等活动。5月28日，成立“国立复旦大学反对美帝扶植日本、挽救民族危机大会”，统一了全校反美抗日运动的领导机构。

5月31日，在复旦校园内召开了1500多人参加的“五卅”晚会，从形式到内容都反映了复旦师生反美扶日的爱国心声。周谷城、陈望道、张志让、潘震亚、章靳以、方令儒、张孟闻等教授都参加了这次晚会，并在大会上慷慨陈词。教授们愤慨激昂的演讲，使得学生们深受鼓舞，掌声雷动，气氛热烈。

学校执政者对师生的民主运动惶恐万状，为了破坏蓬勃开展的反美扶日运动，乃笼络一批教授，也搞一份所谓“反美扶日”宣言，说什么“中美是同盟国，战败日本，美国不应片面扶日，以伤两国友谊，应该把扶日的经费用来援华。”同学们讽刺说：这是一篇“吃醋宣言”。这份宣言发表后，周谷城、张志让等教授又发表另一篇《反美扶日宣言》。《复旦新闻》等刊物，立即对这两个“宣言”加以评论，猛烈抨击前者谬误，奴才丑态百出，高度赞扬后者正确，正气凛然。绝大多数同学都赞成《复旦新闻》的观点，课堂内外，议论纷纭，称赞与驳斥之声充溢学校。学校执政者弄巧成拙，偷鸡不成反蚀一把米。当然，国民党反动派并不甘心失败，周谷城等爱国教授对此也有清醒的认识。他们决心继续斗争，赢得胜利。

六、委以重任

1949年4月1日，国民党政府和谈代表团飞往北平（北京）进行和平谈判。南京6000多学生举行游行示威，要求国民党政府接受中共所提出的实现和平的8项条件。结果遭到国民党反动派的血腥镇压，死亡3人，重伤100多人。“四一”惨案引起了复旦师生的无比愤慨。学生自治会、教授会、讲助会、职员会、工友会等联合召开了血仇控诉大会，决定于4月7日罢课一天，发表宣言，以示抗议。

4月20日，由于国民党政府不许代表团在和平条约上签字，使国共和谈破裂。21日，解放军百万雄师横渡长江。23日，解放南京。26日，上海反动当局在全市疯狂地进行大逮捕。反动军警包围复旦大学师生宿舍，按“黑名单”捕人。复旦被捕学生达83人，这是历次被捕人数中最多的一次。同一天，周谷城也被国民党上海警备司令部强行逮捕。后经学校多方交涉，才被保释在外，但无行动自由，被监视在家，随传随到。直到5月27日上海解放，周谷城才获得了真正的自由。

离上海获得解放前不久，中共上海地下党组织因考虑到周谷城、陈望道、潘震亚三人深得进步青年学生的信任和爱戴，加上三人斗争坚决，乃指定他们为接收复旦大学的代表。上海刚一解放，陈毅即以上海市军事管制委员会主任兼上海市市长名义，任命周谷城为复旦大学校务委员会常务委员兼教务长。

几天后，上海市市长陈毅召集各界知识人士在八仙桥青年会九楼开座谈会，与会者几百人。会议主持人请吴有训和陈望道相继发言后，叫周谷城发言。周谷城在发言中谈及自己“被解放”的意义，陈毅立即站起来亲热而又意味深长地插话说：“不是被解放，而是我们会师了。”[⑤]意即周谷城他们所从事的反美反蒋斗争是从上海里面打出去，而人民解放军则是从外面打进来，上海的解放是内外革命势力会合夹击的结果。这话对知识分子所作的反帝爱国斗争评价很高，也是对爱国知识分子的极大信任。周谷城深感它起的“团结的作用很大，叫人永远不能忘记。”他深思，梦寐以求而又长期为之奋斗的人民解放事业终于变成了现实，他感到无比激动与兴奋，竟情不自禁地挥毫向毛泽东修函致意。毛泽东接信后，虽军务、政务繁忙，仍即复信说：

谷城先生：

得书甚慰，如见故人。革命高涨，大家都是高兴的。前途尚多困难，唯有团结最大多数民众，方能战胜帝国主义的反抗。相期共同努力！敬颂

教祺！

毛泽东

一九四九年六月二十八日[⑥]

“如见故人”，足见两人的友谊深笃；“相期共同努力”，足见毛泽东对周谷城寄予很大的希望。

6月24日，中国人民政治协商会议筹备会议在北平召开。上海《文汇报》就此邀请了上海各界人士座谈，征询对召开新政协的意见，周谷城应邀发表谈话，他强调“务使残余势力迅速消灭，不能成为建设的障碍。”他希望迅速建立人民民主共和国，发动全国性的生产建设，有系统有计划地推进新民主主义的教育事业。

9月，中国人民政治协商会议第一次会议在北京召开，周谷城被毛泽东邀请参加此次盛会。他被安排在郭沫若先生任组长的无党派民主人士组内。这一组共12人，即郭沫若、李达、董鲁安、王之相、张奚若、丁燮林、吴有训、符定一、洪深、欧阳予倩、马寅初和周谷城。周谷城与中共领导人一起共同商讨国是，心情十分激动。10月1日，周谷城出席在北京天安门广场隆重举行的中华人民共和国开国大典，亲耳聆听了毛泽东“中国人民站起来了”的响亮声音，并看到毛泽东亲手升起了第一面五星红旗，他的心情更是无比激动，决心要为新中国的建设事业奉献自己毕生的精力。

注释：

① 周谷城：《我是怎样研究世界史的》，《浙江日报》，1981年9月14日。

② 莫志斌：《周谷城传》，长沙：湖南师范大学出版社，1997年版，第216页。

③ 周谷城：《评没有世界性的世界史》，《周谷城史学论文选集》，北京：人民出版社，1983年，第121页。

④《周谷城史学论文选集》，北京：人民出版社，1983年，第144页。

⑤ 周谷城：《我所感受的刚结》，《上海文虫资料选辑》，1982年第1辑。

⑥ 周谷城：《我所感受的团结》，《上海文史资料选辑》，1982年第1辑。

第九章

风雨十七年

（1950—1966）

一、为人民办好新大学

新中国成立后，大学回到了人民手中，对此，周谷城感慨万千，说："解放以前，大学教育掌握在反动统治阶级手里。在大学校里，当教师的，当学生的，要传播进步思想，或吸收进步思想，随时有遭受迫害的危险。解放以后，大学教育的掌握权移到了人民手里，情形完全变了，师生员工的进步，一年来的成绩，胜过过去的十年或数十年。单就学生言，除掉他们对解放战争的伟大贡献外，他们自身的进步，实属空前所未有。"①

为了办好复旦这所回到人民手中的高等学校，一方面，周谷城和陈望道等人广揽贤才进复旦，加强师资力量。他亲自去浙江大学邀苏步青教授、陈建功教授来复旦任教。又到同济大学邀请杨武之教授（杨振宁之父），到沪江大学邀请蔡尚思教授。他忙里忙外，不辞辛劳，除行政工作外，还在土木工程系亲自讲授社会发展史课程。

另一方面，为办好复旦，周谷城还专门发表了《解放后的大学教育》等文章，对如何办好大学的教育问题作了专门的认真探讨。在上述文章中，他就解放后大学教育性质、任务、培养目标、课程内容等问题发表意见。指出解放后的大学教育与反动统治时期是完全不同的。反动统治时代的大学教育完全是为帝国主义、封建势力、官僚资本家服务的，大学培植出来的人才被他们利用，甚至完全站在他们一边做压迫人民的事，其未被他们利用或不站在他们一边的多遭迫害或过着流浪日子，许多专门人才没有正当生活。解放后的大学性质变了，培养的人才都是为人民服务的，都有光明的前途。解放后的师生关系是团结的同志关系，一反过去师生同被奴役、被压迫的悲惨情形。就课程内容言，反动统治时代的大学教育内容是反民族的，反科学的，反大众的，培养的人才是为帝国主义和封建势力服务的，所学课程尤其是文科多充满反动思想。课程如此，若再加上帝国主义国家生活习惯、思想言论，把我们的大学生们训练得像外国人一样。解放后的大学要求培养全心全意为人民服务的大学生。

为了切实办好大学教育，周谷城还在上述文章中就大学教育进程中可能发生的一些新问题作了分析，提醒人们应随时注意，比如说师生的责任问题。

二、慧眼纳良才[2]

周谷城曾说："甲骨文奠定了我国汉字的基础，几经变化，形成了今天的汉字，汉字对中华民族的形成起了极大的凝聚作用。"周谷城这样注重甲骨文的重要作用，显然，他对研究这一"国宝"的专家是极为器重的。这里，不能不说到他在上海复旦大学担任历史地理系系主任慧眼纳良才的一件事。

中国专门研究甲骨文的专家是屈指可数的，胡厚宣是其中的一位。1947年，比周谷城小十多岁的胡厚宣来到上海，与周谷城见面了。两人会面，并没有因为年龄的差距而有什么隔膜，相反，两人围绕甲骨文所涉及的种种学术问题，交谈得十分投机，海阔天空，无拘无束，谈兴甚浓。周谷城完全被胡厚宣的才华所打动，执意将他留在复旦工作。胡厚宣由此开始了他在复旦大学十年的教学科研生涯，他担任了历史系教授兼中国古代史教研室主任。

在复旦的十年，胡厚宣先后写出了八本著作：《古代研究的史料问题》、《五十年甲骨文发现的总结》、《五十年甲甲古学论著目》、《殷墟发掘》、《战后宁沪新获甲骨集》、《战后南北所见甲骨录》、《战后津京新获甲骨集》和《甲骨续存》。

1955年，中国社科院要调胡厚宣到京担任历史研究所所长，但是，由于周谷城执意挽留而没有走成。

1956年，国务院成立了科学规划委员会，起草科学研究11年远景规划。胡厚宣应邀参加了规划的起草。那年，胡厚宣提出了出版一部《甲骨文合集》的意见，他的意见不仅被采纳，还列为历史科学资制整理重点项目之一。不久，高教部杨秀峰部长以周恩来亲笔写的条子为“尚方宝剑”，打电话给复旦大学副校长杨西光，说要调胡厚宣进京。杨秀峰在电话里说：“你不要讨价还价了，连我都不能说话，这是周总理亲口决定的。”话讲到如此份上，杨校长只能以大局为重了。1956年秋，胡厚宣带着他的装了半车皮的书籍，与陈望道、周谷城等握手作别，离开相伴十年的复旦校园，来到阔别已久的北京，走进了中国科学院历史研究所第一所。

在1987年9月10日于安阳开幕的中国殷商文化国际讨论会开幕式上，时为全国人大常委会副委员长的周谷城和中国殷商文化学会会长胡厚宣相见了，老友相逢，格外高兴。两位学界泰斗欣喜地看到，100多位中外学者济济一堂，甲骨学已从当年的“绝学”发展成为一门世界所关注的显学，激动的心情真是难以言表。过去听人摆布、听人奴役、听人监视，都没有地位，更没有责任。解放后，师生成了学校的主人。因为做了主人，责任同时加重。要办好学校是师生共同的事情；要改进教学是师生的共同事情。学生觉得自己应负自动求学之责，教师则觉得自己更不应该屈从学生。第一，办好学校，改进教学，搞通思想，成了师生一致的愿望。这样，师生彼此互相批评，互相帮助，教学相长，这就能有益于办好大学教育。第二，学习纪律问题。刚解放，学生并未十分注意到学习纪律之重要。例如无故缺课，教师点名，则以为是形式主义，其实，这是不对的。学习应该有纪律。维护纪律之规程定得恰当与否，当然应该考虑，但规程无不当之处，便应该遵行。周谷城指出就复旦而言，绝大多数同学都很自然地不违反学习纪律，这是一大收获。此后如果仍有极少数人不重视纪律，那当然以规则甚至处罚来纠正。第三，是课后活动问题。周谷城认为多开展有益于学习的课外活动是必要的。当然妨碍学习的课外活动则应减少。

最后，周谷城指出，办好大学教育，肯定还有许多问题需解决。“要把问题妥善解决，把大学教育办好，有一个基本条件，即树立新人生观是也。”师生树立新人生观，树立为人民服务的人生观，这是办好大学的一个重要条件。

周谷城上述的办好大学教育的一些见解，就今天来说，也不无指导意义。

三、不要轻视本国文化的历史地位

对中国文化的历史地位究竟如何看待，这是个很重要的学术思想问题。为了深入浅出地说明这个问题，以推动新中国文化事业的发展，1951年元旦，周谷城在《解放日报》发表了题为《“东学西渐”——中国文化的历史地位》一文，他就此问题发表了以下意见：

首先，他提出国人应去掉半殖民地的自卑心理。他指出，中国因受帝国主义者蹂躏久了，半殖民地的自卑心理几乎普遍存在。在解放以前，大家对祖国完全失去了信心，认定祖国一切都要不得，只以为外国好，尤其美国，样样都好。于是有羡慕美国的，有崇拜美国的，有热爱美国的，甚至有恨自己不是美国人而欲设法取得美国国籍者。反过来，对自己的祖国，则是鄙视、蔑视，以为凡是中国的，都是很坏的。“很坏的”三个字，几乎就等于“中国的”三个字。像原来国民党政府中的王宠惠那样的人，据说是“最能明察事理”的人，然而，当事情办不好，制度行不通，结果很坏，大家争着分析原因时，他就归结为一点，即这是“中国的”三个字，对“中国的”是充满了鄙视、蔑视的情感。这种态度，怎能说是“明察事理”呢？古话说：人必自侮而后人侮之，家必自毁而后人毁之，国必自伐而后人伐之。知识分子，不把祖国当作一回事，这种态度是非常要不得的。

其次，我们必须培植对祖国的信心，必须充分认识祖国文化的伟大。他认为，“拿文化来说吧，中国文化在历史上的地位，全世界几乎没有一国能比得上。”[③]周谷城进而分析说，十六七世纪之交，西方的天主教徒，随着商人之后，略略带来了一些西方文化的种子，讲文化史的人便盛称“西学东渐”，以为中国只曾接受过西方传人的文化，对别人是没有什么贡献的。其实早在“西学东渐”之前，“东学西渐”的史实，丰富得很，中国的文化种子，早已传入西方各国。例如养蚕的方法便是由中国传入西方各国的。蚕种出自中国本部，后在丝织物贸易发达的时代，由中国本部传到了和阗。斯坦因曾凭他在和阗发现的古物，一块画了图画的木板，参以玄奘所记的一个故事，就把中国本部蚕种传人和阗的线索寻出来。蚕种传到和阗以后，因着与西方的贸易关系，又由和阗传到罗马帝国。6世纪下半期，罗马有一位史学家迪峨凡氏就在铁一般的事实面前，不得不把蚕种由中国传人罗马的详情予以记载。

再如造纸的技术，也是由中国传入西方各国的。当蚕种向西方传播的时候，造纸的技术也在向西传。公元105年开始，所谓蔡侯纸便通行起来。纸既通行，因着军事、贸易等关系，便在各地流布。考古学家曾在中国西部发现许多古纸的遗物，就足以表示中纸西传的趋势。例如斯坦因，就在敦煌附近发现公元2世纪中叶的中国纸。斯文海定在楼兰发现3世纪初到4世纪中叶的中国纸。另有普鲁士考古团，在吐鲁番发现公元4世纪初到5世纪中叶的中国纸。纸在中国西部各地流行。公元750—751年，更因唐帝国与阿拉伯帝国发生战争，由中国传入阿拉伯。传入阿拉伯以后，在撒马尔干地方盛行起来，竟取埃及纸及前此所流行的羊皮纸之地位而代之。在阿拉伯盛行的中国发明的造纸技术，后又传到欧洲人之手。印刷技术则经过蒙古人之手而传到了欧洲。

此外如火药、罗盘、瓷器等，也是由中国创始，传入西方各国的。这些东西传入欧洲，在10世纪以后不久。中国的种种发明，传入西方，曾发生很大的影响。例如火药传入西方，便成了专制国王借以削平封建领主的政治势力之重要武器，也使新兴资产阶级得以战胜封建领主，建立统一的民族国家。罗盘传入西方，重商主义盛行时代，欧洲商人的航海经商，几乎非此不可。再如造纸技术、印刷技术等传入西方，更便利了欧洲人的创作天才，终于形成传播文化、解放思想的绝好条件，就是今日西方资本主义国家所最称颂的科学，中国的发明也不亚于其他任何国家。中国的医学、中国的兵学、中国的历学……无不是发明很早，应用很广的。

由上可知，中国文化在世界上的历史地位是不亚于任何一国的。我们应为祖国的灿烂文化而感到自豪，也应为发展我国的文化而感到责任的重大，而绝不可对本国文化采取一种虚无主义的态度。

四、“逻辑问题”的新思维

1956年1月，中共中央在北京召开了有关知识分子问题的专门会议，毛泽东发出了“向科学进军”的号召，周恩来在会上提出了“认真而不是空谈地向现代科学进军”的口号。4月，毛泽东就繁荣学术，发展文化事业问题，提出“百花齐放，百家争鸣”应该作为我们的方针。周谷城坚决拥护“双百方针”，他曾在《人民日报》发表《争辩讨论是推进学术的最好办法》，文中指出，争鸣可以推进学术，可以加强团结，以理服人；可以巩固对马克思主义的信心；可以使文化、教育、学术界大大活跃起来。周谷城不仅发表文章拥护党的“双百方针”的提出，他还在年初就“形式逻辑与辩证法”问题进行研究。从1956年2月起至1959年7月止，三年间，他连续在《新建设》等杂志上发表了20篇专门探讨形式逻辑与辩证法关系的文章，由此而引发了一场全国性的有关这一问题的学术大讨论，这次讨论影响可谓空前。

周谷城针对当时某些人照搬苏联教科书，不独立思考，硬要把“形式逻辑辩证法化，搞得形式逻辑不像形式逻辑，辩证法不像辩证法”的倾向，阐述了自己的观点。

首先，他认为形式逻辑与辩证法在认识上属于两个范畴，形式逻辑只问推理过程是否真实，不问结论是否正确，形式逻辑讲的是思维过程。而辩证法是宇宙观，是讲客观存在、发展变化的法则，两者是两门独立的学科。两者既有区别又有联系。

提出上面的中心论题后，周谷城就这样几个具体命题作了独特的深入阐述：

（一）形式逻辑与形而上学、辩证法的关系与差异

第一，周谷城认为形式逻辑与形而上学不同。形而上学对事物有所主张，形式逻辑则不然，对任何事物都没有主张。正因形式逻辑对事物没有主张，它便可以为形而上学服务，也可以为我们服务。

形式逻辑能为我们服务，是否因此就要把它与辩证法并列起来看待呢？周谷城认为不可把二者并列之。形式逻辑是帮助思维的东西。它与文法学修辞学相近，但不可与辩证法并列。辩证法要了解事物，形式逻辑则根据对事物已有的了解，依思维形式作各种推论，使了解更正确。他引用列宁的话说："形式逻辑……以最普通的、眼睛常见的东西为指导，采用形式的定义，并以此为限……辩证逻辑要求我们更进一步，要真正地认识对象……"这一区别可说是形式逻辑与辩证法最基本的区别。由此区别，就可以明了两者相互的关系：辩证法要我们往前进，要真正了解一个对象；形式逻辑要我们根据已有的了解，作正确的推论。了解对象，必求"了解"与"对象"之间的符合；据已有的了解作推论，则求了解本身前后不相矛盾。辩证法指挥我们获得，形式逻辑则帮助我们进行推论。前者可以帮助创造关于宇宙的新知，后者可以纠正关于认识的前后矛盾。创新与正误，都是认识真理所不可少的。学会了辩证法，知道一些东西，也许思考不缜密；学会了形式逻辑，头脑很清楚，也许除了形式逻辑以外，一无所知。为求有所知，必须依照辩证法向实际中摸索，为求所知的东西内部很调和，前后不矛盾，则必须运用形式逻辑，作推论工夫。照这样说来，辩证法是主，形式逻辑是从。主从虽有区别，却时刻不能分离。

周谷城作进一步的分析说，形式逻辑属推论术，辩证法属宇宙观。形式逻辑是规定思维过程的，辩证法是指导实践的。依辩证法的指导原则，深入实际，进行实践。我们从实践中认识自然，认识社会，获得一切知识。形式逻辑则不然，是规定思维过程的，它根据已知进行推论，照着推论规则做，可以使思维前后不矛盾，如在前提中肯定了的东西，在结论中如果变成否定的，则是前后矛盾；反之，在结论中如果也被肯定，则是前后不矛盾。形式逻辑的任务，始终要求思维过程或推论过程前后不矛盾。

第二，他指出，“辩证法为主，形式逻辑为次”。周谷城认为有些人所谓“形式逻辑的正确的推论，就一定代表客观真实”的观点是不对的。这是一种把形式逻辑绝对化的观点。按理说，形式逻辑的推论不是真理的最后决定者；辩证法指导下的实践才是真理的最后决定者。辩证法是主，形式逻辑是从，主从虽有区别，却时刻不能分离。若作认真的分析，周谷城认为形式逻辑与辩证法所依据的法则或规律是不同的。辩证法的法则虽是指导我们认识事物的，但这些法则都存于事物之自身，即都存于自然界，都是事物自身存在、发展、变化之法则。因此，就辩证法而言，是先有事物自身之存在、发展、变化的法则，这些法则反映出来，掌握在我们的手里，就成了我们的工具，可以指导我们认识事物，成为我们认识事物的法则。形式逻辑则不然，它的法则只是规定推论过程的，对于事物自身并没有增加什么说明或解释。形式逻辑的规则，即四条著名的规律，所谓同一律、矛盾律、排中律、充足理由律。四条规律中，除充足理由律外，其余三者可归并为一条，即同一律。但“同一律虽然存在，却不是事物自身存在、发展、变化的法则，只是推论中构成判断之依据而已，只是在推论中对一个前提不任意变更而已”。

（二）形式逻辑的功用及其工具性

从上可知辩证法与形式逻辑所依据的法则或规律上的基本差异。周谷城再从形式逻辑的工具性上着眼来分析它的功用。他指出，如前所述，形式逻辑是工具，是与文法学、修辞学相近的学问。它的任务重在推论已有的认识或了解。人类对于事物的认识或了解，是长期实践的结果，这结果可作形式逻辑推论的根据。

形式逻辑是实践的工具，这工具究竟有什么用呢？具体言之：一是它能把已有的知识由隐藏的地位推到显著的地位。例如“凡金属都可传热”的一个判断，如已确定成为知识，当是任何金属都已包括在内的知识。不过包括在内的若不予一一揭出，便只是隐藏的，不是显著的。我们运用演绎推论一一给揭出，谓金、银、铜、铁、锡等都是可以传热的，那便是把隐藏的知识推到显著的地位。二是形式逻辑又能把个别的知识归并起来使范围扩大成为整体的。如金、银、铜、铁、锡是可传热的，但这只是个别的知识。我们运用归纳推论，使范围扩大成为整体，谓“凡金属都可传热”，那便是整体的知识。三是形式逻辑中运用类比推论，则更能从个别事物之已知的相同条件推论未知的现象或因素或作用等。如金是能传热的，银是否能传热，不得而知，但我们拿银与金一比，发现银在熔炉中所起变化，与金相同，此外还有种种相同的条件，因知银亦能传热，这便是由已知推到未知了。

谈到形式逻辑的功用，周谷城还提到这样一个问题，即形式逻辑固然能把已有的知识由隐推到显，由零推到整，或更凭已知的条件推论未知的现象或因素或作用等，但万一已有的知识根本就是错误的，而形式逻辑却仍依据它作出正确的推论，那不就成了帮助错误吗？他认为不能这样理解。诚然如此，形式逻辑能依错误的知识作正确的推论，意即把错误如量推论出来。在形而上学手里，形式逻辑几乎经常据错误的认识以为推。但这不是形式逻辑的缺点，这仍是它的功用。就知识的扩充进展来说，正确的知识应该由隐推到显，使我们对它本身的认识更明确；同时，错误的知识也应该由隐推到显，使我们对它本身的认识更明确。正确的知识之敌人，不仅只是错误的知识，而且是错误的知识之隐藏。把错误的知识隐藏起来，是是非不明，那是知识扩充、进展的大敌。“我们革命，要分清敌友；我们求知识，要分清真伪，要分清何者为真的正确的知识，何者为假的错误的知识。对敌人要认得清楚，才好推进革命；对错误的知识要认得清楚，才好谋正确的知识之进展与扩充。正确的知识是从错误知识中斗争出来的。形式逻辑能把错误的知识由隐推到显，正好发挥了它的工具性，表现了它应有的功用。”④周谷城指出形式逻辑的上述一些功用是很有价值的，这些功用是形式逻辑所以能存在的理由。

周谷城对形式逻辑的功用，概括了至关重要的四点：一曰由隐推到显，使认识更明确，二曰由零推到整，使认识更完整，三曰由已知推到未知，使我们的认识范围更扩大，四曰揭发论敌的差误，防止是非的混淆等。这四点可谓概括得较为全面、较为科学。

（三）形式逻辑与实践的关系

周谷城断定：我们的认识，只能从实践中来；没有实践，不可能有认识。实践、认识、推论，应当说后者依靠前者。

形式逻辑的推论，最主要的有三种，即演绎推论、归纳推论、类比推论。这三种推论都是根据实践所得的认识而进行的，由实践产生认识，依认识进行推论。例如演绎推论“凡人能作抽象思维，张三是人，故张三亦能作抽象思维。”这里两个前提都是依实践所得的认识。又如归纳推论“金、银、铜、铁等为金属，金、银、铜、铁等皆可溶解，故凡金属皆可溶解。”这里两个前提也是依实践所得的认识。再如类比推论“锡可溶解，银在硬度、传热、光滑各方面与锡相似，故银当亦可溶解。”这里两个前提还是依实践所得的认识。由上所述看，可知实践是最基本的，推论根据认识，认识出于实践。因此推论的真实性只能取决于实践。换句话说，即“据实践以为推”。哪里有实践，哪里便可以有逻辑。逻辑据实践以为推，使实践所得更趋正确，不致前后矛盾；实践提供资料，使推论有据，不致陷入空论之中。逻辑据实践以为推。逻辑虽然推不出新东西或真理，但对于实践却是很有用的，是帮助实践的强有力的工具。“佛教信徒在实践方面，要把自己懂得的道理讲给不懂的人听，以作为帮助实践的工具。依同样的道理，非佛教信徒，如科学家、如教育家、如法律家、如政治家、如文学家，如史学家、如哲学家……在实践方面，要把自己懂得的道理，讲给不懂的人听，其实践的方式，或为写文章，或为作报告，或为著书立说，或为开座谈会，或为开辩论会，等等，也无一处可以不用逻辑，以作为帮助实践的工具。逻辑可以帮助人们很好地发表真理，宣传真理。”⑤

因此，周谷城继续强调说：逻辑的功用，固然是在帮助实践；规定逻辑的一切规则，更无一不是出自实践，回转头来又帮助实践，而成为发表真理和宣传真理的有效工具的。这里，他把逻辑与实践的联系说得十分清楚了。

（四）逻辑与各种科学的区别与联系

周谷城就逻辑与各种科学的区别分析说，逻辑推论不等于各种科学的实践；各种科学的实践不等于逻辑推论。就两者的联系讲，逻辑推论有赖于各种科学实践，各种科学实践亦需要逻辑推论。二者的区别与联系是必须弄明白的。周谷城认为，我们尊重各种科学，却不必把形式逻辑挤入各科之中，形式逻辑独立成科，亦绝不致降低其固有的价值。各种科学要从事物中寻找充足理由以为认识事物的凭据，形式逻辑则只需有各种科学现成的知识，便可据以为推。认识得真不真，是各种科学的事；推论得错不错，是形式逻辑的事。但各种科学在研究的时候，在任何求真的过程之中，却离不开形式逻辑。任何科学家在进行研究时，或求真过程中，必须一面问自己所知的与客观现实符合不符合，另一面问所知的内部矛盾不矛盾。

周谷城作进一步分析说，我们如何把逻辑推论与各种科学实践联系起来呢？是以逻辑推论为主，拿实践来服务？还是以各种科学实践为主，拿逻辑推论来服务？他认为，毫无疑问，各种科学实践是目的，逻辑推论是手段。我们只能为各种科学实践而进行逻辑推论，却不必为逻辑推论而进行各种科学实践。逻辑推论是为各种科学实践服务的，各种科学实践却不是为逻辑推论服务的。形式逻辑每次进行推论，都是据已知以为推，并非从无到有，自找新知，以完成推论任务。假如每次推论，都要做一次临时科学实践，自找新知，则形式逻辑与其他科学将没有区别，或将其他各种不同科学一一包办起来。例如天文学、地质学、物理学、心理学等，都是要寻找充足理由，建立知识系统的。假如形式逻辑每作一次推论，即自找一次充足理由，则它的任务必与其他科学相混同。

（五）形式逻辑中的真实性与正确性

有人认为形式逻辑中的推论正确，就一定反映客观的真实。周谷城不同意此观点。他指出，推论的正确，未必就等于客观的真实。那究竟如何看待此问题呢？

周谷城谈到，合乎逻辑推论的东西应该合乎客观真实，逻辑推论所根据的前提应该具有充足理由，这是人人应有的主观愿望，没有任何人反对。但据以为推者未必都有充足理由，这又是铁一般的客观事实，更不是可以任意抹杀的。主观愿望与客观事实须分清楚，思维过程合乎规则，可以成为正确的论式。正确的论式“要”与客观事物相一致，但未必“是”与客观事实一致的。一个论式的前提与结论间不矛盾叫做正确性；前提与事实相一致，叫做真实性，亦即充足理由。真实性或充足理由不是一下就可获得的，须我们生活于客观事物，实践于客观事物，与客观事物作斗争，才能逐渐获得。正确性则不然，按照逻辑规则做，就可做到。我们当然永远要求论式具有真实性，具有充足理由，主观客观能够一致。但事实上，我们的论式常为历史条件所限，只能前后不矛盾，只能具有正确性。至于主观与客观却不一定是相一致的，即论式不一定具有真实性。

周谷城继续就上述问题阐述说，自古至今，凡用形式逻辑宣传自己的主张的人，其主张未必都具备了充足理由，主张与客观未必都是一致的。推论的正确，按照逻辑规则做，就可做到。至于认识的真实，亦即充足理由，则完全不然，它不是按照什么一成不变的规则，一动手就可做得到的，而是从实践中逐渐做到的。旧话虽有所谓“顿悟”，意即忽然一下晓得，但“顿悟”之前，亦必有所谓“渐悟”，意即经过实践逐渐晓得的。人类在求知的过程之中，永远要求真实，永远要求获得充足理由，但为历史条件所限，所知者有时未必完全真实，未必都有充足理由。就是首创形式逻辑的亚里士多德本人，也不能例外。因此，周谷城强调一定要把逻辑推论中的真实性与正确性区分清楚。同时，又把形式逻辑与辩证法密切联系起来，谓辩证法是主，形式逻辑是从，主从虽有区别，时刻不能分离，用意无非要防止正确性与真实性的不一致。

关于形式逻辑与辩证法的关系问题，周谷城有自己的创见。当然，学术问题，应允许讨论，各抒己见，从而求得学术的繁荣与发展。周谷城正是抱着此种态度，提出对上述问题的讨论。虽然，由于他的意见的发表，而引发了一场全国性的大争论，但在争论中，他始终坚持以理服人，以事实说话。

五、在“大讨论”的旋涡中

周谷城发表的一系列关于形式逻辑与辩证法研究的新见解，特别是他的“辩证法是主，形式逻辑是从；主从虽有别，却时刻不能分离”的“主从”说，对于当时学术界流行的“高低级”说，无疑是一种挑战，因而由周谷城发表的论形式逻辑与辩证法关系的文章，引发了20世纪50年代哲学界的大讨论，这场争论参加人数之多，时间之长是新中国成立以来空前的。

周谷城的文章一发表，毛泽东就注意到了。毛泽东十分欣赏周谷城这篇文章的探索精神和新见解。

1957年2月，毛泽东召集中央报刊、作家协会、科学院负责人开会，在谈到批评要有说服力时，毛泽东举例说，《新建设》上周谷城写了一篇逻辑问题的文章，我看就写得很不错。

1957年春，毛泽东在叶剑英、刘伯承、贺龙几位元帅和徐特立、林伯渠几位老人的陪同下，到了上海。正在展览馆电影院楼下西厅准备晚宴时，毛泽东派人用专车把周谷城从家里接来。周谷城进到客厅，向在座的各位一一招呼之后，毛泽东手持一本《新建设》对周谷城说："关于逻辑，你说得最明确。"周谷城说："不得了，火炮似的批评冲起来，我受不了。"毛泽东又说："有什么受不了，辩论就是了嘛！"周谷城说："我的意见很少人赞成，我很孤立，成了众矢之的。"毛泽东说："你的意见，有人赞成，并不孤立。"周谷城说："怕不见得，如果有人赞成，那当然可以鼓励我。"毛泽东说："人民大学里的一个刊物，好像是《教学与研究》上，有人写文章，引了你的意见。"周谷城说："我没看见。"毛泽东说："我可以叫人寄给你看看。"

这次周谷城与毛泽东面谈时，毛泽东一再鼓励周谷城："不要怕，要积极地写。"吃饭时，毛泽东很风趣地说："我请客。周谷城同我坐。"周谷城坐在毛泽东的右边。席间，周谷城随便向毛泽东谈了一件往事，说他"在五四运动时，曾同清华大学学生开过一次两小时的辩论会，主张人类社会中不应有单独的知识分子阶级存在。"毛泽东沉默了一会说："哎，几十年的马克思主义训练啊！"（意思是说周谷城接触马克思主义很早）

1957年4月10日，毛泽东召见《人民日报》负责人和有关人员开会，在谈到哲学界正在讨论的形式逻辑问题时，毛泽东说："周谷城的观点比较对。"还说他"曾告诉周谷城，人大有个王方铭，同他的观点相同。"

毛泽东对周谷城勇于独立深思、发表新见的行动是非常赞赏的，也是积极支持的。1957年4月11日，他先把周谷城接到中南海，然后又根据周的提议，把在京的哲学界的贺麟、郑昕、冯友兰、金岳霖等教授接到中南海，后又把胡绳和人民大学的王方铭也招来一起讨论学术问题。毛泽东首先发言谈自己的革命实践，说"中国革命开始时很困难，陈独秀、王明、李立三、瞿秋白、张国焘等人跟着别人跑，使中国革命遭受一个又一个的失败。直到1949年，我们眼看就要过长江的时候，还有人阻止，据说千万不能过长江，过了，就会引起美国出兵，中国就可能出现南北朝。”毛泽东又说：“我们没有听他们的。我们过了长江，美国并没有出兵，中国也没有出现南北朝。如果我们听了他们的话，中国倒真可能出现南北朝。”毛泽东继续说：“后来我会见了阻止我们过长江的人，他的第一句话就说：‘胜利者是不应该受责备的！’”毛泽东说：“我没有听他的话，他并不责怪我，反而肯定我们是胜利者。”毛泽东又概括地说：“可见实事求是，独立思考，是非常重要的。中国革命的胜利可以说是实事求是、独立思考的胜利。陈独秀、王明、李立三、瞿秋白、张国焘，都不能实事求是，独立思考，都盲目地跟着别人的指挥棒转，所以他们只能把中国革命引向失败。”最后，毛泽东把话锋转到搞科学研究上来，说：“领导革命必须实事求是，独立思考；搞科学研究，也必须实事求是，独立思考。千万不能把自己的脑袋长在别人的脖子上。对老师不要迷信，青出于蓝，而胜于蓝。老师的成绩和优点，应该学习，应该继承发扬，老师的缺点和错误，要善意地批评指出。”⑥

毛泽东这一番话对在场的各位学者启发很深，鼓励甚大。大家都表示要认真贯彻“双百方针”，促进学术的发展。面谈后，毛泽东留各位学者吃晚饭。开始进餐时，毛泽东戏谑地笑着说：“今天我请老朋友周谷城先生吃饭，请大家作陪。”这对周谷城来说，尤感兴奋。

1958年4月15日，《人民日报》刊登了马特的《关于逻辑问题的讨论》一文，马文是对逻辑讨论情况的综述，但带有倾向性，而且把逻辑的争论看作“两条不同学术路线的斗争”，批评周谷城、王方铭的观点“是一条逻辑理论的修正主义路线”。

1958年6月14日，《人民日报》又刊载了周谷城《六论形式逻辑与辩证法——略答马特》的文章。文中，周谷城谈了以下观点：一是逻辑的物质基础并不等于逻辑本身，二是规律和规则等却为形式逻辑所不能少，三是要使认识与实践发生关系，四是不要制造反对辩证法的理由，五是形式逻辑要靠拢唯物辩证法。周谷城的观点与马特文中的论点针锋相对。

周谷城《六论形式逻辑与辩证法——略答马特》的文章刚一刊出，毛泽东就看了，很感兴趣，并立即用长途电话请周谷城从上海到北京中南海来。电话是上海市委转达的。就在6月17日，毛泽东在中南海露天游泳池旁同周谷城专就逻辑问题进行了长谈。毛泽东说："问题移到《人民日报》上来了，讨论可能展开。"周谷城说："我把形式逻辑与辩证法连在一起讲，却又把它们严格划分，恐怕不易有人信。"毛泽东用英语风趣地说："formallogic本来就是formal的，要把它同辩证法混同，甚至改成辩证法，是不可能的。它是一门独立的学问，大家都要学一点。"周谷城说："中学高年级班，大学初年级班级学一点是很好的。只是怕教不好，学不到手。"毛泽东又说："懂不懂，当然也有人觉得是问题。但入了门，学了一点，自己在生活实践中要用，总可搞通的。"他还对周谷城说："最好把西方哲学家所讲的逻辑，每一个人的都给写一篇。"

六、对"拔白旗"的抗争⑦

1958年5月，毛泽东在中共八大二次会议上发出了"拔白旗"的号召，他说：凡是有人的地方总要插旗子，不是红的，就是白的，或是灰的，不是无产阶级的红旗，就是资产阶级的白旗。要发动群众，大鸣大放，贴大字报，把白旗拔掉，插上红旗。任何一个地方都要插红旗。此后不久，在全国范围内便掀起了一场"拔白旗"、插红旗运动的高潮。当时，就历史学领域来说，所谓"拔白旗"，那就是把运动的矛头指向那些只精于学术研究，追求学术真理，而不是一味强调学术要为现实政治服务的教授、专家和学者。无疑，学识渊博、学有创见的周谷城也就成了"拔白旗"的对象。

早在1952年，首先由北大发起了知识分子思想改造运动，不久，运动也在复旦大学迅速展开。身为复旦大学教务长的周谷城为了跟上新时代，积极为新社会服务，他踊跃参加了运动。在运动初期，他结合个人的思想实际在学习会上作了如下剖析：他说，平时羡慕别人学识渊博，希望自己对学问无所不窥。

但是，“自恃名老教授，不求进步。”因此，常常流露出个人主义思想，他举例说，之所以要写文章，批评梁启超、熊十力、郭沫若等人，因为他们是名人，批评他们也容易出名。

不难看出，周谷城极其直率坦诚的话语，既道出了自己不迷信传统思想与学术权威的学术风格，也表现了他在学术上不断探索，追求真理的精神。

1958年3月10日，时任中宣部副部长的陈伯达在国务院科学规划委员会第五次会议上发表了关丁“厚今薄古”的讲话，他指出，现在哲学社会科学中存在的缺点是“言必称三代”（夏、商、周），脱离革命实践的烦琐主义，学术研究要为现实政治服务。“厚今薄古”这个口号虽然是陈伯达以个人的名义提出来的，实际上也是代表了当时党中央高层领导的意见。因此，他的讲话精神立即在学术界引起了强烈反响。根据上级部门的部署，科研机关、高等院校从事文史哲研究工作的知识分子进行了学习讨论。复旦大学历史系是全国高校中的重点系所，学术名人荟萃，因而，学校党委要求复旦大学历史系师生要积极行动起来，贯彻史学要“厚古薄今”的精神。

4月2日，历史系全体教师和研究生召开学习讨论会，主要是辩论如何理解和贯彻“厚古薄今”方针的问题。周谷城在发言中谈到，既然“薄古”，那适当地减少讲授古代史课的课时也是一种办法。为此，周谷城主动提出可以将他担任世界古代史的教学时间由每周的四课时减少为两课时。他还说：“时间减少后，保证教材分量、质量绝不降低”，“古代史仍然是要研究的，要继续编《古史零证》论文，编世界古代史教本。”显而易见，周谷城的发言，与陈伯达所讲的“厚今薄古”之本意是格格不入的，他完全违背了史学必须为现实政治服务的宗旨。

当然，周谷城不会轻易改变自己的意见，他在辩论中还说道：“所有历史都必须要为生产服务，不能只要古代史，不要现代史；也不能只要现代史，不要古代史”，“只要达到古代史为中古史服务，中古史为近代史服务，近代史为现代史服务，现代史为社会主义建设的服务目的就好了。”

周谷城的讲话与“厚今薄古”精神背道而驰，在接着的辩论会中，一些是非不明的学生就直接点名地写大字报，批评了周谷城，“我们认为教师在世界现代史讲授中，越是接近当前斗争的问题，就越是讲得少，往往避而不谈，反之，则讲得越多越详。这种现象实质上是与‘厚今薄古’的精神相违背的，应彻底加以改变。”

在4月12日历史系师生举行的第三次辩论会上，周谷城联系自己在教学工作中的缺点作了检讨，讲了些违心的话。他说：“我们教历史的，在教学过程中，要使同学受到阶级斗争的教育，我们的古代史、中世纪史和近代史课都没有做到这一点。这次同学提出意见和大字报之多就可以说明，也说明教学上没有灭资兴无，没有为社会主义服务。

“在世界史方面，现在的世界史只有资产阶级的和社会主义国家的两类，资产阶级的应该收起。但我们自己在以马列主义观点来研究世界史方面却做得非常不够，我自己就是如此。我编的《世界通史》中政治性较强的第四册到现在还没有写出来，这是不对的。我校培养出来的中学老师，有的也不能顺利地完成教学工作，学生对先生的教课不满意。我校培养出来的到科学研究机关去工作的学生，据反映也是不专不红，还需补课。所以在培养学生灭资兴无方面也没有达到要求。

“我的年纪虽大，但还有勇气，我现在正在写讲稿，改正教学中的缺点，必须‘厚今薄古’，必须为现实服务，但历史不能割断。”

在开展辩论活动，批评周谷城等所持资产阶级学术权威观点的同时，复旦大学历史系破除对资产阶级专家、教授的迷信，号召学生自编教材。四年级学生只用了短短四天时间就编出了《世界现代史教学大纲》，二三年级学生则编出了《中国工人运动史》《中国人民反帝斗争史》等教学大纲，接着又编出了《中国近代史》《世界近代史》《亚洲史》等课程的讲义。通过这些活动的开展，周谷城的处境就可想而知了。

随着运动的深入，斗争的目标开始转向拔资产阶级学术权威的“白旗”了。拔旗的靶子自然而然地转向了批判学术权威的身上。其时，周谷城所编《中国通史》就被推上了批判的舞台上。

有人借“拔白旗”之风势，上纲上线，说：“本书是在马列主义词句的掩饰下，大量贩卖着资产阶级的黑货，曾经迷惑了不少读者，为了肃清毒瘤，锄掉毒草，也为了帮助周先生正视自己的错误，‘拔白旗’，插红旗，因此很有批判的必要。”

这位写大字报的人还追溯历史说道：“这样一本在解放以前写的历史书作者在学术上又是站在地主、资产阶级立场上，书的内容有许多严重错误，但是，作者在解放以后的1955年对本书修订时，实际上并没有作根本性的改动，完全没有提到本书在立场观点方面存在的严重错误，相反地，仍认为本书既有丰富的史判，又具有成确的观点。”

不久，即1958年7月，《新建设》杂志刊出《评周谷城著<中国通史>》一文，对周谷城在《中国通史》中阐述的史学观点进行了批判。当周谷城看到此文后，他立即在9月的《新建设》上发文为自己的学术观点辩护。他写道：“说这本书发行量很大是真的，说没有人进行过认真的批评也是真的，只有说‘造成的不良影响也是难以估计的’，我不能相信。”

周谷城为自己辩护，不肯退让，坚持自己的观点的态度，自然让一些批评者感到不快。因而，又有人撰文继续批评周谷城为自己辩解的错误做法，“令人失望的是周谷城却顽固地拒绝别人的正确批评，连自己的一个小缺点都不肯承认，态度如此傲慢，实在是出于我们意识之外”，“对于周先生的这种坚持错误的态度，我们感到非常遗憾。”

于是，又有人写文章批评周谷城的做法，说“《中国通史》是一部在许多地方有意无意地为地主阶级利益辩护的坏书”，“有些错误的性质是极其严重的”，“单就已经揭露和批判的带有政治性的严重错误来看，完全可以说《中国通史》是一部站在地主、资产阶级立场上为封建主义、资本主义制度辩护的坏书。这样一本错误百出的书，在向共产主义社会过渡的今天看来，特别显得令人不能容忍。”

在“拔白旗”风潮的极力鼓动下社会舆论“一边倒”，而周谷城竟然敢为自己的学术观点辩护，对批评者进行反批评，这就带来了更多的麻烦，招致了更为猛烈的批判。

一位附和风潮的教授撰文写道：“既然周先生还没有正视自己的错误，就有必要继续进行深入的批判。”他说，“周著有四个方面的错误：歪曲和污蔑农民起义，颂扬封建统治阶级，为洋务派的‘复兴新政’辩护，轻视劳动人民创造文化的作用。”还认定，周谷城歪曲农民起义的观点主要表现在：“掩盖农民起义的真正原因”、“丑化农民起义军”、“污蔑起义的农民群众”、“不承认农民起义能推动社会生产力向前发展”等。

上述文章还借用毛泽东1957年在反右派运动中的一个观点，即知识分子都由工人农民养活的说法，在文章中说道：“既然如此，知识分子怎能脱离劳动人民去创造文化，而劳动人民既然能劳动，也就能创造文化”，等等。

诚然，周谷城在《中国通史》中曾阐述了科学文化由知识分子总结创造的观点，他说：“农民和奴隶没有闲暇过观念生活，厌之不能保存过去的经验，不能有学问……士原为贵族之最低一级，最有资格研究学问，保存知识。”这样说，其实也并无不当之处，但这位教授在援引了上述观点后批判说：“正因为农民和奴隶都是些辛勤的劳动人民，是经常在那里从事于生产斗争和阶级斗争实践的，所以他们所具有的这方面的经验和学问最丰富”，“世人都脱离劳动人民的实践，没有劳动人民的供养，不但创造不了学问，连活也活不了。”周谷城“只看到劳动人民不能有学问，其至不能保存过去的经验，这说明周先生在历史研究中是轻视体力劳动，轻视劳动人民。”

帽子如此沉重，的确使人怵然。

七、教书育人并重⑧

新中国成立后，周谷城就开始在复旦大学担任教学工作，主讲《中国通史》与《世界通史》等专业课，此外，还主讲了《世界文化史》等选修课。由于周谷城学识渊博，名气大，讲课颇有激情，特别是他讲课的形式独特、活跃，边讲边向学生介绍自己的治学心得，因此，学生非常喜欢听他的课，他开的课，常常爆满。

如前所述，1962年12月，周谷城在《文艺学》上发表了《艺术创作的历史地位》一文，提出无差别境界和时代精神汇合论，立即遭到口诛笔伐，连篇累陡地批判。历史系也有人就曾批判周谷城的这篇文章，参加批判的人说周谷城宣扬无差别境界是否认矛盾的普遍性和绝对性；企图以“合二为一，对抗一分为二”的革命辩证法；贩卖庸俗进化论，否认事物由旧质向新质的转化，否认阶级斗争是历史发展的动力；贩卖社会达尔文主义，抵制马克思主义的阶级斗争学说。还说周谷城是民族投降主义的吹鼓手，殖民主义的辩护士。说周谷城写的《中国通史》等著作“是反动历史观的一个大杂烩，是资产阶级反动历史观的博览会。”

就是在这种批判的火药味极浓的气氛中，周谷城仍满腔热情地给众多来听讲的学生主讲《世界文化史》课。有位当年听过他课的学生曾描述过周谷城上课的情景，说他“身材较高，戴一顶高级礼帽，西装革履，一幅大学者气派。讲话带有浓重的湖南口音，但我们基本能听懂。节奏不快，语调高低分明，语音浑厚，语言生动幽默。”周谷城在开场白说道：“我今天开始给你们上《世界文化史》，诸位可能以为，周某人现在被批得狗血淋头了，不觉得灰溜溜吗？我认为，学术问题讨论争鸣是好事，真理越辩越明。学历史的要以八个字为目标——古今中外，博大精深。”说完这几句话，他信手在黑板上写这8个字。接着又说：“资本主义社会才有几百年的历史，马克思就写出了《资本论》，而中国封建社会那么漫长，对于它的产生、发展和衰落的历史过程，对于在中国封建社会里创造的光辉灿烂的文化，还没有写出轰动世界的巨作，我们为什么不能写出一部《封建论》呢？希望诸位深思这个课题。”周谷城不顾险恶学术环境的压力，鼓励后辈要有勇攀学术高峰的志气，确实对他们鼓舞极大。

周谷城教课的特点是“开无轨电车”，喜欢“海阔天空地神聊”。他每次上课，第一件事就是在黑板上写标题和提纲，一般要写满黑板。他用的讲稿是活页的，但讲起来他不怎么看稿子。他重点讲学派讲体系。从古希腊罗马讲到东方的印度和中国，从亚里士多德、康德、黑格尔、费尔巴哈讲到马克思、恩格斯。虽然学生的哲学与历史学的素养有限，有时听起来觉得上课内容较深，会听不懂，但学生不得不佩服周谷城的确是名副其实的大学问家。

讲得兴浓之际，他说到他正受批判的时代精神汇合论的观点，他说：“时代精神是由一个时代的各种不同阶级的思想意识汇合而成的统一整体。在奴隶社会、封建社会和资本主义社会里，压迫阶级的思想意识和被被压迫阶级的思想意识，统治阶级的思想意识和被统治阶级的思想意识，都汇合为这些社会的时代精神。在我们这个时代，是由革命精神加上非革命的、不革命的乃至反革命的种种思想意识汇合而成为社会主义的时代精神。我的这种观点有什么错误呢？”周谷城对姚文元批判他的文章不屑一顾，他认为姚文元根本没读懂他的文章。

在课堂上，周谷城还讲到1933年他为胡愈之主编《东方杂志》“新年特辑”专栏写稿的一件往事。他说：“编辑部当时要求作者以《新年的梦》为主题。写个人梦想“未来的中国”和“未来的个人生活”，在这个杂志上发表了的除他之外，还有柳亚子、谢冰心、巴金、郁达夫、俞平伯、周予同、周作人、梁楸溟、朱自清等160多位，其中有各界名人，也有普通读者，如施存写的是：我梦想未来的中国是个太平的国家，富足、强盛、百姓都很舒服，说一句古语，“熙熙然等春台”。中国人走到外国去不被轻视，外国人走到中国来，让我们敢骂一声“洋鬼子”！周谷城告诉学生，说他的梦想与众不同：“我梦想的未来中国首要条件，便是，人人能有机会坐在抽水马桶上大便。”学生们听了大笑起来。周谷城当即作出了解释：“那时我30多岁，年轻气盛，总想标新立异，不想讲吃饭穿衣之类，人云亦云。让知识分子有地方住的梦想杜甫在《茅屋为秋风所破歌》中讲过了。我从小生活在湖南农村，所谓厕所根本就没有听说过，种田人就在茅屋旁搭一个棚子解手，即使在上海这样的大城市里，一般老百姓方便时，放一只马桶，大小便很随便，不文明也不卫生。毫无疑问，这是因为太穷了，吃饭都有困难，怎么能想到厕所间里有抽水马桶呢？当时，千千万万老百姓在水深火热的死亡线上挣扎，还要遭受帝国主义和反动统治者的残酷迫害，哪里有关心人民生活疾苦的政府？一个穷教书匠，除了冷嘲一声当时的社会之外，又能想什么？”经他一番话语，学生们心服口服，佩服周谷城的观点新颖，思考问题深刻，真正地体现了大家风范。

周谷城言传身教，经常注意开导学生，养成良好的学习习惯。有的学生回忆，周谷城上课守时是出了名的，上课铃一响，他准时走进教室，下课铃一响，马上结束，缓步走出教室。复旦大学校内，每周都有不少校内外的知名学者来作学术报告。怎样听好学术报告就显得尤为重要。有次上课，周谷城特别和同学们谈到了这个问题。他说到自己听报告的经验："我听别人的报告，一是要专心致志，聚精会神，二是自己要开动脑筋，把其内容用几句话串起来，这样能达到复述出内容的效果。"学生们都深感，与周谷城打交道，自己常常受益匪浅。

八、感言毛泽东的多次会见⑨

如上所述，周谷城与毛泽东早在五四时期就因追求新思想，寻找救国真理而结为知己。新中国成立后，两人有了更多的来往。毛泽东支持关于逻辑问题的大讨论，表明彼此间的友情正不断加深。周谷城和毛泽东的交往是真诚而频繁的。毛泽东到上海视察时，总是邀请周谷城到北京去叙谈叙谈，他每每受主席之邀，到中南海畅谈。每次见面，毛泽东第一句话总是："又碰到了。"这朴实的话语浸润着老朋友间不同寻常的亲密。一次，毛泽东去上海，陈毅在锦江饭店设便宴招待。晚饭后，去小礼堂观看一部写李自成的历史剧。毛泽东没有去前排为他准备的大沙发上就坐，而是同周谷城一道坐在中间的一排小椅子上，并笑着说："我们就甘居中游。"开演前闲聊，周谷城随便说了句："有人说，洪承畴之投降清朝具有善意，目的是减少汉人大遭屠杀。"毛泽东略带微笑地说："有此一说，不可不信，也不可全信。事情不甚简单，恐怕还得作些研究。"

1956年，周谷城应邀来到中南海露天游泳池。"你能游泳吗？"毛泽东问。"少年时在小河或池塘里，可以游几十码，不知现在还浮得起来否。""试试看。"毛泽东说。于是二人换上泳装，毛泽东从深水区下去，畅游起来，周谷城从浅水区下去，却始终不敢往深水区游。毛泽东朝他招手："来呀！"周谷城幽默地回答："我既不能由深入浅，也不能由浅入深。"

1961年"五一"节，毛泽东来到上海，周谷城等人受到接见。当晚，周谷城应报社之约，填词一阕，题为《五一晋见毛主席》，调寄《献衷心》，发表在次日的《解放日报》。词曰：

是此身多幸，早沐春风。蠲旧染，若新生。又这回倾听，指点重重，为学术，凡有理，要争鸣。

情未已，兴偏浓，夜阑犹在诲淳谆。况正逢佳节大地欢腾。人意泰，都奋进，莫因循。

毛泽东见到这首词，当即请周谷城来。他俩由这首词而谈到《离骚》，又由诗词而谈到政治，洋洋洒洒，天马行空。二人丰富的历史人文知识，严密的逻辑推理，不时碰撞出智慧的火花。由下午3点一直谈到6点，意犹未尽。周谷城偶然提及邓演达，毛泽东说：“邓演达先生这个人很好，我很喜欢这个人。”说到这里，俩人在一张小桌上用餐。毛泽东吃饭，喜欢在大米中掺些杂粮，周谷城戏称为“二色饭”。饭后，毛泽东一道把周谷城送上汽车。周谷城最后一次见毛泽东是1965年，在上海的一栋老式别墅。他们畅谈哲学、旧体诗，并一起吟诵李商隐的诗。

与毛泽东的交往，周谷城感到非常愉悦、幸福，也近距离地体察到了领袖风范，并从中体会到了深刻的人生哲理。有一次，他受复旦大学历史系学生之邀，专门作了一次讲座，讲了他与毛泽东交往的体会。周谷城特别讲了1958年1月初去杭州与毛泽东的会见。周谷城在同学们的热烈掌声中容光焕发地走上了讲台。他还未曾开口，就在讲台上拿起了一支粉笔，从容不迫地在黑板上写了两个大字：大和小。周谷城写完后回过头来，开始用抑扬顿挫的声音，慢条斯理的语调，开口说道：“主席很好！身体很健康，工作起来生龙活虎！”

教室里立即响起了一阵阵热烈的掌声，好像要把整个教室震塌了似的。“主席和我曾经是同事，大革命的时代，我曾在主席的感召下做过农民运动的工作。主席常邀我见面，这并不是因为我做了什么了不起的工作，而仅仅是我与主席有过这么一段故情而已。我平时不愿谈这方面的事，一则谈起来自己感到惭愧，二则害怕别人会说我周某某造谣撞骗。你们也不要这样啊！不要到处在外面进行宣传，说什么连夜把我们的周某某用飞机载到杭州去会见毛主席。切不要这样啊，这是很不好的！”

周谷城一本正经地讲了上面一段开场白以后，开始把话锋转入正题。

“主席很谦逊，我们和他在一起，像和老同事在一起一样，一点儿感不到有什么特别，一点儿感不到有什么拘谨。我们一块儿说笑，一块儿抽烟，一块儿吃饭。主席说话，总是谈笑风生的。主席说：‘一个人有没有架子，不要自己来鉴定，说我没有架子了。如果群众说你没有架子，那你才算真正的没有架子了。’这说得多对呀！譬如下放干部，他是不是真正地放下了干部的架子，自己说放下了不能算数，应当让群众来做鉴定。

“主席只要看到旁人有一点点儿成绩，总是给人以极大的鼓励。譬如在一次会议上，我说了一句‘鼓足干劲，力争上游’的话，主席连忙说：‘这句话说得很好啊！’以后先在《人民日报》今年元旦社论里第一次提到，第二次索性以这句话作为题目，在《人民日报》专门发表了社论。这是主席在鼓励人哪！”

周谷城讲到这里，声音显得特别的低沉，好像在记忆的追捕中，一丝一缕地抽引出来一样。教室里显得更静寂了，同学们显得更专心致志了。虽然没有机会像周谷城那样能亲眼看到毛泽东，但即使能听到一些有关他的事情也好呀！周谷城好像特别了解同学们的心情似的，继续娓娓动听地说道：

“主席很好学。他念了一本书又一本书。但是，主席的念书，并不是为了念书，而主席的念书是为了中国的革命，是为了中国六万万劳动人民。主席说：‘工业比较好搞，农业比较难搞。’因此，主席为了中国的四万万农民兄弟，就啃了一本‘土壤学’又一本‘土壤学’。主席年岁这么大了，每天还要念两个小时的英文。主席因为好学，当然也就尊学。他是中国伟大的革命家、思想家、军事家，他还是一位出色的诗人，出色的历史学家。他讲起历史来，古今中外，头头是道，连我这个所谓全国闻名的历史学家，在他的面前，也只得认输。那天深夜，主席指着一棵植物，问一名生物学家（系指一起召见而同去杭州的谈家桢教授）：‘这些叶片在吸收了土壤的水分以后，内含有百分之几的养分？’主席问着，我心里暗暗地为我的朋友着急。但是主席是不会给人难堪的。因为主席的讲话，即使谈学问，也是谈笑风生的。”

周谷城一边说着，一边情不自禁地呵呵笑了起来：“主席给我的总体印象，概括起来，就是这两个字——”周谷城一边下结论似的说着，一边指着最初在黑板上写的两个粉笔字：大和小。然后进一步作解释说：每次接受毛主席的召见，我总感到自己的渺小。虽然几十年来，我写了几百万字的书，在外面说起来，周某某是个大教授、大学者，不仅写了《中国通史》，还出版了由中国学者第一个写的《世界通史》，还有哲学、美学、逻辑等方面的著作，好像很了不起。但主席就不同了。主席想到的，就是中国，就是中国八万万人民。主席终日说‘算着的是中国缺少哪些东西，需要编起来，或者从外国买进来；中国有哪一些是多余的，可以推销到国外去。一言以蔽之，主席想到的就是这个‘大’字，就是中国八万万人民的这个‘大数目的大’字。每次接受毛主席的接见，每次就感到自己的惭愧，自己的渺小，要做的还那么的多，但自己却并不争气，做得那么的少，又那么的不好。像主席那样的人，任何知识都会在他的身上发生很大的作用。因为主席想到的，就是这个‘大’字啊！”

周谷城从黑板上写上“大”与“小”这两个字开始，最后到“大”与“小”这两个字结束，娓娓道来，竟然谈得那么的完整，那么的紧扣中心。周谷城还谈到，有一次，毛泽东在会见他时说：“最好把西方哲学家所讲的逻辑，每一个人的，都给写一篇或几篇说明介绍的文章，从古到今，来它个系统的叙述。”这件工作，大概毛泽东希望周谷城能做，不知何故，周谷城未能积极去做。毛泽东又对周谷城说：“最好把所有的逻辑书，不论是新的或旧的，过去的或现在的，一律搜齐，印成大部丛书，在前面写几句按语式的话，作为导言。”这件工作，毛泽东也是希望周谷城能同有关书局联系进行此项工作，但也不知何故，周谷城也未积极进行。对这两件事，周谷城感到内疚。

后来，出版社给周谷城来信，说《形式逻辑与辩证法》一书要出版了，目录也寄给了周谷城，但不是出逻辑大部丛书，而只是几篇辩论文章，周谷城不知按语式的导言还要不要？于是向毛泽东写信。毛泽东在回信中说：

谷城兄：

两次热情的信，都已收到，甚谢！大著出版，可资快读。

我对逻辑无多研究，不能有所论列，问题还在讨论中，由我插入一手，似乎也不适宜；作序的事，不拟应命，可获谅解否？敬复。

顺颂

教安！

毛泽东

一九五八年七月二十八日

“无多研究，不能有所论列”，这是谦虚之词，至于毛泽东对逻辑问题的争论不愿发表意见，正是为了让大家继续开展争鸣，这是睿哲英明之见。

九、论“史学与美学”

在党的“双百方针”指导下，周谷城积极进行学术问题的探讨。1961年3月，他在《光明日报》发表了《史学与美学》一文。这是一篇专门研究美学问题的有独特见解的文章。综观全文，可知周谷城在早年钻研美学问题的基础上，经过多年的学术研究与独立思考，他在美学这一学术领域又有了新的认识。尽管其观点不一定为学术界同仁所接受，但其看法充满新意，令人回味。

《史学与美学》的主要内容由以下几部分组成：

（一）关于由史的创造到美的创造问题

周谷城指出美的创造与历史过程‘即斗争过程’是密切相关的。美的源泉只能从斗争中来。没有斗争，便没有成败可言，没有成败可言，感情或情感便不会发生，情感不发生，美的来源一定枯竭。人的生活，可能不一定都有情感，但美或艺术或艺术品，却是以情感为其源泉的。情感之发生总由于斗争有成败。有人认为，所有艺术品，其萌芽之时，都带有戏剧意味，这不一定正确。但所有艺术品都或多或少反映着斗争所引起的情感，则是真的。如反帝爱国，对压迫阶级作斗争，几十万人集合于一处，唱爱国的歌，呼愤怒的口号，一人唱，千人和，或万人和，其场面很伟大也很动人。报上纷传，帝国主义者到处碰壁，到处挨打，其所扶植的傀儡，一个一个崩溃下去，将见帝国主义者自己也崩溃下去。大家的愤慨，不断增长；对敌人的仇恨，也与日俱增。艺术家作反帝爱国图，或编反帝爱国歌，其所表现的重点，是愤慨或仇恨。愉快、愤慨、仇恨等情感只能从斗争中来。由此推广一点说，一切情感之产生，都由于先有斗争。斗争即历史过程，其自身，可以引出情感，其结果更能引出情感。

接着，他分析说，历史过程是不断的，但在历史上所演的斗争却是一段一段的。因此，演变的历史实成于一段一段的斗争。换句话说，是断而相续的。正如宇宙，是统一的整体，但构成这统一整体的物，却是无数的部分。换句话说，是多统于一的。宇宙若不是成于无数的部分，不是多统于一，那将没有发展变化可言，从而没有一切千差万别的存在。历史若不是成于无数的阶段，不是断而相续，也将没有发展变化可言，从而没有一切千差万别的事情。我们自己的生活，也是如此，也是由无数阶段构成的，也是断而相续的。一切斗争，都有阶段。每一阶段的斗争过程都是辩证的，即由“在自”到“外自”，由“外自”到“为自”是也。拿新中国成立初期的“土改”来说，我们原来安于一种土地私有制，这是一个客观现实。但到某阶段我们与私有制不能相安了，即提出一种土地公有制的理想。公有制的理想一方面要否定私有的现实，另一方面，其自身却要实现为新的现实，即土地公有。私有的现实为“在自”，则公有的理想为“外自”的，即外化其自身，使自身变为非自身的。公有的理想为“外自”，则公有的新现实为“为自”的，即复返于其自身，使自身成为较高一级的。任何斗争过程，都由“在自”，外化其自身；由外化了的自身，复返于其自身，成为较高的一级。

斗争的过程，或者说历史的过程，它是一个辩证的过程。那么，在这一过程中反映出来的精神状态，有知、意、情等。由“在自”到“外自”之交，即由安于现实到与现实不能相安的时候，精神的活动表现为思考，为找出路，为制订方案，这即理知的活动。方案是要否定原来的现实的，同时也是要实现其自身而为新现实的。一经制订，我们即照着做，不犹豫，奋勇前进，以期它的完全实现，这即意志的活动。方案完全贯彻了，新的现实完全出现了，主观与客观之间没有距离了，我们的要求与新的现实融合无间，心情无不舒畅，这即情感的活动。不过，要注意的是，理知的活动，主要在由“在自”到“外自”

之交；意志的活动主要在由"外自"到"为自"之交；情感的活动主要在"为自"的完全实现。三者虽相续，却是有区别的，当然有区别并不意味着可以分割。恰恰相反，三者彼此是相续而不能分割的。不仅不能分割，而且彼此常是交错的。我们作科学研究时，不能说只有理知活动，毫无意志的支持，或感情的流露。我们努力进攻敌人时，不能说只有意志活动，毫无感情的流露，或理知的指导。我们摄取艺术源泉时，不能说只有感情的活动，毫无理知的分析或意志的支持。

既然斗争过程中体现了"知、意、情"等精神活动，那么，美的源泉只能从斗争中来，无斗争即不可能有美的源泉，换句话说，即不可能有情感。美的源泉，可能不单纯是情感，但主要的一定是情感。依源泉而创造的艺术品，其作用可能不单纯是动人情感，但主要的作用一定是动人情感的。历史过程即斗争过程。每一阶段的斗争，都必反映出知、意、情等精神状态。情的这一状态与美或艺术品结了不解之缘。斗争过程及斗争结果，历史学家可据以编史；斗争过程及斗争结果所引出的情感，艺术家可据以创造艺术品。斗争的结果或为成功，或为失败，历史学家可据以编写史书，以教育人，使继续斗争；成功所引出的愉快之感，或失败所引出的悲恸之感，艺术家可据以创造艺术品，以感动人，使继续斗争。历史学家与艺术家所处理的对象，又几乎全异，前者所处理的为斗争过程及斗争成果，后者所处理的则是过程与成果所引出的感情。

当然，我们要看到：斗争是属于阶级的，感情之生，又因阶级而异。奴隶与奴隶主斗争，前者胜，则后者沉痛悲伤，前者愉快兴奋；后者胜，则前者沉痛悲伤，后者愉快兴奋。由此推广一点说，农奴与地主斗争，无产阶级与资产阶级斗争，民族国家与帝国主义斗争，以及一切被压迫者与压迫者斗争，其成败所引出的情感，在正反两面，完全不同。前者得胜，则后者沉痛悲伤，前者愉快兴奋。反之，后者得胜，则前者沉痛悲伤，后者愉快兴奋。人类中间，阶级斗争还没有结束之时，由阶级斗争所生的情感，在不同的阶级中，彼此总是不同的。

（二）谈美的创造的科学过程

关于美的创造的科学过程，周谷城有其较为系统的深刻见解。

首先，他指出艺术品的产生离不开物质的存在。他说，有了感情，自然会表现出来。乐极而笑，悲极而哭，就是简单的表现。表现于物质，能留下来供人欣赏的，就成了艺术品。艺术家在一切斗争过程之中，流露了自己的情感，或摄取了群众的感情，便是有了艺术的源泉，或艺术的原料。有了源泉或原料而不用物质表现出来，或不表现于物质，便不能有艺术品。就事实看，艺术品的美，或美的形象，虽“不是”物质的本身，“却在”物质的本身。如建筑艺术的形象虽不是钢骨水泥、石灰、砖瓦等的本身，却在钢骨、水泥、石灰、砖瓦等的本身，因为离开了这些，建筑艺术的形象即无处存在。我们有很多艺术品是历史上传下来的，但这些艺术品都与物同在：如一座座的古建筑，一件件的古雕刻、一幅幅的古图画、一册册的古诗歌、一本本的古乐谱，都是物的存在。离开了一座座、一件件、一幅幅、一册册、一本本，将只有艺术品之名，而无艺术品之实。

感情一经有了物质的表现，成了艺术品或艺术活动，其自身又能动人，又是唤起感情的。如图画、音乐、诗歌、戏曲、雕刻等独立的艺术品，完全没有直接生产作用，只以感人或动人情感而存在。艺术品表现感情，动人情感，这应当说是可以理解的。当然，那些为作者水平所限，既未表现感情，又不能动人情感的，则当别论。

其次，他提出要注意表现感情、动人情感的方法。其中，有最宜注意的一条，即不能用概括说明代替具体描写，不能用诉诸理智的办法代替诉诸感情的办法。我们参观某种艺术展览会，首先即看到大幅说明。我们看电影或京剧，亦常有说明书可看。说明可以帮助理解，使人易受感动，似乎无异于帮助艺术品本身，使多发挥作用，更能感人。但帮助理解，并不等于帮助感人，增加读者的理解力，究竟不等于增加作品的感染力。

不用概括说明代替具体描写，并不意味着艺术创作排斥科学技术的工夫。其实，积许多科学技术的细致工夫，可成表现感情而又动人情感的艺术作品。如我们看的电影就是如此。因此，问题所在，并不在于科学技术能否用于创作过程；而在于有无感情，有无源泉，供我们表达。

由上可知，有了感情，有了艺术源泉，就可以运用一切可能的方法，予以表达。一切可能的方法，有属物理学范畴的，有属心理学范畴的，还有属艺术学范畴的等，这都可以采用。再次，他就艺术作品并不等于客观存在等问题作了分析。他指出，一切艺术作品，务必表现感情，但感情的表现，必借有形的物质。故图画、书法、诗歌、音乐、戏剧、舞蹈、雕刻、建筑等，都是物质的表现。不过，物质的自身，并不就是艺术或艺术作品，作者必须从物质中摄取部分，进行加工，才能成为艺术或艺术作品。因此，一切艺术作品，都有所谓母题，所有母题都是客观存在于我们生活中的一件一件的东西、一桩一桩的事情、一个一个的故事。如果没有客观存在于我们生活中的东西、事情、故事等作为母题，则任何艺术品都将无人懂得，因此也就没有所谓的艺术品。

艺术作品，既然要有客观存在于我们生活中的东西或事情或故事等以为母题，那么创作不就等于模仿了吗？答曰不然。作品虽是反映我们生活中的客观存在的，但并不等于客观存在，必须有更多的一点。有这一点，虽模仿，亦创作；没有这一点，虽创作，亦模仿。用毛泽东的话来说，即要“比普通的实际生活更高，更强烈，更有集中性，更典型，更理想，因此就更带普遍性”。毛泽东的这段话，才把创作的标准，明示给我们了。更理想，更带普遍性的生活，既出自普通实际生活，其自身又将实现为较高级的实际生活；既是斗争的反映，又将推动继起的斗争。艺术家在斗争过程中，感到这一点，应该捉住，藏于记忆，千方百计再表现出来，使能感人。这一过程，就叫创作。

艺术作品既须先有感情，又须经过创作，这是无可怀疑的。但于此有一问题，即自然风景，是否亦先有感情，亦经过创作？如果不具感情，不经创作，为什么有人欣赏，也能感人？要回答这一问题，周谷城认为先须消除一种成见。什么成见？即误以为创作先于现成是也。其实我们的生活，是先与现成的客观存在相周旋，或打交道的，不是先与创作的艺术作品相周旋，或打交道的。只因主观客观由浑然一体进到两相对立，由平衡一致，进到对立矛盾，由隐而不显的斗争进到强而又烈的斗争。两方之间，失去了平衡；主观客观之间形成了差距；天然现成的东西，不能与我们相周旋或打交道了，于是有创作发生。首先创作的东西，自然是切于实际需要，而为生活所不可少的东西。这些东西既经创造出来，如能满足我们的需要，克服困难，解决问题，则引出成功兴奋的情感。反之，如不能满足需要，克服困难，解决问题，则引出失败悲伤的情感。情感停留下去，则又另选现成的客观存在之物来予表达。成功兴奋的情感表达出来，可感动继起的人，使能更兴奋，获得更大的成功；失败悲伤的情感表达出来，也可感动继起的人，使之由悲伤转而为兴奋，避免可能的失败。表现情感的工具，最初都是天然现成的东西，如飞禽、走兽、游鱼、人、物、山、水、日、月、风、云、雨、露、雪、霜等，无不可以表现情感。但不予集中，不一件一件从其周围的环境划分出来，表现的力量即不能显出。这一划分，便开始创作。自然风景，或由人划分、指定，或由人看守、培养，划分、指定、看守、培养，无异于创作活动。因此，自然风景，只要成了风景的，如庐山面目黄山面目桂林山水等，无不可以表现感情，所谓"雄健"、"伟大"、"惊险"等词，在科学家都不能接受，然欣赏山水者却津津乐道。科学家所看到的是自然，欣赏者所看到的却是自然所表现的人的情感。山水能表现人的情感，与飞禽、走兽、梅、兰、竹、菊等之能表现人的情感是一样的。

说到这里，周谷城指出又有两个问题是必须弄清楚的，一则人的情感是有阶级性的，是否也表现于自然风景？二则自然风景是没有阶级性的，能否表现有阶级性的感情？关于前者，可以明白地说，人的阶级感情，也常表现于自然风景，或借自然风景以为表现，游山玩水的人，因阶级不同，对自然风景的选择亦不同，即是明证。旧话有谓"智者乐水，仁者乐山"，智者仁者，并非阶级不同，对山水可有选择；至于阶级不同，感情不同的人，对山水的选择，当然更是不同。关于后者，我们也可以明白地说，没有阶级性的风景，能表现有阶级性的感情；描写自然风景的诗，常露出不同的阶级感情，即是明证。

从以上内容可见，周谷城对美的创造过程，以及对一些具体问题的探讨，可谓是十分明了了。

（三）由美的创造再到史的创造问题

美的创造与历史过程，即斗争过程，密切相关，美的源泉只能从斗争中来。对这点，如前所述，周谷城已作了结论。至于由美的创造再回到历史的创造，回到斗争的过程中去，周谷城则又有自己的新见解。

他先指出，既能表现感情，又能动人情感的艺术作品，是没有直接生产作用的，如一张画、一章乐、一曲歌、一首诗、一出戏、一场舞，等等，都没有直接的生产作用。能否据此就说艺术无用？其实艺术不是无用的，其用不在生产而在感人。优秀的艺术作品，感人之深能使人变化气质，改造品性，树立崭新的世界观，从而做出惊天动地的事业，或参与其中，贡献力量。这种作用，远非一般生产作用所能比拟。一场电影，如《白毛女》，可以使我们的人民解放军流泪，持枪杀敌，奋不顾身。电影戏剧等感人之深，显而易见。其他如诗歌、音乐、图画、雕刻、建筑等，其优秀者都能表现感情，动人情感，从而影响人的品性，帮助树立崭新的世界观，进而改造历史。感人的作用，并不亚于生产的作用。为艺术而艺术的事，是没有的。

这里应指出的是，艺术感人，能帮助人的品性的改造，但与教育教人，以改造人的品性者不同。教育说理以改造人，如教材、讲演等，都是提供知识，说明道理的。教育过程之中，虽有人格感化等，也重感人，但主要的任务却是提供知识，说明道理。艺术不然，表情以感动人。如“诗可以兴，可以观，可以群，可以怨”，都只诉诸人的感情，而不诉诸人的理智。兴、观、群、怨，旧的解说多不相同。但有一点，是可以断言的，即不是诉诸理智。如诉诸理智，其用即近乎教育。艺术之感人，也常用说理的手段，以达到感人的目的，如电影戏剧之有说明，图画展览之有题解，都是说理的；但主要任务却在表情，以动人情感。教人，则说理唯恐不透；感人，则表情唯恐不真。

那么，感人的艺术品与历史的创造究竟有何关系呢？周谷城对此作了如下分析：感人的艺术品，就其能反映实际生活上的要求而言，又可称为理想或理想的代表。在反动统治时代的封建社会里所有艺术品，不代表地主阶级的理想，即代表农民阶级的理想。雕刻如《福禄寿三仙》，表示着地主阶级希望升官发财，多福多寿。戏剧如《蝴蝶杯》，表示着农民激烈反抗压迫，打击恶霸。其他任何一种艺术，无不各自代表多少理想。时代变了，阶级变了，艺术品所反映的要求或理想亦随着变，或表示农民的热诚，或表示工人的刚毅，或表示士兵的英勇，或表示广大人民反帝爱国斗争中的愤慨。社会主义时代的今日，所有艺术品都表示着新的理想。新的理想或巩固新的现实，或把自身实现于较高的新现实。“历史学家从现实中抽出规律，组成理论，以为理想，艺术家从现实中捉住感情，造成艺术品，以为理想。历史学家的理想是指导人的，艺术家的理想是感动人的，然而都是载道的，都推动斗争，使不断前进。就其实现自身为新现实这一点而言，其作用有如桥梁，原来的现实，是‘在自’的；理想出自现实，外化其自身，比原来的现实更带普遍性，可称为‘外自’；理想实现其自身为新的现实，复返于自身，是‘为自’的。任何艺术品，如果是优秀的，不能不代表多少理想，否则不成其为艺术品。反之，任何艺术品必是新旧现实的桥梁，由旧现实的母胎中产生，又实现其自身为新的现实。”[10]

总的来说，艺术的创造与历史过程，或斗争的发展是息息相关的。斗争的发展是无穷的，出自斗争而又为斗争服务的艺术，其发展也是无穷的。在斗争过程之中，我们遇到困难，发生问题，主客观即分裂为二，对立矛盾。这时我们即放慢行动，或完全停止行动，进行科学分析，企图制出蓝图，克服困难，解决问题。蓝图制定了，照着行动，主客观又恢复统一，融为一体，或达到平衡。主客观的统一、平衡或融为一体，是克服困难，解决问题的结果。“绝对的平衡统一，平静无波，可能是我们热烈所求的，但不是事实许可的。事实许可的，总是对立斗争与平衡统一互相交错。历史的发展与生活的发展，总是以对立斗争为推动的原因。每次平衡统一动摇，对立斗争出现，历史学家可进行科学分析，制出蓝图，以便遵行，获得主客观的再统一。艺术家对此，则捉住感情，创作艺术品以感动人，使各自寻找蓝图，或另制蓝图，以统一主观和客观。”[11]周谷城非常赞同毛泽东的主张，即“革命的文化，应当根据实际生活创造出各种各样的人物来，帮助群众推动历史的前进。例如一方面是人们受饿、受冻、受压迫，一方面是人剥削人、人压迫人，这个事实到处存在着，人们看得很平淡，文艺就把这种日常的现象集中起来，把其中的矛盾和斗争典型化，造成文学作品或艺术作品，就能使人民群众惊醒起来，感奋起来，推动人民群众走向团结和斗争，实行改造自己的环境。”革命文艺如此，一切艺术亦无不如此。斗争的发展是无穷的，为斗争服务的艺术，其发展也是无穷的。

综上所述，周谷城对美学与史学的关系问题作了认真的探讨，他提出的以上观点是非常新颖的，也是颇启发人的。

十、"我的文艺理论观"

为了推进学术的繁荣和发展，在党的"双百"方针指导下，周谷城孜孜不倦地治学，积极探索文史哲等领域的各种问题。1962年，他在《新建设》第12期上发表了《艺术创作的历史地位》一文，比较系统地谈了他的文艺理论观。由于其见解独特、新鲜，从而又在文艺理论界引起了另一场影响甚大的争论。

在《艺术创作的历史地位》一文中，周谷城提出了两点新见：一为"无差别境界"或"没有矛盾的境界"，一为"时代精神汇合"论。以下分而述之。

"无差别境界"论的提出，周谷城认为是反对艺术无冲突的，"无差别境界，不仅没有艺术创作，而且没有一切创作的活动可言。"当时反对周谷城"无差别境界"论的人却把上述用意搁置一边，专门来谈"无差别境界"或不矛盾的本身到底有没有。周谷城对此问题的看法极为明确。他指出，不矛盾的境界是有的。大家都认为，矛盾是普遍存在的，这是不错的。但这并不等于说不矛盾不存在，恰恰相反，更可以说不矛盾也普遍存在。如我们做好了一件麻烦的事，随即感到轻松；解好一道数学难题，随即感到心情舒畅；打了一次大胜仗，随即开庆祝会；等等，都是矛盾解决之后，不矛盾随之而来的实例。当然，旧矛盾解决了，新矛盾又会产生。不过那只能说是"矛盾永远解决不完"，却不能说是"矛盾永远不能解决"。打仗只能一仗一仗地打，不能无止境地打；吃馒头只能一个一个地吃，不能无止境地吃。不矛盾与矛盾，在时间上是相续的，如团结—批评—团结，批评是解决矛盾的，团结即矛盾得到了解决。其次不矛盾与矛盾在空间上是并列的，如"军民团结如一人，试看天下谁能敌"的口号，无敌于天下，讲的是矛盾方面；军民团结如一人，讲的是军民之间没有矛盾。事实也正凑巧，矛盾越激化的时候，不矛盾也常常随着越显明。无产阶级与资产阶级斗争尖锐之时，其内部的矛盾几乎无形消灭！大家都说，矛盾是绝对的，不矛盾纵然有，也只是相对的。其实也不尽然，火车在轨道上走得很顺利，是不矛盾；忽遇障碍，不能走了，是矛盾；去掉障碍，又顺利地走，是不矛盾。我们所有的火车顺利地走应该是绝对的，遇障碍不能走应该是相对的，更不能说遇障碍是矛盾的激化，是产生新矛盾的条件。这样说来，宇宙不成了铁板一块吗？不然。我们虽说“不矛盾”也普遍存在，并不等于说“矛盾”不是普遍存在的。“不矛盾”与“矛盾”很好地构成了宇宙。若只有“不矛盾”而无“矛盾”，宇宙真会成一块铁板，反之若只有“矛盾”而无“不矛盾”，则“矛盾”两个字的本身，根本就不会出现，出现了也无人能懂。不矛盾构成矛盾的事，是极寻常的。例如矛与盾，是互相矛盾的，然而矛却不能同自己矛盾，而只能同一于其自身，否则不成其为矛；盾也不能同自己矛盾，而只能同一于其自身，否则不成其为盾。矛与盾都不成东西，其间的相互矛盾便谈不上了。所以宇宙不会是一块铁板，是由不矛盾与矛盾构成的。因此不矛盾或无差别境界在自然界或社会中或历史上都有地位。

周谷城表述的第二个新观点，即“时代精神汇合”论。他对此点的解释，认为即不同阶级不同个人思想意识的统一整体。在创作过程中，“超出模仿的东西，就一方面说，虽属出于创作，然就另一方面说，却是广泛流行于整个社会的时代精神。”[12]具体言之，在原始氏族社会，因为人与自然的斗争，部落与部落的斗争，常形成各种不同的思想意识，汇合而为氏族社会的时代精神。在奴隶制社会里，生产力比以前大大进步了，社会分裂成为剥削与被剥削的不同阶级，压迫与被压迫的不同阶级。随着阶级而出现的有国家制度。这时的人，除与自然作斗争外，尚有阶级与阶级的斗争，民族与民族的斗争。所有这些，又形成较前此更复杂的思想意识，汇合而为更复杂的奴隶制社会的时代精神。由奴隶制社会进入封建社会，由封建社会进入资本主义社会，生产关系随着不同，各种斗争亦随时代而有异。封建时代，农民反抗封建地主的剥削与压迫，不断爆发斗争；资本主义时代，工人反抗资产阶级的剥削与压迫，也不断爆发斗争。因此封建时代又有各种思想意识，汇合而为当时的时代精神；资本主义时代又有各种思想意识，汇合而为当时的时代精神。因此，“各时代的时代精神虽是统一的整体，然从不同的阶级乃至不同的个人反映出来，又是截然不同。这种种的不同，进入各种艺术作品，即成创作的特征或独创性，或天才的表现。就其广泛流行于整个社会而言曰时代的精神；就其分别反映于具体作品而言曰天才的表现。”⑬

周谷城对文艺创作理论的新见解，自然引起了不同学术观点的争论。当周谷城发表《艺术创作的历史地位》一文后，1962年4月，王子野在《文艺报》上发表对周谷城以上的文艺理论新见的评论。认为周谷城的文艺理论观，采用的是抽象的心理分析法而不是采用阶级观点和阶级分析的方法来对待艺术创作的问题，对他的“无差别境界”论与“时代精神汇合”论分别作出了具体的评论。如对前者，王子野认为旧问题、旧矛盾的解决和新问题、新矛盾的相继产生当然有一段间隙，但不能称之为“无差别的境界”，并引用毛泽东的《关于正确处理人民内部矛盾的问题》中的观点，指出矛盾不断出现，又不断解决，这是事实发展的规律，并不存在什么无差别的境界。因此，王子野据其观察的事实得出结论说：“旧矛盾刚刚解决之后，而新矛盾还没有突出显露之时似乎有一段相对平静的时间，但也很难说是无差别的境界，因为矛盾并没有消灭，新矛盾还在潜滋暗长，只是不很显眼而已，差别是什么时候也不会消灭的。”“无差别的境界同敢于正视矛盾的精神不能不是相左的。”对于后者，王子野评论说：周谷城的“创作活动的开始，只能在生活发生波澜或震动时，只能在生活发生问题或矛盾时。没有波澜或震动，没有问题或矛盾的宁静生活，像没有微波的秋水一样；既没有客观的任何变动，也没有由这变动引起的任何主观的要求；主观客观云云，完全统于一体，这样的境界，固不能发生任何创作活动”这一说法是错误的。因为他没有说清社会生活的波澜、震动、问题、矛盾意味着什么？“我们认为……主要的是阶级与阶级之间的斗争，是政治上经济上的变革，而周先生却把社会生活的矛盾缩小为客观情况与主观自我的相违，也就是心身统一的活动受到破坏，使生活陷入困境。我们很难同意这样的看法。难道社会生活中的错综复杂的矛盾能够简单归结为心身统一活动的分裂吗？难道地主、资本家剥削工人、农民，帝国主义者压迫、侵略殖民地都能用心身统一活动的受破坏来解释吗？”⑭

对于王子野的批评，周谷城认为这纯属学术问题上的争论，对其中的是非，应该允许通过争鸣，来明辨是非，或求同存异，而不是以指责对方距离马克思远近的简单方法可以解决的。这样，他在1963年第7～8期《文艺报》上又发表《评王子野先生的艺术论评》一文对其新见解作出进一步的论述，此文的重要观点有：一、生活上的矛盾是主导，但有获得解决之时；二、思想来自实践，又可变为事实；三、艺术作品反映斗争，又为斗争服务；四、艺术作品与历史陈迹是有别的；五、艺术要表现感情，动人情感。周谷城尽量采取平和态度，与对方讨论问题，明辨是非。

然而，就在周谷城与王子野开展认真、严肃的学术讨论之际，姚文元的所谓"金棍子"却针对周谷城的"时代精神论"等观点，恶狠狠地批打过来。姚文元在1963年9月24日的《光明日报》上发表《略论时代精神问题》一文，他在张春桥等人的怂恿下，批判周谷城的观点，说"文学艺术作品中的时代精神，是革命阶级改造世界的一种精神力量。它反映革命阶级改造世界的实践的要求，反过来推动革命实践的发展。它是历史变革中代表时代前进方向的新的、革命的阶级、阶层的思想、情感、理想在文艺作品中的集中表现，是一定历史时期广大劳动人民的利益、愿望、要求在文艺作品中的（直接或间接的）集中反映，是革命阶级和广大人民为实现一定历史阶段的主要任务而斗争的精神面貌和它的历史过程在艺术作品中的强烈反映。"时代精神就是革命精神"，这是姚文元挥舞"金棍子"，批判周谷城的观点所打出的第一棍。他打出的第二棍，即说周谷城的文艺观是与马克思主义唱反调的。他说："周谷城先生……可能走进死胡同。他孤立地和抽象地谈新和旧，没有从上层建筑同基础关系上去谈创新，这种方法是属于从艺术解释艺术的历史唯心论的范围，而不属于坚持马克思主义能动的革命的反映论的历史唯物论的范围。"

姚文元不是采取平和的讨论的态度来明辨是非，而是以势压人，以"棍子"打人。周谷城并没低头，他在11月7日《光明日报》上发表《统一整体与分别反映》等文，与姚文辩论。他理直气壮地说：姚认为时代精神就是革命精神，这不对。此论只能算是抽象概括的说法。若就事实稍稍分析，我们就会觉得并不如此，革命精神之外，还有些非革命的、不革命的，乃至反革命的种种，这在国内是如此，在国际上更是如此。反转来说，谓革命精神就是今日这个时代的精神，对不对呢？以偏概全，为逻辑所不许，如一定要这么说，至少须加三字，曰“的主导”，或“为主导”。加几个字，既着重了革命精神，而且以之与时代精神相提并论时，反说顺说，都讲得过去。如说今日这个时代的精神以革命精神为主导，或革命精神是今日这个时代的精神的主导，便妥帖了。

周谷城就姚文作进一步的剖析，表明了以下的思想观点：第一，他指出“时代精神汇合”论，主要强调两点，一曰统一的整体，二曰分别的反映。分别的反映为部分，统一的整体为全体。全体成于复杂众多的诸部分，这些部分彼此是对立斗争的。因此这样的全体，不是什么超阶级的空洞之物。反过来说，部分在整体内对立斗争，无时或息，因此只能分别反映，不能彼此代替。而姚文元却不以为然，既不承认有对立斗争的统一整体，又不承认有分别反映的个别部分。一提到统一的整体，就以为是杂凑的一锅，不合逻辑；一提到分别反映，就以为替资产阶级讲话，破坏了时代精神。姚的理论是有问题的。

第二，周谷城针对姚上述两个错误论点分析说，谓统一整体是杂凑的一锅，对；谓不合逻辑，不对。凡存在的东西，都是由对立斗争的诸部分所构成，自然现象是如此，社会现象更是如此。科学家所讲的“宏观世界”是这样构成的，即须通过不知多少万倍的显微镜才能观察的所谓“微观世界”也是这样构成的。就社会现象说，缩短点说，自有阶级社会以来，一个民族、一个国家、一个机关、一个团体、一个学校、一个家庭，乃至一个单人的头脑，其思想意识，无不是由对立斗争的诸部分构成的。客观存在的事实，用文字表达出来，怎说不合逻辑呢？谓分别反映，就是替资产阶级讲话，破坏了时代精神，这也说不通。为着革命，坚持无产阶级的思想武器，同资产阶级的思想作斗争，是千对万对的事，人人应该遵行。但斗争必须先有被斗者。如果无产阶级思想以外，资产阶级及其他一切非无产阶级的思想，从来就是不存在的，或者曾经存在过，今日已完全绝迹了，或者他们的反映，在任何一方面都是看不见的，那么我们的革命斗争还有必要吗？

第三，周谷城就姚文中的一些论调作了具体的剖析，予以反驳。姚文元自始就不承认不同阶级不同思想能汇合成为统一整体。其言曰：“怎样能够说，吾皇万岁的颂诗同马赛曲、马赛曲同国际歌等思想内容根本对立的作品都汇合而成为当时同一个时代精神呢？这是难以想象的，是违反逻辑的。其实，既然承认压迫阶级与被压迫阶级、剥削阶级与被剥削阶级存在阶级对抗，那么反映各个阶级利益的阶级意识也就必然存在对抗，而不可能汇合成什么统一的整体。社会主义社会中，无产阶级同资产阶级进行着你死我活的斗争，无产阶级思想同资产阶级、封建阶级思想当然也进行着尖锐的斗争，而不可能汇合成什么统一整体。解放以来文艺创作的实践告诉我们：文艺作品强烈地表现时代精神的时候，总是无产阶级革命精神十分高昂的时候，是社会主义文艺同资产阶级、封建思想彻底决裂并进行坚决斗争的时候。”[15]针对此段话，周谷城反驳说：一、不同阶级的不同思想既已进行尖锐斗争，那么自始就已在统一整体之内，不在统一整体之内，便不能进行你死我活的尖锐斗争。古今中外的阶级斗争都不是背对背的，而是面对面的；都不是隔了铜墙铁壁进行的，而是深入彼此的阵地的；不是和风细雨的，而是头破血流的。请问这样的斗争能在统一整体之外吗？如在统一整体之外，那便根本没有斗争；既已进行尖锐斗争，就必在统一整体之内。斗争把不同的思想拉在一块儿，构成对立斗争的统一整体；单纯一致的思想放在一块，自始就不会有斗争，更没有整体可言。能构成统一整体的，必是对立斗争的。二、对立斗争的诸部分如不在统一整体之内，便没有分别反映之可能，事实上也根本不会有分别反映。吾皇万岁的思想的前后左右如果没有非吾皇万岁的思想向它冲击，它会被分别反映出来吗？马赛曲的思想的前后左右如果没有非马赛曲的思想向它冲击，它会被分别反映出来吗？《国际歌》的思想的前后左右如果没有非《国际歌》的思想向它冲击，它会被分别反映出来吗？全世界30亿人的思想都是《国际歌》的，《国际歌》的思想还会被分别反映出来吗？对立斗争的诸部分，自始就是在统一整体之内的，统一整体，自始就是包括对立斗争诸部分的。三、至于说不同阶级的不同思想意识不能构成统一整体一说，拿与祖国的事实对照看也根本不相符合。祖国的文化遗产是不是统一整体？然而它却包括不同阶级的不同思想意识的。祖国历史是不是统一整体？然而它却包括不同阶级的不同思想意识的，而且自始就包括不同种族的不同语言和信仰！中华人民共和国是不是统一整体？然而截至今日止，它不仅包括不同阶级的不同思想意识，而且事实上还有不同阶级存在，不同种族存在，不同语言存在，不同信仰存在。如果认为不同思想意识不能构成统一整体，亦即部分不能构成全体，那么统一的中国、中国历史、中国文化遗产都将不能存在了！根据事实说，对立斗争的部分构成统一的整体是否认不了的。姚文坚决否认，但于不知不觉之中又完全肯定了。姚文说："要科学地认识什么是时代精神，就必须科学地分析时代，分析历史，分析时代精神所反映的客观的历史内容。列宁说：'马克思的方法首先是考虑具体时间、具体环境里的历史过程的客观内容，以便首先了解，在这个具体环境里，哪一个阶级的运动是可能推动社会进步的主要动力。'这也是我们分析时代精神的基本方法"。这一段话证明了一件事情，即对立斗争的部分构成统一的整体。假如存在着的只是单纯一致的东西，而不是对立斗争的统一整体，那还要什么"科学分析"？还要什么"首先了解"？还有什么"哪一个阶级"的问题？还有什么摸不清的"历史内容"？

第四，周谷城对不同思想意识要分别反映出来需要什么条件的问题作了明确回答。他认为唯一的条件，即对立斗争的统一整体。无论反映为风俗习惯，或反映为学术思想，或反映为宗教道德，或反映为文学艺术，都要以此为条件。没有这个条件，而谓有各种不同的反映，那是不可能的。姚文元不承认有这样的统一整体。认为周谷城的提法"是难以想象的，是违反逻辑的"，"是违反历史进程的"，"是违反科学分析、违反事实的"。而最终自己又自相矛盾地提出所谓"历史变革中代表时代前进方向的新的、革命的阶级、阶层的思想、情感、理想在文艺作品中的集中表现，是一定历史时期广大劳动人民的利益、愿望、要求在文艺作品中的（直接或间接的）集中反映，是革命阶级和广大人民为实现一定历史阶段的主要任务而斗争的精神面貌和它的历史过程在艺术作品中的强烈反映。"这不明明承认存在反映的条件吗？倘若没有，怎能写出有强烈反映的文艺作品呢？姚文元又承认"无产阶级革命时代，无产阶级的阶级理想、阶级要求、无产阶级彻底革命的精神，成为时代精神的表现；资产阶级的自由、平等、博爱，即成为同时代精神相敌对的思潮。"这不是也明明说了不同阶级的不同思想吗？不同阶级的不同思想是彼此独立互不相犯的？还是对立斗争构成整体的？如是前者，则根本不能产生革命精神；如是后者，不也承认了存在对立斗争的统一整体吗？

不仅反映的先决条件，是统一整体，即反映的具体表现，在艺术方面的，如建筑、雕刻，如图画、音乐，如诗歌、舞蹈等，只要是一件艺术品，也或多或少地反映统一整体的一部分。姚文元不同意这一说法，认为“这种方法是属予从艺术解释艺术的历史唯心论的范围”。周谷城认为此说是无根据的。姚至少是没有看懂原文的。原文明明说，不同阶级的思想构成的对立斗争的整体，又由不同阶级不同个人分别反映出来。统一整体的自身，根本就不是艺术，要分别反映出来了，才有沾上艺术的可能。周谷城反复强调，艺术作品所反映的部分，必须是斗争过程的部分。斗争过程至少须成于两个对立的方面，即压迫与被压迫，或剥削与被剥削的两个方面；单只一个方面，不能形成斗争。思想也是如此，所谓“广泛流行于整个社会的时代精神”，自始就包括对立两方面的思想，即奴隶与奴隶主的思想，农民与封建地主的思想，雇佣工人与资产阶级的思想；单只一方面的思想，不能形成斗争。艺术作品要反映对立斗争过程的一部分，不能离开斗争过程讲反映。

总之，不同阶级不同思想的对立斗争，自始就在统一整体之内，这在古今中外各国都是如此，中国今日的情况也还是如此。不过对立斗争的统一整体，自己不能表现自己，必须通过不同阶级不同个人分别反映出来。

注释：

① 周谷城：《上海大学生的进步》，《解放日报》，1950年月28日。

② 张光武：《史海丹心：周谷城画传》，上海：上海书店出版社，2005年，第55页。

③ 周谷城：《“东学西渐”——中国文化的历史地位》，《解放日报》，1951年1月1日。

④ 周谷城：《形式逻辑与辩证法》，北京：北京社会科学出版社，1960年，第11页。

⑤ 周谷城：《周谷城学术论著自选集》，北京：北京师范学院出版社，1992年，第542页。

⑥ 王方铭：《不能把自己的脑袋长在别人的脖子上》，《我们眼中的毛泽东》，第91—92页。

⑦ 张锡金：《周谷城在1958年“拔白旗”运动中》，《纵横》，2005年第1期。

⑧ 商鸣臣、李波：《周谷城先生授课断想》，《春秋》，2009年第1期。

⑨《周谷城与毛泽东的交往》，三周研究网。

⑩ 周谷城：《史学与美学》，上海：上海人民出版社，1980年，第114页。

⑪ 周谷城：《史学与美学》，上海：上海人民出版社，1980年，第114页。

⑫ 周谷城：《史学与美学》，上海：上海人民出版社，1980年，第125页。

⑬ 周谷城：《史学与美学》，上海：上海人民出版社，1980年，第125页。

⑭ 王子野：《评周谷城（艺术创作的历史地位）》，《文艺报》，1962年4月号。

⑮ 姚文元：《略论时代精神问题》，《光明日报》，1963年9月24日。

第十章

夕照青山

（1966—1996）

一、不当“风派”人物

1966年5月，“文化大革命”开始。由于“左”倾错误泛滥成灾，加上周谷城在学术上从不随便附和人家的观点，总喜欢独立思考，对一些重要的学术问题坚持己见，因而被打成复旦大学头号“反动学术权威”、“牛鬼蛇神”，关进牛棚，被罚跪批斗。尽管如此，他仍坚持自己的学术观点，照样从容论辩，不低头讨饶，绝不看风造文作违心之论。批斗他时，问他“时代精神汇合论”如何解释？他明确地说：“社会现象是复杂的，有革命的、不革命的、反革命的，这是客观存在，不是清一色。”“尼克松、田中来中国，他们不因到中国就不搞资本主义，我们也不因他们来了而不搞社会主义，岂能说时代精神只是革命精神？”他的所谓“交代”使审问者瞠目结舌，无言以对，显示出周谷城在学术上勇敢求实的精神。

十年浩劫期间，尽管周谷城受尽折磨，遭受“批斗”、“炮轰”、“抄家”，扫厕所，住“牛棚”，但他坚信“四人帮”只能猖獗一时，绝成不了气候。在当时那么艰难的环境中，他仍照旧以看书写字自娱。其时，他曾写过一首《采桑子》的词，叙述了自己的心境：

天高气爽楼安泰。
龙凤朝阳，
人坐秋光，
谈笑风生翰墨香。
古今纵论兼中外。
不讲排场，
但飨同行，
万品争妍发众芳。

身处逆境，然周谷城相信“万品争妍发众芳”的一天终究会要到来。

二、“书要让他继续写”

“文革”中，周谷城坚决不屈服于林彪、江青反革命集团的淫威，敢于顶恶风，战恶浪，毫不放弃自己的政治信仰和学术见解，顽强地生活着。

有一天，复旦大学工宣队把周谷城从“牛棚”里揪出来，用车子把他从复旦大学送到原市府大礼堂，原来是要他听毛主席的讲话录音。毛泽东的话是对当时党的干部说的，但其中有几句提及周谷城：“周谷城的《世界通史》还没有写完，书还是要让他继续写下去的。”周谷城听了以后，很受鼓舞，知道毛泽东对他是采取保护政策的，不会把他长期关在“牛棚”里，在“牛棚”里怎能继续写《世界通史》呢？听完讲话之后，所谓“造反派”还凶神恶煞地反问周谷城：“听了主席的录音，有何感想？”周谷城幽默地回答说：“我感慨万千，毛主席太伟大了，我是‘牛鬼蛇神’，还关心我的写作，我很惭愧，辜负了领袖对我的期望呢！”其实，他的话是说你们应该照毛泽东的指示办事，不能任意剥夺他看书写作的权利，让他完成《世界通史》未竟之篇。但张春桥、姚文元却百般阻挠，终于未能继续写下去。“文革”结束后，周谷城曾谈及此事，他说：“当时正值壮年却无法写，如今想写了，眼力又不济，很是惋惜。”

在那动乱的年代，毛泽东对周谷城采取保护的政策，有两件事是该提及的。一是当时上海的淮海公寓是上海的高级知识分子集中居住之处，其他高级知识分子都被张春桥、姚文元等人勒令迁走了，只有周谷城的家未被迁出，还保留下来了；二是抄了周谷城的家，把他的藏书都搬走之后，周谷城写了一张条子告诉了周总理。三天之后，书又“完璧归赵”了，仅遗失了一张名画，原值12银元，赔了他12元人民币，并向周道歉。周谷城讥讽地说：“也好！也好！12银元，赔我12元人民币。”

毛泽东关心周谷城，周谷城对人民的领袖也是充满无限敬意的。1976年9月9日，毛泽东与世长辞。当周谷城惊悉此噩耗时，他同大家一起排着长队到复旦大学礼堂去悼念。回想往事，他潸然泪下，心情十分悲痛，夜不能寐，乃起床挥泪作《哀悼毛主席逝世》七律一首，诗曰：

阴沉一霎朔风号，领袖惊传别我曹。
抢地吁天呼不应，伤心惨目泪如潮。
五洲魑魅焰仍在，百国工农志不挠。
且化悲哀为力量，继承遗志夺高标。

三、喜迎“科学的春天”

1976年10月，我们党和人民彻底粉碎了江青反革命集团，结束了十年“文化大革命”，我们的国家从此进入新的历史发展时期，周谷城也获得了第二次解放。他历尽磨难，又年近八旬，眼力不佳，却更加坚信中国共产党的领导，坚信中国有希望，坚信中国学术文化的发展有望，他慷慨挥毫，赋诗明志曰：

往事重重未可伤，牛棚尽处是同行。

老来犹有冲天劲，学府文坛作战场。

表现了老骥伏枥，奋发向上的精神。此后，他还为记者李信写了“学如不及，犹恐失之”八字，体现了他“活到老，学到老”的心境。不久，中国共产党召开“十一大”，他又赋诗歌颂共产党并勉励自己，诗曰：

中华儿女世无俦，革命精神贯五洲。

继往开来为党庆，感恩图报是吾求。

十年易过头虽白，一股兴来劲更遒。

双百方针呈效日，甘居决不在中游。

郭沫若见其诗，犹称赞最后两句“尤有豪迈气概，令人钦佩！”

周谷城年老体衰，但他不甘“中游”，仍笔耕不辍，继续他的学术研究。1978年6月，他在《教学通讯》上发表《秦汉帝国的统一运动》，这是他在粉碎“四人帮”后发表的第一篇学术论文。他在文中指出：“汉帝国抵抗、反击不同民族的进攻和压迫，以及平定阻碍统一的倒退分裂势力，虽与打击世袭的封国不一样，骨子里却推进了郡县制，仍是统一与分裂斗争。领导统一运动的是工商奴隶主；领导分裂运动的，是贵族奴隶主。前者是工商业发展中涌现出来的，是平民；后者是封建没落中遗留下来的，是贵族。斗争结果，前者胜利，后者失败，于是贵族奴隶主的封建并立制，一变而为工商奴隶主的统一帝国制。”文中论点，虽经十年劫难，周谷城却不轻易放弃自己的学术见解，并力争有新意。

同年8月，他就黑龙江大学赵辛而翻译的《罗马帝国衰亡史》一书所提问题在复旦学报发文作答，指出，翻译该书总要求是为实现祖国的“四化”直接间接贡献力量；译文要点在力求忠实于原著，原著者的文章风格，不能随意更变；提出以唐玄奘法师所译佛经与严复译资本主义社会科学名著八种作参考比较：玄奘译佛经，为着忠于翻译，完全放弃当时流行的骈文形式之美，以服务翻译。为着便于诵读，根据汉字方块单音的特征，创出一种四字成组，几组成句的新式文章，既便诵读，也便理解。为着忠于翻译，放弃骈文形式之美，这是很可取的。严复不然，吸取翻译的内容，凑成古文形式之美，他所译名著八种，无一不是古文，这样为满足当时士大夫的爱好，因亦无可厚非。但因此弄得译文与原文差距很大，甚至无法核对，就不可取了。就译文的形式来看，口语、文言、直译、意译，未必绝列固定起来。采用了一种，未必绝对排斥其他。至于严复所提"信"、"达"、"雅"三字，至今仍可作为翻译的标准。除"雅"字稍稍放松外，"信"与"达"必须完全做到。至于赵辛的译稿，不论好坏，都可供参考，不过也只是看看而已，绝不要存依据或采用的打算。长序大可略去。出版后的影响，概括地说，希望他能对于世界史的教育普及与世界史的学术研究，直接或间接地发挥推动作用。最后一点，即翻译世界古史的重要性。《罗马帝国衰亡史》只是世界史的一种，为满足专门学术研究的需要，似可扩大范围，多研究几种。周谷城就赵辛的译稿，谈了以上具体意见，一方面，是对作者的鼓励，另一方面，也是他对史著译稿应注意的问题的看法，话虽不多，却也精到。在刚刚粉碎"四人帮"后就能谈出如此新见，实属难得。

1978年底，他在《中华文史论丛》第七辑上发表《奴隶主与经古今》，提出研究中国古代史不能忽视儒家经典。1979年2月，又在《世界历史》发表《古代西亚的国际地位》，文中指出，古代西亚是历史上的"丝绸之路"，它是东西方文化交流的桥梁。

粉碎"四人帮"后，党领导人民把工作重心转移到社会主义建设上来，这是继往开来的历史大转变。对当时党的工作重心的转变的决策，周谷城坚决拥护，并积极吁请史学工作者，也要把工作转移到为社会主义建设服务，为四个现代化服务上来。为此，他在《中国史研究》上发表《继往开来的史学工作》一文，指出在当时的新形势下，中国的史学工作者绝不能停滞不前，也要转移工作重心，为四化服务。首先，要为各条战线上工作的同志提供一般的历史知识。四个现代化不是偶然的，而是毛泽东、周恩来等党和国家的领导人根据历史发展的必然趋势制定的。人人学点历史，识透必然，便能获得自由，对"四化”的工作当更有信心，更能意气风发。其次，要为历史研究自身的科学化，作出贡献。四个现代化中的第四个，也就是科学技术的现代化，其中有历史科学一份。历史科学的现代化，并不是把过去的历史化为现代的，而是要把历史研究的自身更加科学化，更具有科学性。换句话说，即更合于辩证唯物论和历史唯物论。最后，要大力培养接班人。无论是社会科学院的历史研究所，或者是高等院校的历史学系，都要大力培养学问渊博、气魄雄伟的接班人。这样的接班人必须是创造新的历史科学，阐明中外历史发展的必然趋势的人。

周谷城认为培养的史学工作的接班人必须具有使古为今用，外为中用的能力。首先，他们对祖国悠久丰富的历史必须有相当渊博的知识。这主要还是靠多读书。最简单而又完备的历史知识，莫过于《三字经》中的历史部分。这一部分，全文不过300余字，上下古今的朝代，都提到了；前后秩序丝毫不乱，文字整齐，便于记忆；从其中可以获得“索引”式的知识。有了“索引”式的知识，至少必须读一部较完备的书。《资治通鉴》应该读完。《资治通鉴》虽应该读，但还不够。史学工作的接班人，至少要能翻阅、参考《二十五史》，并能完全运用。即《二十五史补编》，也要能运用。此外至少要能翻阅、参考商务印书馆所出“十通”，即《通典》《通志》《通考》《续通典》《续通志》《续通考》《清朝通典》《清朝通志》《清朝通考》及《清朝续通考》，也要能完全运用。其他如古文字学、文化人类学、考古学等也要学一点。其次，他们对世界历史，也必须有相当渊博的知识。从世界史的发展，看中国史的发展，更能看得明白些，这即全局可以订正部分的道理。外为中用的这个原则，对历史研究工作也一样适用。史学工作的接班人要获得世界史的渊博知识，主要也还是靠多读书。简明扼要的世界通史大纲，不超过1000页一本的，须读一本，借以获得“索引”式的知识。这当然不够，必须进一步读一部较完备的世界古代史，一部世界中世纪史，一部世界近代史，一部世界现代史，至于较大的著作，如现已绝版的《剑桥古代史》《中世纪史》《近代史》一类书，凡四十几卷，图书馆如找得着，也必须能够翻阅、参考或完全运用。当然，上述所列各书，只是研究通史所必须阅读及参考的主要用书。至于转入断代研究或专题研究，或国别研究，则阅读及参考的主要用书，原不能有所限制，只能以研究的需要为准。

在上述文章中，周谷城还具体谈了自己指导研究生的经验。今再细读周谷城上述文章，对当今做好史学工作，培养接班人，仍不失重要的指导意义。

为了拨乱反正，促进史学的发展，同年，周谷城还向《文汇报》记者谈了要实行“三不主义”，发扬学术民主的问题。他认为没有学术民主，学术研究就无发展之可能，培养专家也就成了一句空话。

具体言之，他谈了以下体会：历史科学的任务，首先是向各条战线的同志提供一般的史学知识。知道一点历史知识，就能懂得搞四个现代化不是偶然提出来的，而是历史的必然。其次是推动历史教育，使我们的后代不要忘记祖先。再次是钻研专业，提高和推进历史科学的研究水平，使历史知识科学化。最后，还要培养一批史学专家，没有专家，历史科学就不能发展。为要完成历史科学所担负的任务，就要发扬学术民主。没有学术民主，史学是不可能发展的。“四人帮”在学术领域内，乱打棍子，乱抓辫子，乱扣帽子，反对民主，搞法西斯专政，弄得学术界死气沉沉，没有人敢说话。“我就是由于在‘四害’横行时坚持百家争鸣吃了亏。我就是这样，认为看准了的问题就绝不放弃，就要坚持自己的观点，于是又批又斗，被戴上了‘反动学术权威’的帽子……不仅自己遭到斗争，无情打击，而且株连全家子孙三代。如今，党中央批判了‘四人帮’的‘左’倾错误路线，一再重申‘三不主义’，中国共产党的‘三不主义’英明正确，有魄力，大得人心。”①

控诉了“四人帮”破坏“三不”的罪行之后，他又进一步指出，在史学界，如果不发扬民主，搞“打、抓、戴”，将会产生三个恶劣的结果：一是中国固有的文化将消灭于无形。中国历史悠久，文化丰富，但是不发扬民主，搞“打、抓、戴”，就没有人敢于研究、发掘。第二，会阻碍现代文化、学术的发展。今天世界上学术发展日新月异，如果一读外国书，就被扣上“洋奴”、“帝国主义的孙子”、“爬行主义”等大帽子，谁还敢吸收外国的东西呢？中国的学术研究又怎能发展呢？第三，搞“打、抓、戴”，最终结果是中国人一定愚昧无知，那就要亡党亡国了。由上可见，周谷城贯彻“三不主义”的思想主张，见地是何等深刻。

四、伟大的感召

粉碎"四人帮"后，党召开了具有深远意义的十一届三中全会。对中共十一届三中全会制定的正确路线、方针、政策，周谷城作为民主党派中的一个重要成员，他是衷心拥护，并坚决贯彻执行。1979年lO月，在中国农工民主党"八大"会上，他代表农工民主党第七届中央委员会向大会作了工作报告。在这次会上，他被选为该党中央委员会副主席。作为民主党派的主要负责人之一，他经常参政、议政，为国事操劳。1980年8月，他出席五届人大三次会议。这次会议制定了发展国民经济长远规划和继续推进经济改革等计划。聆听会议精神，他十分高兴，赋诗一首以示感想：

内乱已过逢盛况，讴歌而后见升平。

无虞四化成功晚，少壮班子尽俊明。

1982年9月，中共十二大在京召开，周谷城作为民主党派负责人之一，应邀列席会议。会上，他听取了邓小平作的开幕词，其中说到"各民主党派在民主革命时期同我们党共同奋斗，在社会主义时期同我们党一道前进，一道经受考验。在今后的建设中，我们党还要同所有的爱国主义党派和爱国民主人士长期合作。在这里，我代表我们党，向各民主党派和无党派的朋友们，表示衷心的感谢。"听到这些话，周谷城心情特别激动，他说："我以一个民主党派、农工民主党负责人之一的身份，听到这种诚挚热情的话，心里久久不平静，过去几十年，我对中国人民究竟做了多少好事，对领导我们的中国共产党，曾有过多少帮助，值得感谢吗？不过从另一方面想，感谢就是鼓励，就是加强我们的责任，惭愧的心情稍稍平静下来，转而感到无比兴奋，要进而有所作为似的。"②

尤其是在这次大会上，他听取了胡耀邦作的题为《全面开创社会主义现代化建设的新局面》的报告，他深受鼓舞。他感到，全面开创新局面，气魄何等雄伟！令人无限向往。他学习、领会中共“十二大”的工作报告，又谈了以下的感想：今日以前，党以主义正确，领导英明，已做出了前人所从未做过的大事，摧毁了“三座大山”，解放了中国人民，建立了中华人民共和国；改造了几千年以来的私有制，建立了社会主义制度；“文化大革命”的十年动乱，也已拨乱反正了。今后有了崭新的干部队伍，全面开创社会主义现代化建设的新局面，还不可能吗！不独于此，胡耀邦更明确提出努力建设高度的社会主义精神文明，号召大家要把以共产主义为核心的精神文明作为战略方针，加以贯彻。“精神文明对物质文明的建设不但起巨大的推动作用，而且保证它的正确的发展方向。”有了好的干部队伍，又有高度的社会主义精神文明起着巨大的推动作用，全面开创社会主义现代化建设的新局面，将如顺水推舟，指日可待！

周谷城对《中共中央关于加强社会主义精神文明建设的意见》十分赞同，他表示：我在教育学术界工作了六十多年，光荣伟大的任务来了，绝无退避之理。首先，我当认真学习，准备工作。进行工作，可分两方面说，概括地说，使青年有理想，有道德，有文化，守纪律，是随时随地都可以进行的工作；对亲戚，对朋友，对同事，对同学，对民主党派的同志，对自己家里的亲人，都是随时随地可以进行工作的。分别地说，我身为大学教授，要做的事实在很多，作小型的学术报告，写较短的学术论文，带几个研究生，参加学术讨论会，帮助年轻教师编写教材，看研究生的毕业论文……都是完全可能担任的工作。问题只有一个，就是以年老为借口，对任何工作都推诿。当然，不服老是不行的。但服老如果过了头，有可使之而不使，那便会成错误，便会与“实事求是”的道理背道而驰。最妥当的办法是量力而行，尽力而为，一息尚存，此志不懈，永远把社会主义精神文明的任务放在心里。

1983年6月，周谷城被选为全国人大代表，出席六届人大第一次会议。会上，被选为全国人大常委会副委员长兼全国人大常委会教科文卫委员会主任委员。

作为国家的领导人之一，经常参与国家大政方针的讨论，又要作为民主党派的主要负责人之一，带领农工民主党的党员为祖国的“四化”建设出力，周谷城身上的担子、责任更重了。年事已高，担子又重，但周谷城却并不服老，他决心在有生之年，还要继续为国效力。1985年10月，他出席了各民主党派、工商联在北京举行的为“四化”服务先进集体和先进个人代表表彰大会。他致闭幕词，提出先进人物的五点精神值得学习：1. 热爱中国共产党，热爱社会主义祖国。2. 具有崇高的革命理想和为“四化”服务的献身精神。3. 有强烈的事业心，把自己的专业同人民的需要紧密结合。4. 敢于冲破各种陈旧观念的束缚。5. 认真学习马列主义理论，政治上不断要求进步。他希望代表们团结奋斗，再展宏图，为“四化”作出更大的贡献。

对先进人物的表彰，周谷城认为这也是对自己最好的鞭策。他深感：“现在我虽已年老体衰，感到困难，但在力所能及的范围内，量力而行，还可以写一些东西。为着替祖国的社会主义的四个现代化添砖加瓦，一息尚存，不容稍懈。”③

五、给史学专业学生的一封信④

1980年初，正值恢复高考制度后不久，李殿元在重庆师范学院历史系读书，刚上大一的他清楚地记得教中国古代史的老师给他们出了一道课堂讨论题，即结合当时史学界讨论的热门话题——中国奴隶社会和封建社会的分期问题。讨论结束后，老师要求每个学生就此问题，写一篇小论文谈谈自己的看法。李殿元查阅了大量的资料，对这一问题产生了浓厚的兴趣。经过几个月的查找资料，分析思考资料，他从人所共知的两个事实中受到了启发，即中国社会主义制度的确立是从中华人民共和国成立的1949年10月1日开始的，而在此之前的在某些地区已经存在的社会主义制度的探索和在此之后某些地区存在的社会主义制度都不影响1949年这个分期时间的确立。就像婴儿诞生便会受到保护，拥有权利，而在此之前的孕育过程与婴儿本身的权利无关。根据自己这一思考，他得知如下结论：中国古代历史的分期点应有明确的、大的政治标志，而这只能是秦始皇统一中国的公元前221年。李殿元把自己的学习心得写成了《划分历史时期的关键——试论中国封建社会开始于秦的统一》这篇论文。

文章写好后，恰逢报纸上刊登了一篇介绍周谷城治学方法的文章。出于对名家和学术前辈的敬仰和尊重，当然，也是渴望能得到周谷城指点的想法，尽管他知道周谷城是主张魏晋封建论的，李殿元还是怀着忐忑不安的心情把文章寄给了周谷城，他希望能得到周谷城的指正。他也知道，可能这一做法有点唐突，因周谷城是史学名家，加上公务繁忙，恐怕不可能有时间给他回信解答问题。但是不久他却收到了周谷城的复信。信中写道：

殿元同志：

五月二十七来信，迟迟未复，甚以为歉。您谓“初税亩”不是地主向农民收租，足征高见。不过，如果贵族奴隶主之外，再肯定有工商奴隶主之存在，那就好了，中国古史真可与世界古史联系起来。世界古史上有贵族与平民之争，独中国没有，是一反常现象。其实中国古史上也有贵族与平民之争。平民即工商奴隶主。郭沫若先生所谓公室庞，私门兴，实即贵族奴隶主的没落，工商奴隶主的兴起。秦始皇的政权，即吕不韦一类人搞起来的。吕家能万人，实是一个工商奴隶主。《史记》、《汉书·货殖列传》中煮盐起家的，冶铁起家的，经商起家的，音牧起家的……都是工商奴隶主。若承认这一点，我们便只好承认秦汉帝国为奴隶主帝国。匆复。即致敬礼。

周谷城上

一九八一年十月七日

周谷城的信，言简意明，观点明确，重申了他一贯主张的魏晋封建论的主要依据，更有鼓励，对一个普通大学生这样的小人物的信函也认真回复，这的确充分体现了学术大家平民者的学术风范。

周谷城的来信对李殿元的学习是一种极大的鞭策。此后，他怀着更大的学习热情投入到学习之中。他对中国古代历史的分期问题继续进行了深入地学习和研究，对所写文章进行了反复修改，最后，修改后的文章在1986年刊发出来。文章还被中国人民大学报刊复印资料《历史学》1986年第3期全文转载。

六、创立中国太平洋研究协会[⑤]

进入20世纪80年代，在改革开放大潮的鼓动下，有中国特色的社会主义事业正在迅猛推进。在国际范围内，世界经济的重心开始出现由大西洋区域向太平洋区域转移的趋势，是否会出现“太平洋时代”，我们应如何应对，这成为全球关注的热点问题。

中国是个环太平洋国家，太平洋区域自然史与人类史的变化和中华民族的命运息息相关。因此，加强对太平洋地区的历史、现状和未来的研究，对于我们国家未来的发展至关重要。在这一背景下，周谷城与我国著名的经济学家和社会学家陈翰笙、于光远，以及著名人类学家贾兰坡等的共同倡议下，于1984年1月成立了中国太平洋历史学会（此学会于1993年12月改名为中国太平洋学会）。周谷城亲任会长。这是新中国成立以来第一个全国性的致力于研究太平洋区域自然史、历史、经济、政治、科技、文化、军事以及海洋资源开发诸学科综合研究的民间学术团体。此后，周谷城无论是在担任中国太平洋历史学会会长其间，或是担任太平洋学会名誉会长其间，他不顾年高体弱，对学会如和开展研究，用什么方法研究，还有对学会的组织建设工作都提出了许多中肯、宝贵的意见和建议。

在太平洋学会开展研究的内容方面，周谷城首先提出学会的研究要服从和服务于党和国家利益的需要，“学会的学术活动应当与党中央保持一致。”要为党和国家奋斗的工作目标服务。其次，他要求把学会办成一个开放性的学会。要做到这一点，学会研究的视野要宽广，要放眼世界，放眼未来。学会的门要开得大一点，“太平洋范围内，然后东西如自然的、社会的或人文的都要多研究，也等待着我们去研究。我们太平洋历史学会的门，可以开大一点，任何学者专家的研究，取材于太平洋，着眼于历史的发展，锲而不舍，就可成功，就是我们的同行”。他还根据学会的宗旨定研究的范围，认为“学会的工作也应当对外开放，应以积极态度争取参加国际上有关太平洋问题的各种会议，广泛收集信息和扩大交往。”

为了办好太平洋历史学会的活动，周谷城还一再叮嘱学会的组织者，“学会工作一定要照章办事，学会也好，专家委员会也好，要搞个章程，按章办事”，对于学会的重大活动，一定要加强领导。学会的工作人员要学会扎扎实实做事，先干后说，或者干了不说，而不是先说后干，或说了不干，学会的一切活动，均须“按政策办事，工作要扎扎实实”。

为了指导学会会员深入开展太平洋区域史研究，周谷城率先思考问题，提出了“新思维”。

其一，他提出要建立区域史研究的视野，要打破历史研究中的“时”和“空”之间的界限。要破除那种认为历史只是“时间的学问”而忽视“空间的”历史观。这样做，只会有助于在历史研究中加强“局部”与“整体”辩证关系的认识。世界史是一个有机的联系整体。只要寻找出“区域”与“世界全体”之间的“有机联系”，那么这就是区域史研究对世界史研究的贡献。显然，若对区域史能有个透彻的研究，那么对于处在这一区域内的国家的历史也会有新的认识。他举中国为例：“从太平洋这个大的区域来看中，对中国的历史能看得更清楚些。关起门来研究中国，有些问题想不清。反之注意周围环境，从全局可以决定部分。这便更能对中国历史有贡献。”

其二，他指出，研究太平洋区域的历史与现状，一定要将自然科学与社会科学的研究综合运用。历史证明，自然现象的巨大变化势必引起世界经济与文化中心的转移和影响人口迁徙的方向，即自然历史对人类社会发展进程不断施加影响。此外，世界经济与政治格局的变化也是经济、技术、政治、军事力量，还有能源、资源、市场、劳动力和地缘状况等诸多因素综合作用的结果。事实上，太平洋区域史中许多重大问题，只有通过自然科学和社会科学相互结合的综合研究才能做出科学的结论。他还指出，我们的先人在运用自然科学，结合社会科学的研究来做学问方面，已经为我们做出了解答，那就是“物有本来，事有始终，知所先后，则近道矣。”因此，周谷城表示不赞成“社会科学与自然科学对立之说”。他又列举了太平洋区域史中值得研究的一些重大问题：太平洋自然学科学史、中国海洋科学史、太平洋人类史、太平洋经济史、太平洋历史海洋学、太平洋社会史、环太平洋国家和地区交流史、太平洋军事史、太平洋华侨史、太平洋民族解放运动史，一切与太平洋研究有关的史学研究。对上述问题，他提出只有运用自然科学与社会科学综合研究的方法，才能取得成果。

总而言之，周谷城认为太平洋区域史历史研究一定要始终坚持马克思的唯物史观作指导，收集、整理和运用可靠的第一手资料作研究，实事求是，就一定能有作为，“实事能求其是，工作之始，从实际出发，工作至终，是实事求是的。自始至终，则坚持理论联系实际。”他写诗勉励学会会员：科研绝顶能攀上，学海无涯任转旋。

如上所述，周谷城对太平洋区域史历史研究学会的组织建设、研究方法、研究的具体内容，他都做出了精心的指导，提出了诸多建设意见。不仅如此，他还直接参与指导了《太平洋学报》这一会刊的诞生。1985年，中国太平洋历史学会创办了《太平洋》的读物，这可视为《太平洋学报》正式创刊前的试刊吧。周谷城担任了《太平洋》刊物的主编，自己还写文章进行鼓与呼，这极大地调动了学会会员研究的积极性。1993年，中国太平洋历史学会更名为中国太平洋学会之后，《太平洋学报》应运而生。周谷城因德高望重，被学会同仁推举为名誉会长，并担任学报的首任顾问，继续关心学会的研究工作。是年，已95岁高龄的周谷城还亲笔为《太平洋学报》题写刊名，寄托自己对学报发展的厚望。

“生态平衡，协和万邦”，这是周谷城为《太平洋学报》题写的发刊词，这也体现了他深邃的生态观和历史观。在他看来，世界局势的变化，都是动态平衡的过程。时至今日，太平洋已成为全球关注的焦点，我们正在迎来太平洋时代，太平洋学会的研究活动正在不断深入，《太平洋学报》的影响力正越来越大，这也充分证明了周谷城的敏锐眼光和深刻的洞察力。（参考《太平洋学报》1997年第一期，张海峰《周谷城与太平洋区域史研究》）

七、谈历史与爱国主义教育

毛泽东说："中国现实的新政治新经济是从古代的旧政治旧经济发展而来的，中国现实的新文化也是从古代的旧文化发展而来，因此，我们必须尊重自己的历史，绝不能割断历史。"⑥对这段话，周谷城是非常赞同的。运用史学，对国人进行爱国主义教育，尤其是对青少年一代进行这方面的教育，这是史学工作者一项义不容辞的光荣任务。周谷城虽年事已高，但仍坚持对青少年进行爱国主义教育的宣传工作。他在《红旗》、《前进》、《文史知识》等杂志上发表了《历史与爱国主义教育》、《在历史课中进行爱国主义教育的建议》、《建设社会主义精神文明》等文章，阐述了他的思想观点：

首先，他指出热爱祖国，这是人人应具有的道德。然而爱祖国，必先知祖国，不知则无从爱起。要知道祖国，必须知道祖国的历史。又如要建设新祖国，则必须知道祖国历史发展的必然趋势。由奴隶制到封建制，由封建制到资本主义，由资本主义到社会主义，是祖国历史发展的必然趋势。不知道这个必然趋势，就不知道今日祖国的四个现代化为必然的，从而对四个现代化的努力可能松弛。再如要发展高度的精神文明，享受高度的精神生活，更非发扬祖国的历史不可，更非多知道祖国的历史不可。因此，历史知识是很有用的，尤其是中国历史知识。作为中国人，都应该知道一点祖国的历史。这样，才能把对祖国的爱倾注于建设祖国的伟大事业之中。

其次，他指出学习历史，是对青年学生进行爱国主义教育的一种好形式。历史的教学与科研工作，都要负责培养青年学生的爱国主义精神，发挥爱国主义教育的作用。

究竟在中国史与世界史的教学与科研中，如何发挥爱国主义教育的作用呢？周谷城分别作了以下回答：

在中国史的教学与科研工作中，第一，要使青年人认识祖国。祖国有历史，我们就不能割断历史，相反，要好好地学习历史。要使青年人通过学习历史来认识祖国。这里，就有个编写史书的重要问题。我们写一部供中学用的中国史教科书，或写一部供广大群众阅读的中国通史，这部书就必须能够使读者认识祖国。如果读者读完一部书，对祖国的认识无所提高，甚至被人名、地名、年月日时（时指季节）及烦琐的考证所缠绕，越读越糊涂，那就是这部书没有很好地发挥爱国主义教育的作用。我们编历史书或者历史书，要坚持以马克思列宁主义、毛泽东思想为指导，在编写方法上，则无妨参考一些外国人编书的较好方式。自从祖国废科举兴学校以来，我们编书著书，就一直参考外国人的较好方式，“五四”运动以来更突出，现在也还有这种必要。我们要通过参考外国人较好的写作方式，培植我们自己独特的高明的写作方法，这关系到对祖国的认识，关系到爱国主义教育运动的开展，不能说是细枝末节，不能等闲视之。第二，要注意培养青年爱国的热情。青年们读了一部好的历史书，认识了祖国，就会体会到祖国是自己的，就会体会到自己的生活与祖国的存在完全分不开。我们的生活，既然与祖国的存在分不开，因此，我们反对来自任何方面的对祖国的破坏。我们反对黑暗的统治，反抗外来的压迫。黑暗的统治破坏了我们的祖国，也就是破坏了我们的生活，我们反抗。外来的压迫破坏了我们的祖国，也就是破坏了我们的生活，我们反抗。我们是酷爱自由的，是富于革命传统的。酷爱自由，富于革命传统，反对黑暗的统治，反对外来的压迫，为的是要把祖国稳稳地掌握在自己手里。我们过去就是这样，谁要是破坏我们的祖国，我们就要起来与之作斗争，这是热爱祖国的表现。爱国热情很大程度上是从学习历史时得到培养的。因此，要通过历史教育培养青年的爱国热情。第三，要帮助青年人增强建设社会主义祖国的信心。教育青年人认识祖国，热爱祖国，更要把祖国推向前进，不要让它停滞不前。毛泽东说：“我们必须尊重自己的历史，绝不能割断历史，但是这种尊重，是给历史以一定的科学地位，是尊重历史的辩证法的发展，而不是颂古非今，不是赞扬任何封建的毒素。对于人民群众和青年学生，主要的不是要引导他们向后看，而是要引导他们向前看。”[⑦]要引导青年学生向前看，就必须使他们知道中国历史发展的趋势。这个趋势就是由原始社会到奴隶社会，到封建社会，到半殖民地半封建社会，到新民主主义社会，到社会主义社会，最后到共产主义社会。若使年轻一代熟识了这一趋势，知道历史的发展是不会倒退的，则对于实现社会主义农业、工业、国防和科学技术的现代化的信心必定会增强。

在世界史的教学与科研中也要发挥爱国主义教育的作用，如何发挥呢？周谷城认为，凡从事世界史的教学工作者或科研工作者，能使听世界史课的人，或读世界史书的人不崇洋媚外，就是发挥了爱国主义教育的作用。举例说吧，世界史书的编著，以欧洲为中心，就很容易滋生或助长崇洋媚外的思想。而在有些世界史书，如学术专著和一般读者阅读的世界通史，或西方学者所著，或中国学者所著，还存在以欧洲为中心的影响，比如总是首先写埃及，其次写希腊、罗马，再其次写基督教，再其次写欧洲中世纪，再其次写地理大发现，再其次写欧洲的向外发展，再其次写世界各地的动乱，等等。当然也写一些其他地方的历史内容，但大体都是作为"西方的附庸"写的。这种以欧洲为中心的倾向，就容易导致产生崇洋媚外思想，即使过去已经注意肃清这种思想，但还不够。因此，为了培养青年建设社会主义祖国的高贵品质，广大的史学工作者，应当在党的领导下，不断学习马列主义毛泽东思想，并认真学习《邓小平文选》，透彻了解拨乱反正的道理，从事继往开来的工作，面向现代化，面向世界，面向未来，贡献力量，多写一些好书，多提出一些好的意见，共同推进爱国主义教育。

再次，周谷城对学校历史课中进行爱国主义的教育提出了建议。他提出，对全国人民特别是青少年进行爱国主义教育，至少要做好这四件事。一是帮助青少年学生认识祖国，懂得祖国的历史。要像人们填写履历表一样，祖宗三代都知道。二是帮助青少年学生了解中国历史是向前发展的。懂得祖国是在不断地前进，社会主义祖国有伟大前途，当今实行的建设社会主义的方针、政策是为了使祖国向前发展。三是帮助青少年学生掌握建设社会主义的科学知识，使他们懂得没有知识就无法建设祖国，并要把全部力量用于祖国建设。四是帮助青年学生培养建设社会主义祖国所必须具备的优良品性，使之养成习惯，这是最重要的。养成这样的良好品性，就会使自己的一言一行、一举一动都同建设社会主义相吻合，不但自己不做坏事，而且会憎恨别人做坏事。

周谷城就史学与爱国主义教育的问题所发表的上述意见，确有其真知灼见，对今天仍有较大的指导作用。

八、要重视中西文化的交流

周谷城历来重视文化史的研究，重视中西文化的交流。1984年3月，他在《中国文化》创刊号发表《中国文化史研究的意义和希望》，文中指出中国历史悠久，历史文献之多，超过了世界上任何一个文明古国，要建设高度发达的社会主义的“两个文明”，需要继承和发扬祖国文化的好传统好风格，这就需要很好地研究中国文化史。他希望办好《中国文化》，要用马克思主义做指导研究中国文化史、中国科学史。1985年，他还在上海主持召开国际文化学术讨论会，并主编《中国文化史丛书》和《世界文化史丛书》。1989年4月，中国现代文化学会在北京成立，该学会的宗旨是：团结学界同行，促进海内外交流，加强中国现代文化的研究工作，为提高全民族的精神素质，推动现代化事业作贡献。周谷城被选为名誉会长。为了推进文化史的研究，加强中西文化的交流，周谷城不顾年高，写文章，接受记者的采访，主编著作等，做了许多卓有成效的实际工作。他对文化史的研究，其论点主要有以下几方面：

（一）关于“文化”的内涵

周谷城认为，所谓文化，无论是中国的或世界的，东方的或西方的，都只能是一个概括的、复杂的统一体，绝不是铁板一块，针插不进，水泼不进的东西。“文化既是可分析的，又是成体系的。”⑧

梁漱溟所著《东西文化及其哲学》一书中谓西方文化的特征为“向前进取”，印度的为“向后倒退”，中国的为“调和持中”。泛泛地讲，当然可以作一说，但严格地讲起来，横说吧，每一种都可能包含此三者的成分；竖说吧，每一种都可能经过此三者所经历的阶段。

（二）关于中西文化的交流

文化是交流的，交流才有变化。周谷城先以古代国际间的文化交流为例来谈自己的看法。他着重讲了“丝绸之路”。列此，他自认花了很多工夫，在《世界通史》《中国通史》中来讲这条路。所用的材料特别详细。关于“丝绸之路”，他引用最多的是斯坦因的著作。他认为斯坦因组织一支考古队，花了一生的时间，对亚洲中部地区的文化作了考察，找出了许多公元1世纪到15世纪这1000多年中的文化遗物和痕迹，根据这些遗物证明了这是一条古代东西方文化交流的要道，大约是从塔里木河到葱岭，经中亚细亚，然后向西到地中海，一直到西西里岛，后来东西方往来有了海路交通，才舍弃了这条陆路。那时在这条路上进行的交往都是自由的、平等的。这边的人到那边去，那里的人到这边来，张骞、马可·波罗就是著名的人物。从这条路上运来的东西，仅植物一项，就有60多种。

当然，这一条通道的出现，要求所有参与这一交流活动的国家都有较强的国力，有外向的能力。譬如中国、希腊、罗马、印度就有很强的国力，创造了伟大的秩序，这一方面有利于自身文化的繁荣滋长，另一方面则便于彼此的文化交流。中国汉唐帝国的势力，东起东南沿海，西达帕米尔高原以西；罗马帝国的势力，西起大西洋沿岸，东达底格里斯与幼发拉底两河流域；印度帝国，则介于中国和伊朗高原之间。所以中国、欧洲、印度的文化交流就比较方便和频繁了。

由古代中国的“丝绸之路”上的国际间的文化交流又谈到了今天的文化交流。周谷城指出这种交流只能是相互渗透，绝不会由一方取对方而代之。换句话说，即谁也不能吃掉谁，彼此可能有消长升沉，但绝不会同归于尽，如果同归于尽，便是又一种新东西。有人认为世界文化的发展会向东方文化（中国文化）复归。周谷城认为这是机械论。他指出，今后世界文化的发展，不会是纯粹的东方模式或西方模式，而是会走向综合。

中西文化的交流必定是个双向过程。周谷城指出，自对方流入的文化因素，当然以需要大而能容者，流入多而快，如今日西方先进科学技术等流入中国即是一例。来多少，来什么东西？你需要多少，又用得了，它就来多少；你完全不需要，它就不来。比如今天引进科学技术，这是最需要的，它来得就快，来得就多。那么西方呢，情况也是如此。中国哲学、文艺，如《老》

《庄》《周易》，诗、词、书、画、雕刻乃至盆景、园林设计等中国文化的精华之流到西方，也是实例。据说一些美国朋友很欣赏这些中国文化精品，他们把一些中国园林搬到了美国。这正是我们的精神文明向西方流，西方先进的科学技术向中国流的双向过程。

当然，这个交流过程，可能需要一个很长的时间，不是几年几个月所能完成的。当双方的差距不太大的时候，这种交流就会减少而略趋于平衡，这种平衡即生态平衡。生态平衡一词现在用得比较广泛，生物学、社会学、政治学乃至历史、文化学上都已使用。一般认为，人类文化在历史上的发展过程，就是生态平衡过程。周谷城同意一位美国学者的说法，即世界文化的发展过程，也是一种生态平衡的过程。

（三）如何看待中西文化交流的结果

西方文化到中国来，中国文化到西方去，其结果怎样呢？周谷城认为，中西文化交流的结果只会使双方的文化更为丰富多彩，更为进步，不会有消极的结果，不会破坏或有损于各自的固有文化。文化的发展，用损、益两字最为妥帖。文化的交流与发展绝不是谁吃掉谁，而是损益者有之。孔子说："殷因于夏礼，所损益，可知也；周因于殷礼，所损益，可知也。"文化在历史上从来都是变化的，这种变化就是损益。东西方文化的关系，也只是损益，总的结果是双方都有提高，不会出现下坠的情况。中国引入西方科学技术、管理方法及法制精神等是提高；西方吸收中国哲学、文化艺术如（《老子》《庄子》《周易》，诗、词、书、画，盆景、园林设计等），也是提高。当然，提高的程序、性质不一。

如何看待中国传统文化在今天文化交流中的地位与作用呢？周谷城认为，中国过去以为旧的精神文明如儒家学说等，实为生产进步的阻碍。今则不然，因补上了生产技术一课，生产发达了，可能用得着一些固有的传统文化中之精华。中国的现代化，无论如何，不会完全消灭中国文化的优良传统。中国文化的精华，如文学、诗词、绘画、雕刻、建筑等一类东西，绝不会随着现代化的进程而衰退，恰恰相反，它们将越来越活跃，比任何时候都发达。在现代化条件下，今天的文化不同于封建时代士大夫所享受的那种文化，但这些文化形式和好的传统都不会泯灭。作为科学的东西，都会得到发扬光大。西方的科学很发达，但仍把中国的诗书字画拿去。其实，他们这样做绝不会损害科学技术，不会影响他们的现代化，只会丰富他们的现代化生活。总之，损益者有之，一个代替一个很少，同归于尽者更少。由此看来，西方向来生产技术发展较快，伦理或人生观比较起来，似乎不如中国的突出。今天因为国际的社会关系密切，可能对中国的传统文化比过去更感兴趣。

（四）关于文化交流后民族主义问题的变化

对这个问题的看法，周谷城强调了以下三个观点：

其一，东、西方之间的民族问题过去几度紧张。今后，我国的精神文明有人欣赏，西方各国的科学技术，我们也十分欣赏。久而久之，到了一定的时候，双方的发展就能达到一种接近状态，民族紧张的问题必然趋于缓和。这是因为中西文化的交流，生态趋于平衡，西方对中国文化或儒家学说，似乎比过去有兴趣，民族主义问题的严重性可能逐渐减少。

其二，发展中国家与发达国家之间的民族关系可能一度继续紧张，发展中国家或第三世界，由自卑感转而为自豪，努力迎头赶上先进者。至于发达国家，他们虽然科学技术先进，但他们也晓得自己的经济与发展中国家没有办法一下子分开，也会采取缓和措施。周谷城对此持乐观态度。

其三，至于中国的民族问题，他以为民族有三个因素，即血统、宗教信仰、语言文字。三个东西也不是铁板一块。我们原先没有基督教，以后它来了。过去有教案，现在没有了。这说明他们相安无事，宗教信仰的冲突可能逐步减少。

至于语言文字，现在英语的学习与汉语的学习在当今世界都特别盛行，二者并行不悖。不要认为不改变汉语，采用拼音文字，就会阻碍学术的发展。关于血统问题，随着文化的交流，也将有所变化。周谷城认为对此应持正确的态度。

周谷城关于文化交流问题的一系列见解，尽管有些观点是值得商榷的，但他对文化史的研究所做出的种种努力，是值得称道的，他的以上论点，也是很能启发人的。

九、“全社会都要尊师重教”

中共十一届三中全会以后，随着党的工作重心的转移，教育作为一项重要的战略任务提到了全党和全国人民面前。周谷城壮志不已，他积极响应中国共产党的号召，发表了许多富于卓见的论文，参加了各种形式的会议，宣扬教育工作对加快国家经济建设的极端重要性，决心把自己的余生全部奉献给祖国的文化教育事业。分析他晚年对教育的论述，其观点主要有以下几个：

第一，从历史的角度，告诉人们要认识中国现代教育史在中国现代史上的地位。

他指出，看一看“五四”运动为起点的中国现代史，就会发现，我国的新民主主义革命与教育界有着十分密切的关系。最早研究、传播马克思列宁主义的是教育工作者，中国共产党的创始人中，有好几位是老师，“五四”、“三一八”、“一二·九”等重大革命运动都是由学校发动起来的，北京大学、黄埔军校、抗大、陕北公学等在中国革命史中更是占有突出的地位。很多老一辈革命家、文化战士都曾从事过教育工作，有些人同时就是杰出的教育家；很多职业革命家是从学校走上革命道路的。新中国成立后，又有一批职业革命家成了教育家。中国现代教育史在整个中国现代史中占有突出的地位，这是中国现代史的一个特点。研究中国现代教育史，对于中国现代史的研究有着非常重要的意义，这一点应当引起史学界足够的重视。

第二，要正确地估价新中国成立后我国教育事业发展现状。

他指出，今天，发展教育事业对建设具有高度物质文明和高度精神文明的国家的重要作用，几乎是尽人皆知的了。中共“十二大”把解决教育问题列为“四化”建设的战略重点，这是十分英明的决策。跟一些工业发达、科学技术先进的国家相比，我国的教育事业还比较落后，很多方面还不能适应“四化”建设的需要。在新的形势下，我国教育事业面临着新的任务，要按照面向现代化、面向世界、面向未来的方针进行改革，加速发展。教育的改革与发展，离不开教育科学理论的指导。然而，我国教育科学理论的研究还比较落后。我们还没有建立起我们自己的教育科学理论体系。我们的一些教育实践、措施，由于缺乏科学理论依据，有很大的盲目性，造成很多失误。可以说，教育科学理论研究的落后，反过来成了造成我国教育落后的一个重要原因。当然，应该看到，从“五四”运动至今，我国教育工作者培养了那么多的人才，不仅培养了大批革命战士和各行建设人才，也培养出了不少具有世界先进水平的专家、学者。这里有许多成功的经验，这些专家、学者也提出了不少真知灼见。问题是，从整体来看，我国教育工作者的实践经验和理论探索，比较分散，散见于他们各自的实践、经历之中，缺乏综合和系统深入的研究，没有形成有中国特色的理论体系。对这一点，我们应当引起足够的注意。

第三，教师不要轻视自己的地位，全社会要尊师重教。

周谷城指出：（1）教师的地位很重要，切莫轻视自己的地位。这一点今天更清楚了。我们如果不假思索，仍以为可以弃教职而另找所谓更好的工作，那是要担风险的。另找工作，并不容易，即便偶尔找到，也未必一定是理想的。教师是一种光荣而日益重要的职业，切莫小看。（2）要重视自己的功绩。教师的功绩，不比其他方面的显而易见，就是自己对自己的功绩，也有时不具信心。我早年参加革命活动时，曾有过错误的认识。从今天起，我们应从大处远处着眼，看出自己的功绩而珍惜之。（3）要凭已有的地位和功绩，作出更好的新成就。教师如果自己为旧眼所限，或被暂时的困境所吓倒，甚至思想跟不上形势，不相信自己能做出更好的新成就，即于国家、于人民、于自己都是不大利的。要防止这种不大利，只有高瞻远瞩，立足于祖国的现代化，放眼世界，放眼未来，不断学习形势，学习理论，学习业务，不断改进教学工作，帮助青少年很快成长为好公民、好人才。能够这样，教师的快乐，当是无穷的！

教师的劳动光荣而又辛苦，全社会都应尊师重教。当第一个教师节到来之际，周谷城兴奋地在《前进》杂志题词致贺。词曰：“教师节之设，为的是尊师重教。第一个教师节日，固应庆祝，从今以后更应在全社会里养成尊重教师，尊重人才的风气。”⑨当第二个教师节到来时，他与中共中央领导同志一起去母校北京师范大学参加庆祝会。会上，他发表讲话，勉励教师不仅要给学生知识，而且要教会学生树立远大的理想，懂道德，遵法纪。他特别强调教师要为人师表，只有不断提高自己的政治素养和业务水平，才能适应“四化”的需要。

第四，他强调要切实加强对后一代的培养。

他说：“要帮助青少年好好学习，天天向上。青少年的天性，都是喜欢学习的，只是有时受一些不健康的思想影响，不知读书的重要，不能好好学习，以致不能向上。社会科学工作者要大力号召做父母的，做师长的，做一切方面干部的，随时随地帮助青年，使青少年能好好学习，天天向上。并要特别注意，不要使那些资产阶级思想和其他剥削思想污染他们的心灵。至于大专院校的学生，我们要更多地鼓励他们钻研有益于社会主义建设的专门学问和专门技术，使他们成为德才兼备的社会主义建设者。”[10]他根据对外开放政策的需要和全国世界史教学研究的状况，呼吁在机构设备、人员配备和资料经费等方面予以优惠。他强调，为了培养人才，保存文化遗产，要有计划地把中国古籍翻译成现代文。他关注着社会主义教育事业，考虑的不仅是方针大计，而且是具体学科。他无论是在讲台上，还是在交谈中，都以他渊博的科学知识和丰富的治学经验，启迪着一代新人的成长。

第五，提出全社会都来关心基础教育改革问题。

周谷城谈到，1986年4月，我国颁布《义务教育法》，实行九年义务教育。这是按照“面向现代化、面向世界、面向未来”的要求，着眼于21世纪我国经济和社会发展的战略目标，为培养有理想、有道德、有文化、有纪律的人才奠定基础，关系民族素质提高和国家兴旺发达的一件大事。现在全国有越来越多的人懂得基础教育的重要性，明确抓教育要从基础教育抓起，从娃娃抓起。

但是，在今天大力推进义务教育之时，周谷城指出仍有三个问题值得注意：一是否全部适龄儿童都入学了，二是教育工作是否面向全体学生，三是是否贯彻了全面发展的教育方针。“全部”、“全体”、“全面”这六个字可否作为我们衡量义务教育法是否落实的重要标准。根据调查、了解，他认为上述三个方面都还存在一些问题。首先，中小学生流失普遍存在，这是一个不容忽视的社会现象和社会问题。造成学生流失的原因是多方面的。有学校的因素、家庭的因素和社会的因素，需要综合治理。但这种现象显然是违背义务教育的性质和要求的，应当引起全社会的高度重视。为此，他认为，第一位的工作还是要进一步搞好义务教育法的宣传工作，并使之经常化，使人们的头脑中真正形成法律意识，从而自觉地履行法律义务。其次，在片面追求升学率的影响下，不少学校现在不是面向全体学生，对每个学生负责，而是只抓升学有望的少数学生，忽视对多数学生的培养。这种错误做法同样是违背义务教育法的根本宗旨的。再次，不少地方背离教育必须为社会主义建设服务的方向，背离全面发展的教育方针，单纯在升学率上下工夫，只抓教育，忽视德育、体育、美育，更不重视劳动教育。这也是完全违背《义务教育法》规定的。以上第二和第三点集中反映了基础教育的办学方向问题，基础教育向何处去的问题。基础教育担负着培养德智体美劳全面发展的社会主义一代新人的艰巨任务。绝不能把基础教育自觉不自觉地办成单纯的升学教育，让教师、学生整天围着升学考试转，脱离经济建设、社会发展和人民生活的实际需要。

十、主编《民国丛书》

1988年8月11日，在上海北京两路860号上海市政厅、大楼四楼月坛厅，由中共上海市委宣传部和新闻出版局联合召开的叙谈会在这里举行。参加会议的除了以上两部门的领导之外，还有上海学术界的知名人士、上海市各高校图书馆与市图书馆的负责人，以及上海各大报社的记者共70多人与会。其实，这次叙谈会是年已90高龄的周谷城最先提出和发起的。在这次会议上他要向与会者宣布一个重大的决定，就是由他来担任主编，编辑出版一套大型的《民国丛书》。

会议刚开始，市委宣传传部领导就请周谷城讲话。他首先就公布了自己的出版计划。为了保存史料，抢救文献，造福子孙后代，他要在有生之年，亲自主编大型的《民国丛书》。在长达一个多小时的讲话中，周谷城就编写丛书的宗旨与意义，以及编写的设想等问题作了详尽的说明。他反复强调，之所以召开这次这次座谈会，就是要听听各方面的意见和建议，希望能够得到大家的帮助和支持。

周谷城首先向与会者说明编这套大型丛书的理由。他说，我国有悠久的学术传统，即非常重视丛书的编纂印行一作。仅清代以来，学术界就曾陆续出版过数套颇有影响的大型丛书如《四库全书》《丛书集成》《四部备要》《四部丛刊》等。上述丛书的编纂出版，为保存文献，繁荣学术发挥了积极的作用。但对于为数达10余万种的民国时期出版的各类图书，至今为编出相应的综合性的大型丛书。民国时期作为一个历史上非常重要的时期，新的思想冲突剧烈，中西文化相互交汇，各种政治主张和学术流派乃至各种宗教派别纷纷传人，形形色色，应有尽有，许多学者对此做过精深研究，出版数量众多的各种观点的著作。但是这些著作不仅书籍流散，馆藏量少，而且纸张年久变质，自然损耗严重。目前只有少数大城市和几个主要大学有藏本，但顺此失彼，缺乏完整性与系统性。有的书籍已成为孤本或珍本。于是乎民国时期刊印的图书成了当前学术界迫需要而又难寻的图书之一。从这个意义上既，整理民国图书，将其辑印成大型丛书也是一种保存史料，抢救文献的极其有学术价值的工作。

接着，周谷城深入阐述了编纂出版《民国丛书》意义。他说，编纂出版这套《民国丛书》，可以说，它是解放了的中国人民在文化上宏伟气魄的表现，是现代中国文化历史的壮大。在当前深化改革，政治升平，学术繁荣的大好形势下，在对民国时期出版的各类图书进行全面清理的基础上，辑印一套代表当时学术水平的大型《民国丛书》，已成为中国学术界及出版界的当务之急。这套以保存史料，提供资料为宗旨的《民国丛书》编纂与出版，对于加强中国现代文化思想史的研究，提高高等院校、科研单位的教学与科工作质量，为全国县级以上图书馆提供一套具有多方面代表性的民国时期各类学科的基本藏书，以及加强海峡两岸的文化交流，促进祖国统一大业，不论在政治上或在学术上都具有积极的作用。

那么，我们应怎样来挑选这一时期出版的图书呢？在谈到选书标准时，周谷城说，应将那些具有学术性、资料性和实用性，又能反映那个时代风貌的书收入《民国丛书》之中。同时他还指出，“在讲人的时候，不要因人废言；在讲言的时候，不要因言废人。”这就是说，我们在选收作者的时候，不能因这个人过去有过什么问题，本应选收他的著作而不选：反之，在衡量一本书是否有学术价值时，不能因其某一本书观点有疑义，而把其他并作全都否定了。这一原则对贯彻“百家争鸣、兼收并蓄”的方针均具有重要的指导意义。周谷城就《民国丛书》的规模等问题作了进一步的说明。在讲到这个问题时，他说，我们计划从民国时期出版的10余万种图书中精选300种最有代表性和权威性的学术著作，分为一大类，为了实现这个目标，我们成立了以复旦大学为主体的上海地区各学科著名专家、教授组成的编辑委员会，以保证丛书的编写质量。复旦大学图书馆历来重视民国图书的收藏，可提供较多版本作为编选影印版本之用。上海书店出版社是国内著名的影印书刊出版单位，领导目光远大，力量很强，已影印出版的《申报》《新华日报》《现代文艺丛刊》等多项大型书刊积累了丰富的影印旧籍特刊以及出版发行的经验。他们已决定将此套丛书列为重点项目之一。我们相信，经过复旦大学和上海书店出版社的紧密合作，定能较完满地完成此项为海内外学术界所瞩目的大事。最后，他再次呼吁这项承前启后，造福子孙后代的学科，能得到与会的新闻出版界及学术界有识之士的大力支持。以上意见，都写进了他后来为《民国丛书》撰写的《序》中。他在《序》中写道：“为了保存和整理民国时期的重要图书资判，抢救珍贵历史文献，教育后代，满足读者的需要，推进中国统一和现代化大业，编纂一套大型的《民国丛书》，应是当前学术界出版界责无旁贷的当务之急，也是造福子孙后代的大事。”

在这次会上，周谷城以他那口乡音较重的湖南普通话，清晰有力地讲了如此长时间的话，竟毫无倦意，与会者个个听得津津有味。周谷城的上述讲话赢得与会同志的一致赞赏。会后，上海的《文汇报》《解放日报》，以及香港的报刊，纷纷发表特稿，报道著名教授、“大陆政要”周谷城主编《民国从书》及其“编书方针”。从这以后，九旬高龄的周谷城为辑印这套大型《民国丛书》倾注了诸多心血。

1989年10月，当《民国丛书》第一编100册即将出版时，周谷城在他的北京住所兴致勃勃地挥毫题词，以示祝贺："了解后代，资料第一。资料大源，便是书籍。民国时代，书籍浩繁，编成丛书，大有便利。分门别类，翻检不难，教育后代，大有裨益。"

1988年2月《民国丛书》编委会组成以后，原则上每年召开一次会议，审议编辑小组根据编委意见提供的选择及其他相关事宜。时任全国人大常委会副委员长的周谷城尽管公务繁忙，仍先后在沪亲自主持召开过两次会议。1992年6月，他原计划再次主持召开一次编委会，会前他突然因身体欠佳而不能出席，为此特致函时任复旦大学图书馆馆长、《民国丛书》编委徐鹏教授，请向编委们转达他的歉意，并委托徐鹏代为主持这次编委会。他还在信中对如何编好《民国丛书》，以及如何做好发行工作，提出了八点意见。如"要像过去王云五那样的搞法，派人到各省市教育局进行推销"，"选部分好的译本，如'严泽八种'等"，"继续在报纸上多做一二次广告，加强宣传力度"等。所有这些，表现其为发展中华文化事业高度认真负责的精神。周谷城曾多次语重心长地对编辑组成员说过《民国丛书》的编辑与出版，虽与当前的经济建设没有直接联系，但它与前面提到的那些《四库全书》《丛书集成》典籍一样，是代表了中国的文化。中国经济建设要搞上去，中国的文化建设也要搞上去，中国不能没有自己的文化。还是要按照小平同志提出的两个文明建设一起抓且两者都不能偏废的观点来指导这套丛书的编写。他从战略的高度，把这一巨大工程与实现四个现代化紧密联系在一起，是具有战略家的眼光和魄力的。

1994年新年伊始，编辑组成员傅德华在一次偶然的机会，拜访了在沪住院治病的九十岁高龄的周谷老。问安之后，两人的话题很快转到正在上海书店出版的皇皇巨著《民国丛书》上。在这次拜访中，刚刚动完两次手术的周谷城，身上还拖挂着两根插管塑料袋，但精神看上去挺不错。出于高度责任感，他对傅德华再次谈到要提高对编纂出版《民国丛书》重要意义的认识，要善始善终地把这套《民国丛书》编下去，绝不能半途而废。《民国丛书》与过去出版的《永乐大典》《古今图书集成》等政书、类书一样，都是一定历史时期重要的文化遗产。尽管他此时已重病缠身，但记忆力极好的他提醒编写组不要重犯过去的错误。他还向傅德华叙述了以下一件事：早在20世纪20年代，吴稚晖曾与他的朋友陈颂平先生相约，“不看中国书，吴本人已私把线装书投入茅厕里去了，说什么这个‘国故’的臭东西，非再把它丢在茅厕20年不可”，同时下决心鼓吹一个枯燥无味的物质文明。我们切不可重蹈他们的覆辙。《民国丛书》的编辑与出版，是中华文化史、出版史上之壮举。今后不论遇到什么困难，也要把这套反映一代学术风貌成就的《民国丛书》按原计划编下去，影印出来。他希望编写组不要辜负这个时代赋予我们的重任。当他与傅德华的交谈中，获悉《民国丛书》已远销到美国、日本、韩国等世界各地，并在国内外学术界产生了一定的影响，感到十分欣慰。他说，待10编出齐后，其影响会更大。我们不仅要做好丛书的出版发行工作，还要努力做好方便读者使用《民国丛书》的检索工作。《民国丛书》除继续保持各编封面标以不同颜色、各编均附本编书目外，等10编出齐后，另编《民国丛书总目》一册。不仅要有分类索引，还要附上书名和作者等，这样就避免了以往出版的丛书，因缺少相应的辅助索引，颇使读者苦恼之不足。由此可见，周谷城此时的思路十分开阔，考虑问题相当周全。周谷城是个乐观主义者，他对自己能战胜疾病充满信心。他对傅德华说，此次两刀开得很成功。我相信，虽年事已高，但仍满怀信心地希望在有生之年，能看到后面几本《民国丛书》的顺利出版。

这一年岁末，《民国丛书》召开了第五次编委会，周谷城因健康原因不能出席。他人躺在病榻上，心里却一直惦记着持续了多年的《民国丛书》编辑与出版工作。他在病房里再次写信给徐鹏先生，并指示：“七八编编定，可照原办法进行。”这恐系周谷老生前为《民国丛书》留下的最后遗言。

在周谷城逝世前，被专家学者称之为当今小《四库全书》的《民国丛书》已出版了5编，500巨册精装本。同时出版单行本百余种，数千册。

十一、谈与新闻的因缘[11]

1983年6月6日，周谷城出席第六届全国人民代表大会第一次会议，被选为全国人大常委会副委员长。不久，秦颁羔、黄安庆等因《中国城市导报》创办的事找到周谷城，请他为该报创刊号题词。两位记者与周谷城会面，他了解来意后，他在客厅里高兴地和他们聊起来。周谷城得知《中国城市导报》是全国100多名市长倡议应运而生时，显得心情愉悦，说："现在党和政府很重视城市工作，你们办导报，就要很好地为党和政府提供情况，积极组织社会力量，为解决城市问题献计献策，提出科学合理的意见。"接着，周谷城把二人引进那间利用四平方米阳台搭起的书房，铺开宣纸，欣然挥毫题写了"城市建设，经济为重，办好导报，协力推进"十六个遒劲有力的大字。

当他写完题词，坐下来和两位记者再聊，两位记者谈到担忧自己当不好记者。周谷城满怀殷切的希望对他们说："不要紧，慢慢来嘛。搞新闻采访是很好的职业，它可以通过各方面的接触和了解，学到好多知识。"

"就拿坐相来说吧，里面就大有学问。"周谷城随手指着两位记者中的一位说："你的坐相就很端正，看上去就有规矩。以前有位记者来看我，这本是一番好意，但他往沙发上一仰，手脚叉开，坐相很难看，让人生厌，谈兴顷刻大减。这就是缺少知识，不懂得做人的道理。搞新闻采访，可千万不能忽视这些小节。"经周谷城一指点，两位记者情不自禁地挪了挪身子，坐得更加端正。周谷城见到后，他笑了，马上补充说："在我这家里，你们就不要弄得正襟危坐啊。"两位点点头，抬头望墙上，恰有一小小的条幅映入眼帘，上面写着："坐如钟，立如松，行如风，卧如弓。也是徐特老之容貌举止论，录此记之。谷城，一九八二年。"

周谷城谈得兴致勃勃，他操着浓郁的湖南乡音说："你们可能会想，初次见面，我怎么开口就教训人啊？其实不是的，我今天看到你们来很高兴，随便和你们谈谈做人的道理。我以前旧书读得多，又经历了许多事情，也是逐步才学会了做人。搞新闻采访，懂得这些有好处，因为我过去也曾办过报纸，搞过采访。"

两位记者听了，不由得一怔，连问："您也办过报纸？""是的。"周谷城点了点头，开始追述往事。他告诉他们，他在解放前有过两次与新闻结缘的经历。

第一次是20年代初，他在湖南长沙当中学教师时，通过对湖南农村的社会调查，曾在长沙一家报纸上发表了两篇《租谷论》，迅即遭到长沙教育界保守势力的攻击。

第二次是大革命时期。周谷城来到武汉，在毛泽东直接领导下的全国农民协会工作。其时，他又在报纸上发表了《农村社会新论》的文章，这是一篇较长的文章，连载了一个星期，受到毛泽东的表扬。

对周谷城来说，印象最深的是第三次。那是20年代初期，周谷城受到上海暨南大学校长郑洪年的邀请，从广州来到上海，在暨大教书还兼系主任。这时的上海，新闻活动比较活跃，新闻界办了许多报纸，这些报纸大都办得较为出色。周谷城也动了办报的念头，想办一份能自由表达自己思想的报纸。于是，他独自一人办了一份周报。周谷城回忆说，只花20元就可以办一期。他自编、自校、自办发行，既便宜又方便，他为这份报纸起名为《真理报》。

说到这份报纸的内容，周谷城说主要有四个方面：第一，介绍黑格尔的逻辑学。黑格尔的《逻辑大纲》有英译本，据以译成中文，加以连载。第二介绍苏联民族政策。苏联是多民族国家，实行社会主义的民族政策，这方面论述很多，也酌予介绍。第三，他本人撰文评论国际形势。第四，朋友通讯。谈学术问题，可以活跃报纸的气氛。

周谷城接着谈道："《真理报》一连出了四期，就停办了，原因是巡捕注意到了这份报纸。报纸放在马路上零售，但要注明地址，才好与读者联系，巡捕就据此找上门来。有天，一个巡捕拿着报纸问我：'这是你办的？'说完就走，我感到来头有些不妙。心想，大革命时期，在武汉，就因为在报纸上登了《农村社会之新观察》等文章，皆出过问题，差点被抓去送了命。我想，这次一定要小心点，就自动停刊了。虽然，只出了几期，影响却也不小。另一个收获是我翻译的《黑格尔逻辑大纲》英汉对照译文在《真理报》连载刊出后，又由商务印书馆印了单行本，我的办报生涯就此就了结了。"

其实，周谷城除了以上的与新闻打过交道的活动之外，还有以下与新闻结缘的故事：周谷城还曾被迫改行．从事过新闻教学。这是1942年以后的事情。如前所述1941年冬天，太平洋战争爆发，英美对日宣战，上海租界待不住了。周谷老千辛万苦往后方转移，在杭州被日本人抓住，关了几个月。因为化装成商人，化名周珍，没暴露身份被保释出来。几经转折，来到重庆，张忠让、陈望道先生请他去复旦（已内迁重庆）任教。当时他的专著《中国历史》、《中国政治史》已先后问世，学生也欢迎他去教历史，但却遭到顽固派的抵制和攻击。有人说他是共产党的尾巴。说周谷老的《中国通史》是拿了俄国人的卢布写的。周谷老到了复旦，在历史系不能开课。新闻系主任陈望道先生就请他到新闻系教书。教什么呢？周谷老说："历史是我的本行，却不让教，就教报纸吧，于是周谷老就把系里订的英文报纸当教材，讲外电外论。先讲大意，然后让学生翻译。然后在课堂上再进行集体讲评。方法是把周谷老自己写的译文写在黑板上让学生加以比较，不同意见，可以争论。这种教法大家反映很好，因为既了解了时局，又练了译笔，可谓一举两得。

谈起40年代的报纸，谷老认为《大公报》还是较有独立见解和比较客观的。谷老说，有几件事是他终生难忘的：

头一件是刊登《毛泽东先生来了》的消息。1945年8月毛主席自延安赴渝参加和平解决国共分歧的谈判。在国民党控制下的重庆报纸，想缩小和贬低毛主席的影响，对此不予报道。而《大公报》却以"毛泽东先生来了"的通栏标题，在头版头条上刊登了这个消息，标题非常醒目，用很大的字。至今，周谷老用手比画着对我说起来，情绪仍很激动。他说："《大公报》很好，从标题上可以看出它的倾向性，可以看出来人的重要地位，有打破新闻封锁的意味。我就是通过这条消息会见了阔别多年的好朋友——毛泽东主席的。"他说："从武汉分裂离别，到重庆相逢，整整18年。当我在中苏文化协会门口见到毛主席时，两个人紧紧地握着手，很久没有说话，眼泪都流出来了。然后，毛主席说："你是周谷城先生吧？18年了呢！"我问他过去胃出血的毛病好了没有，他说："我这个人生得贱，在家有饭吃要生病，拿起枪上山当土匪病到好了。"40多年过去了，当时会见的情景，还历历在目，而《大公报》则是消息的提供者。

第二件是发表拥护联合政府的宣言。这个宣言是重庆的一些教授为了响应共产党建立联合政府的号召而起草的。陶行知先生领衔有几十位教授参加，周谷老也是发起人。但宣言起草时却遭到了国民党的反对，警告该党人士一律退出。而《大公报》却全文发表，表现出它的胆识，也是对民主运动的一种支持。

第三件是刊载《教授们说话了》的消息。1946年复旦大学迁回上海，学生运动日益活跃。一天晚上国民党支持一批反动学生打伤了很多进步学生，引起了教授们的义愤。周谷城草拟了一份宣言，请教授们签名。最后征集了12个人，如陈望道、洪深、朱伯康、曹亨矧、周予同等。宣言送到《大公报》，他摘了几句话，做条消息发了，但加了一个很好的标题，叫做“教授们说话了”。表面看，是客观报道，没有什么辮子可抓，可是却有些倾向性。意思是说，不能压迫得太厉害了，教授先生是懊之又懊的人，现在他们都说话了，不能再压了，这是不表态的表态。字里行间流露出对进步学生的同情。第四是发表了“开天窗”的宣言，这是1948年的事情。蒋介石政权在镇压了反饥饿、反内战、反迫害的学生民主运动以后，接着就颁布了镇压学生运动的反动条例。上海教授联谊会在八仙桥青年会开会，对此加以谴责，推举周谷城和蓟伯赞先生起草宣言予以反对。宣言送《大公报》很快就发表了，这次是照直发表，没加标题和按语，但也有点倾向性。在上面挖了几个洞，叫做“开天窗”，把一些激烈的言辞挖掉了。《大公报》这一招很妙，既可不担大的风险，又敢于发别家不敢发的消息。宣言一出，影响很大。第二天郭沫若先生都注意到了。他提醒周谷城要注意，麻烦还在后面。果然不久，就发生了4月26日大逮捕的事。光复旦一校就捉了83个学生和1个教授，就是周谷城。周谷城说：“那天一大早，外面炮声不断，气氛很紧张。为了安慰老伴，我说这是蒋介石放起身炮。可等我踱到窗前一看，到处都是拿枪的人。我想怕要出乱子，就赶紧穿好西装打起领带，免得把我拖到街上，像个囚犯，样子不好看。果然，没多久，进来了几个荷枪实弹的宪兵特务，喊我跟他们走。好在我已有准备. 穿得精精致致地走出家门。这时附近楼房的窗子上挤满了脑袋，惊愕地喊道：‘周谷城被捉去了，周谷城被捉去了。’我被带到红色的囚车上，跟群学生来到了伪警备司令部。后经校方保释回家，限我随传随到，不得离开上海，又过了一个月，到了1949年6月26日，上海解放，我才获得了白由。第二天陈毅同志在八仙桥青年会召开各界人士座谈会，有上千人到会。我被安排在炅有训、陈望道先生之后发言。我只讲两句话：你们再不来解放，我会害神经病。只要有人喊门，不是抓周谷城的，我也以为是抓周谷城的。陈毅同志插话说：‘不是解放，是会师呵。你们从里面打过来，我们从外面打进去。’在随后一次欢庆解放的大会上，我作为知识界的代表向陈毅同志献旗。欢庆上海的新生和光明到来。我的这些活动《大公报》上都有所反映。总之，《大公报》作为中间色彩的报纸，在那光明与黑暗搏斗的岁月里，表现了一定的客观性和对民主运动的某种同情与声援。”

十二、与江泽民的交往

周谷城年事虽高，但仍不遗余力地为祖国的“四化”建设操劳、尽心，这理所当然地受到党的各级领导与人民群众的尊重与爱戴。1985年lO月的一天，时任上海市市长的江泽民同志带着儿子（当时在上海交通大学读研究生）到周谷城家拜访。

一见面，江泽民就心存敬意地握着周谷城的双手说：“周谷老，您是同毛主席等国家第一代领导人共事的，我非常敬仰您！我在做学生的时候就读过您的书，现在真想再花一点时间复习一下历史，特别是世界历史。”周谷城说：“我是个教书匠，一世就是拿粉笔，写的主要是历史书，得到了毛主席的鼓励。我也写政治史、形式逻辑与辩证法，也写教育论文、哲学论文，也搞点翻译。”随即周谷城走进书房，在书架上寻书，说是有一本英文教科书，是世界史，有文有图，一时没有找到。江泽民说：“不急，以后有时间再来借。”周谷城坐在书架旁，江泽民就坐在旁边的方凳上。江泽民说：“我是上海交通大学学机电的，后来搞厂，搞研究所。”周谷城的夫人问道：“您府上哪里？”“扬州，您去过扬州吗？”“没有，我很喜欢吃扬州的点心、扬州的菜。”江泽民说：“下次我专门陪你们去我的家乡，要到富春园吃点心。扬州的园林也是一绝，我多年没有回去了，也很想去看看，就是没有时间。”江泽民看着书架上的书，又走近一点把书名一一念出来，说大部分是哲学书历史书。周谷城说：“您的英文、俄文和德文都很好呀！”江泽民说：“哪里！英文是逼出来的，工程技术与资料上要应用。俄文嘛，也与工作有关，我曾在列宁格勒学习和工作过，能应付。德文要应用就不如英文。”交谈中，两人不时以外文嵌在句子里。越谈越有兴趣，又是政治又是哲学，又是时事新闻又是经济市政，民俗民情，还讲诗词书画，“欲穷千里目，更上一层楼”相互对背诗句。周谷城高兴得很，感到非常亲切，真有讲不完的话。江泽民的儿子见两个人越谈越投机，就插话说：“爸爸，周爷爷该早点休息了，我们回去吧！”江泽民看看表：“呀，这么晚了，该走了，周老，多保重身体，您是国家的宝贵人才，愿您健康长寿。”周谷城依依不舍地带着家人把江泽民父子送到大门外。

后来周谷城常常回忆与江泽民市长的初次长谈，在家里找出了那本英文的世界史教科书，叫人送给江泽民，江泽民愉快地接受了。在看到江泽民给人的几次题词后，周谷城把旧作《国庆三十六周年》[12]的诗工整地写成条幅送给江泽民，江泽民也愉快地接受了。过了一段时间，周谷城和夫人到江泽民家去拜访。那是一天下午五点钟，江泽民刚从外面回家，见到周谷城与夫人正在他家门口，就小跑步赶过来。“周谷老，您是前辈，来看我真不敢当。”江泽民非常亲切地扶着周谷老的手臂且非常高兴。事后周谷城说，江市长家里书真不少，外文书尤其多，占满一个房间的四壁，都是工程技术书，房间布置得很雅致，也很简朴。江泽民市长讲上海准备把赚钱的工程和赔钱的工程捆到一起搞，要搞它几件让市民满意的事。

后来周谷城主持、召集国内外的学术研究会、报告会，或是民主党派、人民团体的座谈会或喜庆科技、医卫、文教的成果展览，去请江泽民，几乎都得到令人愉快的答复。“江泽民现在工作重要，也很累。他平易近人，尊敬老同志，很重感情，深得国内外知识分子的崇敬，这不是偶然的，他自己就是一个知识渊博的大知识分子嘛！”周谷城常常这样讲。

1995年5月，周谷城患重病住在上海华东医院治疗和疗养。党和国家领导人十分关心周谷城。时任中共中央总书记、国家主席的江泽民在上海考察工作期间，曾前往华东医院探望周谷城。在周谷城病危和逝世后，江泽民委托上海市委领导同志前往医院看望，并慰问其亲属，体现了党对周谷城的关心与怀念之情。

十三、与共产党风雨同舟振兴中华

周谷城是从旧中国走过来的老知识分子，他一生经历坎坷，然他作为民主党派的重要成员，在与中国共产党人长期的交往与合作中，他认定了一条真理：中国只能由中国共产党来领导，只有共产党才能领导中国走上富强之路。“我认为四项基本原则的核心就是坚持中国共产党的领导。千言万语就是这一条。中国共产党的领导不能动摇，只能加强；不能缩小，只能壮大；不能倒退，只能前进。”[13]

这一条为什么如此重要？他是这样分析的：从鸦片战争开始的1840年到20世纪末的2000年，160年的时间，大致可以分为两个阶段。以1921年中国共产党成立为界限，前80年，后80年。我们走过的路，前一段是屡战屡败，后一段是屡战屡胜。

1840年以后，我们同外国人作战，屡战屡败。鸦片战争跟英国人作战失败了，1860年中法战争，1895年中日战争都失败了。打败了就签订不平等条约，割地赔款。接着是1898年戊戌变法，搞资产阶级改良。这个运动除去死了一些知识分子外，毫无成绩。1900年义和团运动失败，八国联军把清政府打得落花流水，又签订不平等条约。这以后，1911年辛亥革命虽然取得了很大成功，推翻了几千年的封建帝制，但孙中山建立的政权很快又被袁世凯篡夺了。1915年，日本人提出《二十一条》，要中国把德国抢去的山东交给日本，真是天下怪论！这是个亡国灭种的条约。那时，美国、英国都支持日本，消息传出，立刻激怒了全国人民，特别是青年学生。1919年，青年学生奋起反对中国政府在《巴黎和约》上签字，爆发了震惊中外的“五四”运动。接着又是文化运动，中国人民轰轰烈烈的反帝反封建运动从此萌发。

“十月革命一声炮响，给我们送来了马克思列宁主义。”1921年，中国共产党成立。经过28年的艰苦奋斗，建立了人民政权。1949年10月1日，毛泽东在天安门城楼上庄严宣布："中华人民共和国成立了！"中国人民站起来了，真令人心潮澎湃！

我们是那样的贫弱，用小米加步枪，打败了美国武装起来的国民党反动派。以后抗美援朝，保家卫国，我们也胜利了。前80年屡战屡败，中国共产党成立后屡战屡胜，走了上坡路。为什么会如此？就理论说只有社会主义才能救中国。如果当时没有共产党坚持革命，那么连蒋介石也不能打倒，还有什么新中国可言？当然"大跃进"吃了大亏，十年浩劫吃了大亏。但中国共产党很快自我完善，不断纠正自己的错误，很快就结束了十年动乱，拨乱反正，接着提出把工作重点转到社会主义经济建设上来，实现四个现代化的宏伟目标。十一届三中全会后的八年中，我国的政治、经济、文化、教育、文艺等各方面的形势大好。到2000年，我国的工农业总产值还要翻两番。有中国共产党领导，坚持走社会主义道路，我们会屡战屡胜的。

结束前80年屡战屡败历史的是中国共产党，开创屡战屡胜局面的是中国共产党，结束十年动乱的是中国共产党，领导中国人民实现四个现代化的也是中国共产党。中国共产党在领导中国革命的进程中，不断自我完善，发挥着巨大的领导作用，是令人信服的。新中国成立37年来的光辉成就是任何人也否定不了的。

没有共产党就没有新中国，有了共产党就有了一切，共产党是全国人民的核心领导力量。只要弄通这个道理，一切工作围绕这个精神，就不会犯大的错误。犯了错误也很快就会改正。如果不懂历史，不知道过去，不能预见未来，就不会有正确的行动。我们一定要和中共中央保持一致，团结在党的周围，形成巨大的凝聚力。

周谷城对中国共产党的正确领导地位的认识，是用辩证唯物主义和历史唯物主义的观点来分析中国国情而得出的结论。他的这番话可以说是肺腑之言。这点还可以从他其他重要谈话中看出来。在刚刚粉碎"四人帮"不久的1979年9月，周谷城在《前进》杂志发表《做好工作，迎接国庆》的文章，其中谈道："从现代的历史发展看，没有共产党的领导，几乎一事无成。反之，有了共产党的领导，前人从来没有做过的大事，都能做得好……中国共产党为什么有这样大的威力呢？总的说来，就是由于它以马列主义、毛泽东思想武装了自己，运用无产阶级专政，走社会主义道路。这是与其他任何党派不同的。”“根本一条，就是任何其他党派都不是以马列主义、毛泽东思想武装起来的，因而不能与帝国主义、封建主义、官僚买办资本主义彻底决裂，或者想走社会主义道路，同时却又害怕无产阶级专政，因而不能与这三者彻底决裂。”因此，各民主党派“想要有所成就，非争取党的领导不可。”[14]1986年，周谷城在向《光明日报》记者发表的“西方资产阶级民主不是一朵花”的谈话中说道：“近百年来，中国人民为了推翻压在中国人民头上的‘三座大山’，前仆后继，英勇斗争。只是在中国共产党的领导下，才取得了人民民主革命的胜利。现在，党中央又领导全国人民，坚持改革和开放，为建立高度文明，高度民主的社会主义现代化国家而不懈努力。如果否定我国人民现在享受到的经过前人英勇奋斗才得到的民主权利，而去效法西方人自己都未必完全满意的东西，那只会使我们已经得到的民主权利重新丧失。”[15]

由于对中国共产党的领导地位有深刻的切身体会，他坚决拥护中共所制定的正确路线、方针和政策。当中共“十三大”闭幕后不久，他按捺不住内心的激动，谈了以下感受：中共“十三大”内容丰富，我们已经看到、听到了。我的体会是，这次会上的报告中提出的“一个中心、两个基本点”是十分明确、十分透彻的。下一步的四五十年，这是出发点。三十几年来，我们终于搞清了国情，认识到我国现在处在社会主义的初级阶段。搞清了国情，明确了奋斗目标，我们的生产力一定会发展很快。从温饱走向小康，是很有把握的。中国是世界上最大的国家，中国共产党是世界上最大的党，领导班子换届，不发生一点波动，是不可想象的。换届问题是古今中外的大事，政党中存在换届问题，政党之外有国家权力的更替，这是杀人流血的大事。我们搞历史研究的人，最头疼的，最不愿意讲的就是这件事。可是这一次，中国共产党做得好，党内外一致叫好。这次中央政治局的几位常委都退出来了，没有一点麻烦，这是了不起的。外国人也说中国人有本事。我认为这次大会是个很好的榜样：第一，可作为世界上各国共产党的参考。第二，可作为我们民主党派的参考。第三，可作为其他国家其他党的参考。第四，没有党派的国家也可以参考。这次大会总体来说就是：基本路线的一个中心、两个基本点明明确确，领导班子前一届换到后一届妥妥帖帖。[16]

周谷城为了表示自己衷心拥护中共“十三大”所确定的基本路线，祝贺大会的圆满成功，他还写了《敬祝党的“十三大”》一诗，以示敬意。诗中说：

社会主义，进入初阶；
文明古国，已换新胎。
物力开发，人力发挥。
民主法制，日益完善；
文教科技，日增光辉。
史开先例，举世声蜚。
远近咸悦，老安少怀。
京华胜境，盛会鸿开！
敬祝领导，多出睿裁；
与会全体，划策献谋。
同心同德，继往开来。

1992年初，邓小平视察南方，发表了一系列重要讲话。他特别强调指出，基本路线要管一百年，动摇不得。他的谈话为正在社会主义现代化建设关键时刻奋进的我国人民进一步明确了重要指针。宛如和煦的春风，吹绿中华大地，为我国社会主义建设和改革的宏伟事业增添了勃然的生机和活力。

对邓小平的重要谈话，年已93岁的周谷城从心底里表示最坚决的赞同。他记得有两件事是值得自己珍视的。有一次，上海有一所学校要周谷城请小平同志为其题写校名。在北京的会场里，周谷城坐在小平同志后排，他左边的一位同志与小平同志更熟悉，他便托这位同志向小平同志讲。小平同志回过头来微笑着问是谁要题字，当听说是周谷城提出来的要求，他马上拿出笔，题好了校名给周谷城。为这事，周谷城非常高兴。还有一次，周谷城在一个会议上讲了关于民主的一段话，其中有“西方的资产阶级民主不是一朵花”的话。《人民日报》记者来访，用的标题就是这句话。后来，小平同志知道了这件事，在一次谈话中说，“民主党派是好的，周谷城始终是好的”。周谷城听了感到非常亲切，受到极大鼓舞。“小平同志是‘尊贤而容众，嘉善而矜不能’者。我是一个普通的爱国民主人士，能得到小平同志的容纳，我有说话的勇气了。”[17]

学习邓小平南方之行的重要谈话后，周谷城谈了如下深刻体会：

第一，这个讲话是有时代意义的。过去毛主席领导我们革命，推翻了帝国主义、封建主义和官僚资本主义的反动统治，推倒了压在中国人民身上的“三座大山”，使中国人民得到了解放，建立了新中国，正如小平同志所讲：革命，是解放生产力，是一次划时代的革命。今天小平同志提出科学的论断，要坚持“一个中心、两个基本点”的基本路线，一百年不动摇；不坚持社会主义，不改革开放，不发展经济，不改善人民生活，只能是死路一条。要使人民懂得这个道理，领导同志更要懂得这个道理。必须从根本上改变束缚生产力发展的经济体制，促进生产力的解放和发展。这当然要思想放开，步伐要大、要坚定。只有把经济搞上去，中国才能长治久安。所以，邓小平同志的“改革也是解放生产力”的精辟论断，具有深远的时代意义。

第二，我们要把国外的好经验学过来，为我所用。周谷城指出，如果国外没有我们所需要的经验，怎么办？那就要靠我们自己的创造性。过去有个西方人讲，欧洲人是向上进取的，善于创造；印度人是向后倒退的，不知道创造；中国人是调和持中的，谈不上创造。我不以为然。说某个国家会创造，其他国家不能；说一个国家不会创造只倒退；说一个国家不知道要创造，都不是事实。中世纪的欧洲，所谓“黑暗时代”，僧侣的地位高于贵族与平民，能说那些国家都进取了吗？现在印度人生产的好汽车卖出去，换外汇，自己用差的车子，是倒退吗？我国农村搞承包，小平同志说这个发明权归农民，农村改革中许多好的东西都是基层创造出来的。一部分农民自己创造出来的好办法，我们的领导人把这个办法推广到全国，一下子把农村搞活了。根据我们的历史传统，根据国内、国际的环境，我们总能创造出适合我们自己的办法来。

第三，学习小平同志的讲话，要注意不要搞形式主义。千万不要表面上热热闹闹学一阵，但自己素质没有提高，自己的品行没有改变。不把学习作为自己的第二天性，等于不学。小平同志讲的道理很朴实，就是实事求是。过去，毛主席就讲的是实事求是，过去打仗靠这个，现在改革、建设也靠这个。要把这个道理学进去，不是摆着看的，不是个个拿一份文件，光说座右铭，那是搞形式主义。要把自己摆进去，思想、习惯、工作作风都要与小平同志所讲相符合。领导干部更要注意把小平同志的科学理论学深、学透。首先要自己真信。事实上这些年只要是把小平同志的道理学到手的地方，经济就搞得好，发展快，这也是实践检验真理，只有这一个标准。小平同志南方之行，看了沿海地区，证明他自己的论断正确。学得好，搞得好的地区要帮助还没有动起来的地方，最终达到共同富裕的目的。

第四，一定要抓住机遇，发展自己。周谷城认为，看到的机会不抓就丢掉了，时间一晃就过去了。因此，我们要抢时间，非常要紧。现在许多邻近的国家和地区经济发展比我们快，如果我们不发展或发展得太慢就会落后，别人在飞速发展，我们搞慢了就要停顿，等于倒退，又会挨打，又会被发达国家欺侮。小平同志讲得好，能发展就不要阻挡，有条件的地方要尽可能搞快点，只要讲效益，讲质量，搞外向型经济，就没有什么可以担心的。拓展思路增活力，思想解放天地宽，我们要抓住机遇，迎接挑战，开创社会主义建设的新局面。

学习邓小平的南巡讲话，加快我国的经济建设步伐，争取中华民族的早日腾飞，这是周谷城的夙愿。他坚信，只要全国人民在中国共产党的领导下，和衷共济，奋发图强，中国一定能跻身于世界先进强国之林。

注释：

①《周谷城先生谈“三不主义”》，《文汇报》，1979年3月10日。

② 周谷城：《伟大的感召》。

③ 周谷城：《自传》。

④ 李殿元：《记周谷城先生的一封信》，《文史杂志》，2000年第2期。

⑤ 张海峰：《周谷城与太平洋区域史研究》，《太平洋学报》，1997年第1期。

⑥《毛泽东选集》第2卷，北京：人民出版社，1991年，第668页。

⑦《毛泽东选集》第2卷，北京：人民出版社，1991年，第668页。

⑧ 周谷城：《文化不是铁板一块》，《中国文化报》，1986年7月9日。

⑨《前进》1985年9月。

⑩ 周谷城：《新的一年应有的贡献》。

⑪ 参自秦颂羔、黄安庆：《周谷城谈办报与采访》，《新闻记者》，1985年08期；晓川：《周谷城与新闻的因缘》，《中国记者》，1989年06期

⑫ 诗曰：欣逢三十六周年，建设桩桩奏凯旋。

内政外交都获胜，精神物质两空前。

老安回忆当时事，后起思齐祖辈贤。

国庆高歌添一曲．台湾大陆早团圆。

⑬《周谷城在接见全周党刊工作座谈会代表时的讲话》，《前进》，1987年第3期。

⑭ 周谷城：《做好工作，迎接国庆》，《前进》，1979年第2期。

⑮ 周谷城：《西方资产阶级民主不足一朵花》，《光明日报》，1986年12月28日。

⑯《前进》，1987年12月。

⑰ 周谷城：《开创社会主义建设的新局面》，《前进》，1992年6月。

第十一章

余晖

一、对故乡的深情

周谷城对故乡益阳来仪湖汾湖州一往情深。无论是在民主革命时期，还是新中国成立后在上海工作的时期，他总牵挂着故乡的山山水水，父老乡亲，他多么想为家乡的革命与建设事业增一份力，尽一片心！

自1927年第一次大革命失败后，周谷城因遭湖南国民党反动派的通缉，便潜逃上海，从此再未回湘工作过。但他难忘故土，每隔数年，总要回故乡看看。每次抵家之次日，便前往汾湖洲周家垸的族家，串走一遍，以示慰问。然后，再走出周家垸，前去拜见蒙师贺坦庄及其他亲朋以及去其他少年时到过的地方看看，几成习惯。

新中国成立后，周谷城因公务繁忙，抽不出身回乡，但书信不断，嘘寒问暖。

1954年，他得知家乡遭受特大水灾，十分惦念，于翌年春，特从上海赶回老家视察灾情，并一一慰问家乡父老，勉励乡亲们鼓足信心，在党和政府的领导下，生产自救，重建家乡。他劝慰大家只要齐心合力，就一定能战胜灾荒，渡过难关。

即使在五六十年代，他虽遭不幸，受到“四人帮”的残酷迫害，但他仍难忘桑梓。

1979年4月15日他曾给族弟写信，信中说：“我们现在一家都好，就是常想回家走一趟，只怕汽车不能直达，不敢动身。明年春天，再当试试，看车能达长湖口否？”拳拳眷念之情，溢于言表。

1982年4月26日，正是春暖花开的季节，恰逢大好晴天，耄耋之年的周谷城偕夫人李冰伯终于实现了“少小离家老大回”的夙愿，在湖南省人大常委会秘书长李强的陪同下，克服农村道路崎岖，轿车颠簸不堪之苦，多次谢绝李强担心其安全的劝说，硬是坚持回到了他的出生地汾湖洲周家垸长湖口新屋，见到了阔别多年的堂弟、弟媳等，圆了长期萦怀于心的回乡梦。当乡亲们涌进屋来看望他时，他满面春风抱拳拱手致意说：“恕我年迈，不能一一登门造访，请各位代我致意问候好了。”

当他沿途看到家乡昔日的茅草房，如今已多数变成了红砖瓦房时，他感慨万千地对李强说：“我的家乡原是贫困的重灾区，现在旧貌换新颜，郁郁葱葱，苗壮鱼跃，这是我所料想不到的。”李强接着介绍说，为了根治来仪湖的水患，益阳县委于1974—1978年，调集了3000多干部和15万农民大军，苦战5年，开挖了一条长达48公里的撇洪新河，撇走了从益阳、宁乡到望城县的山溪水，使之由益阳三里桥，由乔口流入湘江，并从来仪湖心至湘阴新泉寺挖了一条排渍的运河，使来仪湖区过去“十年九不收”的低产田，变成了旱涝保收的高产田。工程完工后，先后有10多个国家的水利专家和政府官员前来参观考察。周谷城听了介绍，兴奋不已，连声说：“益阳人有气魄，真了不起，真了不起啊！”

接着，他又对李强说：“我幼年时代，家乡大多数年头有洪涝灾害，收成很差，就是丰年，亩产稻谷四五百斤就算到了顶，农民生活贫苦。如今水旱基本控制，农民安居乐业，亩产千斤，甚至千多斤，这是农村实行生产责任制的好处，是党的现行政策和科学种田起了作用。”他亲眼目睹家乡的沧桑巨变，心情激动。回到省委蓉园宾馆后，为表达回乡喜悦之情，便挥毫书写条幅送给省人大常委主任万达：“闻说城乡似剪差，亲来乡下作调查，从知形势天天好，足食丰衣百万家。”他还高兴地说：“家乡好，家乡山好，水好，人更好！”

周谷城热爱家乡，还表现在他对家乡文化事业的积极支持。如《益阳师专学报》编辑部函请他题写刊名，他不仅写就邮寄，并热情洋溢地复信给该刊负责人说：“家乡能办出如此美好的学报，亦足以自豪矣。”他还为益阳县上湖乡初级中学、益阳县第一职业中学等题写了校名，并致函鼓励说：“知新办的初中成绩很好，令人高兴。希望在党的领导下，一心一德，继续努力，做出更好的成绩。”对《益阳文史资料》，他也曾写信勉励说：“文史资料，办得很好。”他还为族弟周高楚在益阳欧江岔镇创办的“益阳欧江岔利民诊所”书写牌名，并勉励周高楚说：“乡下农民，在旧社会因缺医少药，误死的人不少，令人痛心！办诊所要有救死扶伤的医德，多为劳动人民做好事。”

当周谷城得知原益阳欧江岔区委书记杨金龙是北京师范大学中文系的毕业生时，他风趣地对杨说：“40年前，我同你是同学嘛！”杨说：“您是德高望重的国家领导人，又是蜚声中外的历史学家，而我是一名无名小卒。”周谷城鼓励他说：“我也是老百姓。知识分子到农村，大势已成，你能作出榜样，值得敬佩。”周谷城的一席话，对杨书记鼓舞很大，他决心在农村奋斗一辈子。

周谷城对家乡的关心，还表现在诸多方面。他对来自老家走访他的人，特别热情接待。1984年10月16日，益阳科技馆筹备处四位同志来到周谷城寓所时，他虽刚参加完会议回家小憩，然一见家乡来人，便不顾疲劳，接待客人，他和大家一一握手，叫请坐。当来宾汇报了筹建益阳科技馆的情况后，请他为科技馆题词时，他问：“用毛笔还是用钢笔写？”来宾说明要刻石立碑后，他沉思片刻，欣然持毫，一字一顿地边写边说：“为发扬科学技术贡献力量！”并高兴地说：“振兴益阳，靠政策，同样靠科学。你们筹建科技馆是件大事，我表示支持。我虽无力赴实际地工作，但可以帮助造舆论，敲边鼓，作宣传。”

当秘书前来告诉，下午还要在人民大会堂会见塞拉立昂代表团时，周谷城回答说：“不忙咧！”来宾告辞，他一直送出房子前的台阶下。

1988年的一个春光明媚的日子，益阳档案馆的三位同志，来到周谷城的家，要求会见。门卫为难地说："周副委员长准备去开会呀！"来客说明是专程从益阳来的。门卫又进去问过警卫员之后说，警卫员说周副委员长正准备出去开会，但同意临行前接见。

当来客一进客厅，周谷城便兴致勃勃地迎上前去，双手抱拳施礼，连声带笑地说："家乡来的稀客，欢迎，欢迎！"他看过介绍信，并逐个认识同来的一行人，叫请坐之后，说："你们的来意我明白了，你们需要我的生平介绍、著作和照片，我已准备了一些，马上给你们拿来。"他不叫身边的警卫员代劳，自己上楼，抱着一摞书回到客厅，站着说："你们可能搞不清这些书的首尾，我来讲解几分钟，这三本是我的著作：《中国通史》（简编）、《周谷城史学论文集》《周谷城近代经济史论》。这本《中国现代社会科学家传略》（上），有我的生平，这本《中国教育家传略》有我写的书名，这本《中国现代教育家传》上有我写的序言和我的传记，这本《相遇贵相知——中国共产党人与党外人士交朋友的故事》，有我写的《毛主席对我的鼓励》一文。在《中国教育名人传略》中，录有周谷城一首诗的最后两句：'老来犹有冲天劲，学府文坛作战场。'"

来客接过赠书，还未来得及道谢，站在旁边的警卫员已按捺不住了，赶紧催他上车赴会。周谷城又抱歉地说："实在对不起，今天这个会很重要，我就失陪了。"

1990年9月19日，筹备益阳人士著述专馆的一行同志又来到周谷城寓所。一进客厅，90多岁的周谷城满面春风，抱拳拱手，再三表示欢迎说："我一听说益阳话的，看到老乡，就格外高兴。我近来脚痛，半身不遂，行动不便，恕我无礼，不能站起来欢迎你们，快请坐！快请坐！"接着说："我去年害了一场病，后来在上海住了很久，最近才回北京。医生再三嘱咐我：绝对不能多说话！但我不听他们那一套，就是要讲，尤其是来了家乡的亲人，一定要讲。"

当来客汇报正在筹备益阳人士著述专馆时，周谷城很自豪地说："益阳文化发达，文风兴盛，先贤的著作不少，汤海秋（汤鹏）、罗敦仁、陈天倪等都有著作，学问好的人不少。现在益阳的文风也很盛，我所知道的诗社，就有会龙诗社、桃花仑诗社、碧云诗社，还有个奎星诗社，出了诗集八九本，我都看过，虽是旧体诗，但思想是新的，无一首不好，真是了不起，我很佩服益阳人会作诗，这反映了益阳人的文化素质，益阳大有希望！”

由于周谷城深爱故土，他很乐意地将身边找到的书籍，如新出版的《周谷城全集》（第一卷）、《周谷城学术精华录》、《周谷城史学论文选集》、《周谷城社会史论》（上、下册），以及珍藏的部分影集等，一一相送益阳人士著述专馆。

周谷城热爱家乡，关心家乡的建设与发展，家乡的人民更爱戴他。益阳市档案馆设有周谷城展览室。在益阳市设计的改革开放的蓝图中，有一项重要工程，即在风景如画的梓山公园内建一座现代化的纪念馆，将周谷城的著述、照片、实物等陈列于内，以昭示后人，并示纪念。

二、在患病的日子里

到1993年，周谷城已年逾96岁，年老有病，加上长期为国事操劳与从事艰辛的著书工作，他已心力衰竭，不得不住进了医院。尽管如此，他仍抓住有生之年的分分秒秒，想为国家和人民做一点有益的事情。1月7日，他应《文汇报》之邀发表了《旧梦新说》，回忆了60年前所作的《新年的梦想》一文，以启示国人，不要忘记过去，而要面对现实，加倍努力，加快国家的经济建设。他在此文中说到：60年前作《新年的梦想》时，我只有三十几岁，是暨南大学教授，年轻气盛，总想标新立异，不想讲穿衣吃饭之类，人云亦云。我梦想中的未来中国首要之条件便是：人人能有机会坐在抽水马桶上大便。其实这是我当时愤世的疾呼，是受社会压迫的呐喊！我从小生活在湖南农村，后来我到上海教书，住在老靶子路一个叫“三德里”的弄堂里一间极小的“亭子间”里，我实在不能适应上海居民的“传统”：放一只木桶在房子里的过道上，用一块布帘子遮一下，或者就在房间里放一只木桶，大小便很随便，不文明更不卫生。为什么？因为太穷，饭都没有吃，怎么想到厕所间有抽水马桶！那时有抽水马桶的人家是极少的。富人要吃饭，穷人当然也要吃饭；富人要上厕所，当然穷人也要上厕所，应该是平等的。但那个社会里千千万万百姓在水深火热的生死战线上挣扎，还要遭受帝国主义者反动统治者的残酷压迫，哪里有关心人民生活疾苦的政府？我一个30来岁的穷教书匠，除冷嘲一声当时社会之外，还能梦想社会什么？

他又说道，今天我把60年前“中国人人都能在抽水马桶上大便”的梦想讲给大家听，家人都笑得前俯后仰，只可惜60年过去了，梦想并未实现，就是中国第一大城市上海也没有完全消灭木马桶。现在看来这个梦想还有意义，时代变了，社会变了，以经济建设为中心的中国一定会在物质文明和精神文明两个建设中有巨大的成就。因为今日之中国是在中国共产党领导之下，走在社会主义道路上的伟大的中国，我们的梦想可以实现。周谷城的一番话，虽然诙谐，然意味深长矣。

病中的周谷城乐观、豁达，情绪饱满，他对中国共产党领导的多党合作制仍充满信心和希望，他热爱生活，并关爱着身边的同志。

1994年夏，农工党上海市主委陈灏珠去医院看望他，告诉他，说现在中国共产党作为执政党，对包括农工党在内的民主党派合作兴事寄予很大希望时，周谷城听了很高兴，他深有感触地说，农工党是个小党，我们的工作准则就是要紧跟执政党，做好参政议政，这是坚定不移的必须做到的。只要听党的话，坚持多党合作，我们是可以做出成绩来的。显然，周谷城对中国共产党是无比信赖的，也是无比崇敬的。

也是在这年夏天，天气酷热，农工党上海市委的几位领导去医院看望周谷城。一进病房，就看到周谷城正在聚精会神地阅读当天的《解放日报》。见到来的几位同事，周谷城不无得意地说，别看我这么大年纪，我已经渡过了三个大关：上海最冷的时候曾经-9℃，我熬过来了；今年夏天最高气温38℃，我也熬过来了；九十多岁动过两次大手术，我又熬过来了。我这个年纪里也没有什么遗憾。当然，上帝如果一定要我活下去，我也不反对。

正因为对生活充满自信，所以，住院期间，周谷城仍坚持每天在病房内听广播，看报纸，散散步，关心着国内中小企业的改革，关注着97香港的回归，同时，也对海峡两岸的统一满怀关切之情。

病中的周谷城不仅关心国内外大事，他对同仁后辈的学习生活，也不时询问，充满关爱。1995年夏天，复旦大学教授、著名美学家蒋孔阳先生出于对周谷城的敬重，他请自己的老伴、农工党上海市委副主委濮之珍教授把新出版的著作《美学新论》当面赠送给周谷城。仅隔一个月，当濮之珍再次去医院看望，并向周谷城祝贺98岁寿辰时，周谷城握住濮教授的手说，孔阳的书我看了，写得很好，是花了工夫的。短短一句话，体现了他对同仁的褒爱，对晚生后辈学术成果的尊重。后来，上海美术学会为蒋孔阳新作出版举行研讨会，会前上海市农工党市委宣传部副部长卢士梅去医院请周谷城为研讨会说几句话。当时，周谷城的身体已很虚弱，但他得知来意后，还是强打精神对着伸过去的对讲机说："这是本好书，文字清新，组织结构严密，便于阅读，是最近出来的我们遇到的一本难得的好书……希望他继续努力，更加矢志于研究与著作。"当这一席话在研讨会上播放时，与会者无不为之感动，并受到鼓舞。

同年4月，周谷城还在《江海学刊》发表《论封建长期说》。他根据研究所得，再次谈了他对中国封建时代的起止问题的看法。他不同意中国封建制始于春秋之交的说法。认为中国封建时代的开始，在东汉后期。他还特别从世界古史的全局来分析此问题，说若不把中国封建的时代安排在秦以后或公元二世纪的下半期开始，则世界古史上奴隶时代的许多特征，则非搬到中国封建时代不可。如铁的发现和使用或盛行，照社会发展史看，几乎都在奴隶时代，很少到封建时代才出现的。如铁的使用，如城市工商业的发达，如社会的自由竞争，如平民与贵族的斗争，如学术的发达，如法制的出现，如经典的纂集，如统一帝国的出现，如封建等级国的没落，在世界古史上，都是奴隶时代的特征。我们若把封建时代的上限或奴隶时代的下限，由公元前480年移到公元二世纪下半期，则奴隶时代的种种特征，可以同世界古史上其他各国一样，保存完好，否则必须把这一切都列入封建时代，使奴隶时代既变成短促，又空虚，在世界古史上成一种反常现象。若以世界古史上其他国家奴隶时代的种种特征，来与中国同时期的种种特征相比较，全局可以决定部分，可以不把这种种向封建时代搬，可以省去封建长期的假设或特例。

1995年6月20日，“鹿鸣杯”全国诗词大奖赛颁奖文艺晚会在浙江温州师范学院隆重举行。正在病中的周谷城，闻讯此事，他想到自己身为中华诗词学会会长，便向大赛的颁奖大会发去贺词，并赋诗一首：

学书学剑也成才，
建设还须有壮怀。
博大精深原不易，
争鸣端为百花开。

殷殷诗意，寄托了病中的周谷城对青年诗友的一片关怀之情。

三、对后事的嘱托

作为唯物主义者的周谷城患病住院期间，他不能不考虑到自己的身后事将作何安排的问题。还是在1990年11月和1992年3月，他就两次写信给全国人大常委会和上海市人大常委会负责同志，表达自己对后事处理的意见

第一封信上说：“谷城去世以后，不要告别仪式，不要骨灰。一切书籍、文物交（全国）人大教科文（卫）委员会。”

第二封信上，他说得更坚决：“谷城万一不幸，与世长辞，请不要开追悼会，不要告别仪式，不留骨灰，只须通知全国人大常委会就行了。”①

即使如此他的态度坚决，他又多次语重心长地对夫人和儿子说：“我是唯物主义者，我死了以后，什么都不要搞。比如遗体告别、追悼会，等等。也不要设灵堂不要戴黑纱。火化以后，骨灰也不要保留。你们一定要记住照办。”②

在弥留之际，他还念念不忘他的嘱咐，恳切地对夫人讲：“我过去讲的都记住了吗？”直到夫人肯定地点点头，他才安然合上眼睛。

周谷城胸怀极为坦荡，对自己身后事的处理，看得非常淡泊。他曾多次对前

去看望的领导同志讲：作为一个人的人生，自己已经很满足了。作为一个学者，我的所有学术成果，都得到了出版。我们党和国家的三代领导核心，从毛泽东主席、周恩来总理到邓小平、江泽民同志，都对我很关心，我与他们之间有着很深的情谊。人生百年不容易，我已经活到99岁，该得到的都得到了，该留下的都留下了，没有什么可遗憾的了。周谷城一声铁骨铮铮，乐观豁达。他信奉的古训是："货恶其弃于地也，不必藏于己，力恶其不出于身也，"他常教育子女，不要把身外之物看得太重。人要"正其义不谋其利，明其道不计其功"。

离他病情恶化的前几天，他还应一位公安干部之请，挥毫题词："局处恭，执事敬，与人忠。"不料这竟成了他留给世人的最后一件墨宝，最后一番诤言。

在周谷城上海寓所西厅里，悬挂着周谷城亲笔"古先哲语"中堂："为天地立心，为生民立命，为往圣继绝学，为万世开太平。"周古城对身后事的安排，充分体现了他高尚的人生追求。

四、一代宗师

"鞠躬尽瘁，死而后已。"1996年11月10日，周谷城因病在上海逝世，享年99岁。11月20日，其遗体在上海龙华殡仪馆火化。大厅里没有花圈，没有挽联。安卧在鲜花翠柏丛中的周谷城遗体上覆盖着素洁的白绸。

为他送行的，只有与他相濡以沫达半个多世纪的夫人李冰伯和亲属。这一切，都是遵照他生前立下的遗嘱安排的。治学、育人，为国家的繁荣富强与民族的振兴奋斗大半个世纪的周谷城，一生追求真理和光明，追求高尚完美的人格。他与人民同呼吸、共命运，与党休戚与共，风雨同舟，他的学识、人品与功业，为世人所称颂和敬仰。

对周谷城这位著名的历史学家、中国共产党的亲密战友、杰出的爱国民主战士和政治活动家，在他患病期间，党和国家领导人十分关心他的健康。中共中央总书记、国家主席江泽民在上海考察工作期间，曾前往华东医院探望治疗中的周谷城。在他病危和逝世后，江泽民同志委托上海市委领导同志前往医院看望，并慰问他的亲属。在他患病期间和逝世以后，国务院总理李鹏、全国人大常委会委员长乔石、全国政协主席李瑞环、国务院副总理朱镕基、中央军委副主席刘华清、中央书记处书记胡锦涛、国家副主席荣毅仁曾前往医院看望或打电话向其亲属表示慰问。此外，中央有关部门的领导同志以及一些老同志，也曾到医院看望或打电话、发唁电向周谷城的亲属表示慰问。全国人大常委会、政协全国委员会、中共中央组织部、中共中央统战部、农工民主党中央、各民主党派中央、全国工商联等也以各种不同的形式对周谷城的逝世表示哀悼。11月20日，《人民日报》、《光明日报》等各大报纸都登载了介绍《周谷城同志生平》的文章。文中追忆了他光辉的一生。指出他是杰出的爱国民主战士，是中国共产党的亲密战友。文中说道："全国解放后，他拥护党的领导，拥护社会主义。在'文化大革命'期间，他受到'四人帮'的长期迫害，但始终没有动摇对共产党、对社会主义的信念。他衷心拥护中共十一届三中全会以来的路线、方针、政策，坚定不移地拥护邓小平同志建设有中国特色社会主义理论，拥护以江泽民同志为核心的中国共产党第三代领导集体。他以渊博的学识、坦诚的态度、诤友的胸怀为党和国家的大政方针建言献策，充分表现了一个肝胆相照、荣辱与共的战友的高贵品质。"

周谷城也是中国农工民主党的卓越领导人，著名的政治活动家。"解放后，历任中国农工民主党上海市委员会主任委员、中央委员会委员、中央委员会主席团委员、中央委员会副主席、主席、名誉主席。他为农工民主党的组织建设、思想建设作出了重大贡献。他和农工民主党其他领导人一起，带领各级组织和广大成员，为巩固和发展爱国统一战线，坚持和完善中国共产党领导的多党合作和政治协商制度，认真贯彻'长期共存，互相监督、肝胆相照、荣辱与共'的方针，呕心沥血，努力工作，为加快社会主义各项事业的建设，他积极参政议政。在上海市人大工作期间，积极提议制定上海市文物保护法规，主张加强上海市的基础教育，为推进全市社会主义精神文明建设的立法和监督提出许多意见，受到有关方面的重视。在担任全国人大领导职务期间，他不顾年事已高，为推进国家的法制建设，为教育、科学、文化、卫生等领域的立法和执法检查工作进行深入细致的调查和研究，积极向有关方面提出意见和建议。他还为推进我国与各国议会间的交往做了大量工作。他在会见外宾中，宣传我国改革开放和国家法制建设情况，为让世界上更多的人了解中国，了解中国的政治制度，作出了积极贡献。”

文章还高度评价了周谷城这位蜚声海内外的著名学者的著述情况，说他从事历史教学和研究70多年，硕果累累。说他“治学严谨，学识渊博，纵论古今，评说中外。从历史学到政治学，从哲学到社会学，从美学到教育学，都有深刻而独到的见解。他勇于创新，尤善独立思考，敢于坚持真理，为学界尊敬。”中共十一届三中全会以来，周谷城以80高龄登坛授课，为国家培养了“文革”后第一批硕士生和博士生。他在学术研究中，注重联系实际，坚持为政治服务，为社会主义建设服务。晚年他特别关注环太平洋地区研究和文化史研究。他提出环太平洋地区的发展将是21世纪人类文明发展的一个重要区域，并主持创立了“中国太平洋历史学会”，亲自担任会长，继续为社会主义事业作贡献。

文章最后说道：“周谷城同志的一生，是近代中国爱国知识分子不断追求真理、追求进步的一生，是对国家和人民事业忠心耿耿、奋斗不息的一生。他秉性忠厚，识大体，顾大局，作风民主，平易近人。他严于律己，宽以待人，生活朴素。”“周谷城同志的爱国情操和高尚品质以及他在学术上的精深造诣和杰出成就，永远值得我们尊敬和怀念。”

周谷城虽然离开了我们，但他将永远活在人民的心中！

注释：

①《“世纪老人”的高风亮节》，《湖南日报》，1996年11月21日。

②《“世纪老人”的高风亮节》，《湖南日报》，1996年11月21日。

后 记

我的家乡——湖南省益阳市，在近代是个出了不少名人的地方。从鸦片战争前后曾任过两江总督，作为封建地主阶级改革派著名代表的陶澍，再到曾国藩创建湘军集团时的主要成员胡林翼，以及现代的“三周”，即周谷城、周扬、周立波等等，他们都算得上是中国近现代史上颇有影响的名人。由于我大学读书时所学专业为历史学，因而，我较早地把我后来从事学术研究的关注点更多地放在了研究湖湘区域文化与历史方面。对近现代湖南的历史与人物，如湖湘文化，近现代湖南教育史，近现代湖湘人才群体，像五四时期湖湘共产主义知识分子群体，还有毛泽东、何叔衡、蔡和森、向警予、李维汉等人物，尤其是研究家乡益阳的历史与人物，的确，我费神不少，着力甚多。事实也如此，近30年来，我在努力搞好教学的同时，对上述的人和事，我花费了较多的时间和精力作了较深入地思考和研究，出了些著作，发了些论文，如独著或主编的研究毛泽东的著作，至今出版了不下10部。这里，我要特别说明的是，我花了数年功夫，辛辛苦苦地到处收集和查找资料，作调查访问，请教他人，到1996年年底，终于完成了《湘籍史学家——周谷城传》的初稿。此书后列入湖南师范大学出版社获批的国家九五重点图书出版规划“湘籍史学家研究丛书”，书稿于1997年年底在该社出版。此书出版后，北京师范大学历史系的王桧林教授、首都师范大学出版社的社长母庚才教授都给予了高度评价，他们的夸奖我至今都难以忘怀，因为，前辈学者的好评，是对我写作此书的高度认可，他们的鼓励只会使我更加努力钻研，争取能取得更多的有价值的研究成果，奉献给社会，奉献给家乡人民。之后，我又在多家刊物上发表了多篇研究周谷城学术思想的文章。扪心自问，我自认在之前10多年中，在研究和宣传蜚声海内外，一人著“二史”（即中国通史与世界通史）的著名史学家周谷城的生平与思想活动方面，我还是做了些实实在在的有成效的、也产生了影响的文化传承工作。

一晃离当年出版《周谷城传》近14年了。我想，我原来写作的传记主要偏重于学术思想的评介。现在，我想，写一本为大众服务，且能提高大众学术文化素养的周谷城传。这应当说是一件深入浅出地向大众作学术文化推介的、颇有意义的人文关怀的工作。这10多年来，研究周谷城的资料又发现了不少，我也收集整理了不少。至于有关传主的图片、题词，也有不少面世，因此，写一本有较高学术价值的、又符合大众口味版的周谷城传，也是可行的。无奈，最近几年我担负了学院的行政工作，杂事太多，不可能集中时间和精力来写，结果，停停写写，耽误了写书、出书时间。

加班加点，几经磨制，又多亏我的学生王余辉和周育苗等人帮我查找图片和校对文字，爱女斐雅也帮我打印了不少文字，总算完成了本书稿。在这里，我要对他们表示感谢，我还要衷心感谢在报刊上发表文章，为我的写作提供过一些新资料与图片的作者，在每章末，我都列出了他们的名字。的确，我从心底里十分感激他们。

此书在写作过程中还得到了湖南统战人物研究会的支持和关心，特向此会的湖南师大党委统战部陈云江部长等表示感谢。

由于种种原因，当然，主要是个人的学识水平有限，书稿中还存在疏漏之处，此书出版后，敬希读者斧正。

作 者

2012年元月于师大长塘山

附　录

教学、科研与反帝爱国

周谷城讲述

周训芳记录整理

这次我离开学校较长时间，有四个月。以前大家总还可以在学校里看见我一下，这次有四个月没来复旦了，所以我今天要给大家讲一讲。这也算我没有忘记复旦，我在外面还是挂的复旦大学教授的牌子嘛，应当跟大家见见面。

今天，我要讲的题目是“教学、科研与反帝爱国”。我这个人吃了一辈子的粉笔灰，一辈子就只干了三件事：教学、科研和反帝爱国。当然，干得都不太突出。

今天打算分五小段来讲：

一、初次接触经典（1905－1913）

从1905年开始，我在周家祠堂——也就是周氏族学里读书。这学校我送了它一个“土洋结合的周氏两等小学校”之名。我在那里混了八年，那时去不去上学随你的便。我们那个族很小，很穷，办起这个族学不是偶然的。我们族上出了两个名人，一位作了翰林，另一位虽然没捞到学衔，但很有才气，被左宗棠看中，立了功，清朝政府给了他一个帅字旗，他们有了大功，有钱有势，就拿钱办了这个族学。我上学时正是戊戌变法后不久，各地土学堂都要改成洋学堂。但周家祠堂旧势力很大，虽然最后土洋结合，仍是洋势力小。我是以一个真正贫农出身的资格进这个学校的，进了八年。我们族内阶级斗争很厉害，我是站在贫农一边反抗富豪的。这里是党组织对我的鉴定，我念几句给大家听听。

“周谷城，1898年，湖南益阳人，家庭出身中农（我的父亲是贫农，后成中农，48岁就去世了，他有点子押租金，就算是中农），本人成分教员，历史系一级教授，现任第六届全国人大常委会副委员长。周谷城教授思想进步，相信党，依靠党，工作一贯积极负责，学术上造诣很深，在国内外都有影响，十年动乱对他的审查是错误的，为此撤销复旦大学以前对周谷城教授作出的决定和加给周谷城教授的一切不实之词，恢复名誉，消除影响。”（这一点是令人很感动的，这很能调动积极性，我很感谢党，党中央真正是英明。）

我初次接触的是古典经学，这是我要给大家提一提的，中国过去有所谓的五经（诗、书、易、礼、春秋），有时也叫六经（加上乐经），有时叫九经（礼有三礼，《春秋》有三传），有时叫十三经（《辞海》中只有十二经，独无十三经。十三经是再加上《论语》《孟子》《孝经》《尔雅》），后来还有所谓十七经、十九经。基本上还是十三经。我初次接触时饱读了十经，相当熟识。除了《尚书》《易经》读得不太上口（我建议将《易》《书》翻成白话）。只有《仪礼》《谷梁传》《尔雅》没有读过。这些经典在世界上是很有名的。下面我再来发发议论。

经典究竟是什么东西，有什么用处？关于经典的解释，基本上有三派意见：（1）章实斋《文史通义》说“六经皆史”。周予同给他加了一个“料”字。（2）年轻的教授刘师培著有《左庵全集》，他说社会学、哲学的根子，经学里都有，就是说中国的月亮跟外国的一样明。（3）我与周予老的意见。我不是他一派，我认为经典是世界古史上奴隶制时代出现的一种文化遗产，同时可以说是中国古史上奴隶制时代出现的一种文化遗产。予同先生认为经学出现于封建时代，我不赞成。我认为犹太旧约、基督新约、波斯袄教经典、印度吠陀经典、佛教经典、阿拉伯可兰经、中国六经都是一样的东西。原来我想与予同先生合注六经，我注大六经（旧约、新约、佛典、可兰、袄教经典、中国六经），他注小六经（诗、书、易、礼、乐、春秋），可是他死了，没有搞得成。今天我还是坚持经典今译，这搞起来并不难。外国人很重视将它们译成外文，英德法文都有，特别是英文，很仔细，他们认为这不单是中国一国的，而是世界文化遗产。我们搞起来也很容易，十三经一共才64万字，我写的书就不止这些字。我们今后也不要泼外国人冷水。汤志钧到日本讲康有为、讲经学，轰动了日本，说明他们很重视中国文化。

六经有什么用处，讲不出来，但你不能说它没有用处，它是构成中国文化的文化遗产。没有这些东西，文化史就不能构成，就要缺一大块。

在那个土洋结合的时代，我还读了一些史书和集子。我这时读过的史书，对我帮助最大的是《袁了凡纲鉴》，这本书很有趣味，引人入胜。有三十几卷，取材于《资治通鉴》，是一本真正的史书。文集中我读过几十篇文章，就是读古文、唐宋八大家，还读了《孟子》，孟子的文章真好。这些东西，使我写文章到了一个较清白的程度。到了十五岁时，我离开家乡到省城进中学。

二、积累知识，活跃思想（1913－1921）

这是我求学的黄金时代。1913年我到省城考进了中学，学的尽是洋学课程。我们有一句笑话，叫“历代英国地图”。历是历史，代是代数，英是英文，国是国文，地是地理，图是图画。其实远不止于此，有二十几种学问。今天我要讲一讲。今天在座的都是史地系的，从中学时代过来，我们的自然科学知识太少，可以回忆一下，我们那时算术、代数、几何、三角；物理学中的声学、光学、电学、力学；化学；博物、生物中有植物、动物、矿物，生理卫生都有，我对门门科学都感兴趣，非常喜欢，如饥似渴地学。因为对我来说都是陌生的。上面举的这些课都是上午开的，我们称为“上午学”；还有“下午学”，图画、音乐、手工、体操（体操天天有）。我对于“下午学”不认真，图画课我请人家画一个充数，下一次还是交这张，这是不对的。我在这里积累了一些知识。英文也学得蛮好，文法读得太多，读了四本纳氏文典，第一本一分厚，第二本两分厚，第三本四分厚，第四本一寸厚，我的英文抓得很紧，模仿外国人演讲，我们那个中学有英文班、法文班、德文班，有时到晚上，他们班的人都来听周某某的英文演讲，其实是瞎扯，尽闹着玩。我自己还组织了一个英语学会，我当会长，现在想来真的有点不怕丑。我的国文训练较好，我读过十子，有一部书名叫《十子全书》，我买了一套，有趣味极了，老子、庄子、韩非子、抱朴子，我抱着读，引起了读旧书的兴趣，新意很多。湖南有个旧式图书馆，是毛主席常去的地方，我没有碰到过他。那里面尽是书，我到处翻，很有意思。读书我自己断句，读错了不知多少，但我很喜欢读。积累知识才能思想活跃，没有知识是想不出东西来的，一定要多看，多看书，多看实物。与人家谈天，多交朋友，多开会，这样脑子才会想，空空如也想不出东西的。我的天性是喜欢新东西。此外，史书中我还读了三本好书：《国语》《国策》《史记集解》（30多本），我那时读书是为作文，不认识的字抄在本子上，每周星期六作文课时把不认识的字统统塞进去，老师一看，啊呀，周某某古文不错。他看我文章，有时还要查字典。他不知道我是个什么人，找我去谈天，才看见是个小孩子，我回想起一个故事，有一个袁吉六，是毛主席的老师，是一个进士，我们叫他袁大胡子。毛的古文好，是袁大胡子的好学生。同年袁大胡子来教我们国文，糟透了，他还看不起人。我平常文章成绩都是95分以上，甚至100分，他一来，有一次批作业，我只得了60分。我认为完全要不得。左右的人也起哄，将本子扯坏，丢掉，我还以为发生了什么事情，其实是分数打少了，50分的占绝大多数，20分30分的还只有几个，我的60分是头等。情况闹得很激烈。这位老师还骂我，其他人还不够他骂的。我在文章中，在"日月其除"这个"除"字的旁边打了一个圈，表示这个字应该念去声，以暗示这是"穿破"，袁吉六认为这是侮辱他，他大发雷霆，引经据典，认为这个圈不该打。他在我的文章后头写了批评两页，有我正文那么多，但好景不长，袁吉六没几个月知难而退，我们班发表的报屁股文章很多，专门影射他，他就不来了。他是毛主席的好老师，对毛主席古文很有帮助，但对我帮助不大。1917年我考入了北京高等师范。高等师范比大学低一级，我本来想考北大，想学政治，但我没有钱，师范吃饭、穿衣、买书都不要钱，只好去了。考时很背时，北京高师到湖南只招6个学生，报名的就有150人，发榜时我在"备取"之中，只能自己出路费拼命挤到北京去参加考试。"正取"的6名学生得意洋洋，到北京考试时掉以轻心，有三个没有考上，而三个备取的包括我在内，拼命努力，补了上去。高等师范条件优越，我考的英语部，上课总是英文。心理学、教育史、教育学、语音学、莎士比亚全是英文，这是我的第一个有利条件。第二个条件，："五四运动"以来，天天罢课，天天不读书，我利用了这个机会，高兴极了，我读了很多很多课外书籍，这个机会不能给你们讲，一讲是周谷城读书靠罢课，那还得了，要上课。不过那个时候自由学习空前浓厚。第三个条件，我的一个老师是美国人，被我们赶跑了，这个美国人没有学问，如果说有长处，就是美国话比我讲得好些。他训人像训小孩子，训奴隶一样，严格得受不了，"五四"一来就把他赶走了。我们的思想大解放，个个自由阅读，不受约束。我努力读了两年半书，差半年毕业我就走了，自由阅读特别多，我积累了两方面的知识。

一是各派政治思想，共产主义我爱看，有一本《乌托邦与科学社会主义》，条理很清楚。无政府主义思想，当时也很活跃，领袖是李石曾，有一本杂志名《自由》就是他题写的。我读了三本专书，克鲁泡特金的《互助论》《面包掠取》《贫困的哲学》。当时作民主思想的文章很多，胡适之、高一涵、李剑农等都是。共产主义、无政府主义我认真读，但谁都不告诉，毕业前夕我表了态，举办了一个大的辩论会，规模是空前绝后的。此外，社会学思想与心理学学派，我读了几十种心理学、社会学。当时自命不凡，想成立一个学派。我有倾向性，但不表态。

二是哲学思想，当时鼎鼎大名的杜威博士，是教育家，他讲当代的三大哲学家。今天这三大哲学家还流行。我为贺麟同志一部书写的前言中就将这三大家加了评语。贺麟同志没有批透的我批了。三大哲学家的第一派为柏格森，法国人，对中国文艺界影响很大，他的几本书我都看过，《玄学导记》《时间与自由意志》《物质与记忆》《笑的研究》等。在中国特别有影响，但我没有受影响，我有一个怪脾气，什么都不易影响我，现在也可以看出来，但说我没有倾向性则不见得，我还是有倾向性，只不随便讲。第二派是罗素，我劝大家读他的书，只要图书馆有，只要读得懂，不妨大量地看，这个人数学、物理高明，读了他的哲学书不会吃多少亏。他说我们讲的话他句句听不懂，太笼统，他的那个方法是分析方法。如我坐在桌子旁边，一句话，我是一个东西，桌子是一个东西，坐是一个东西，这你们懂，但罗素说你们讲的话他一句都不懂，什么叫做我，无一处是我，这是眼睛，不是我；这是鼻子，不是我，头不是我，手不是我，所谓我者，是一群现象，勾得紧紧的，你们给他糊里糊涂的一个名字叫做“我”。这未免太武断。什么是桌子，什么是坐，也是这个样子。如果我是一个真正的哲学家，我每句话都要那样讲。寿命有限，只好武断，句句有问题，句句有错误。他讲一辈子哲学，他最谦虚；他讲哲学的地方处处是分析，引人入胜。他每一本书都具有特殊意义，《心之分析》，心即心理学；《物之分析》，物即物理学；《哲学大纲》《宇宙的外在知识》《西方哲学史》《神秘主义与逻辑》等等都极有启发性。但都不能不以武断收场。现在我们的美学界也有这样的情况：讲得通的都讲了，朱光潜同志讲美学，蒋孔阳同志讲美学，李泽厚同志讲美学，周谷城也讲美学，道理都讲得对，但讲到要紧一条，什么叫做美呀？没有十分讲清楚，似乎也以神秘主义告终。从逻辑开始，以神秘主义告终是不应该的。不应以神秘主义告终。罗素的书我也读了不少，《科学方法在哲学中的地位》《神秘主义与逻辑》《因之分析》《物之分析》《心之分析》《西方哲学史》《社会改造原理》，总是有趣味，使头脑明白，告诉你要把话讲清楚，讲不清楚的不是哲学。我们有时讲个把小时没有什么东西，明知没有还要讲个把小时。我不是宣扬罗素哲学的好处，但是要把话讲清，没有很大的流弊。第三派是詹姆士，为实用主义哲学。英国也有席勒，著了《人文主义》《人文主义的怪物》《形式逻辑》《实用逻辑》等。是地地道道的实用主义派，他的所谓五步的思想过程：如发现问题→确定问题之所在→提出解决问题的方法→努力去实现这个方法→解决了问题。没有多少哲学意味，常识而已。

当时我年轻狂妄，都看不起，只赞成自家的，以为读书破万卷，总会成自己一家之言，说也奇怪，我真正竖起了一个系统，叫做《生活系统》。那时才二十几岁，商务印书馆给我印出来了。《上海画报》将我的书命名《A system of living》，粗枝大叶。五四时期有一个老头子，叫吴稚晖，死在台湾，无政府领袖。他当时批评了三本书：胡适之的《中国哲学史大纲》，只有三分中国思想，倒有七分美国思想；梁漱溟的《印度哲学概论》，只有三分印度思想，却有七分中国思想；朱谦之的《周易哲学》，只有三分中国思想，却有七分印度思想。都是说你文不对题，我的那本书后来他也提了，但没有引起他的批评，我认为是蛮了不起的，我自己想这一系统是独一无二的思想。五四时期，我组织三个同学，与清华学校的三个人，开了一个辩论会，听讲的有千把人，辩论了两个钟头。我们相约出了两个题目，我出了一个，“人类社会中不应有单独的知识阶级存在”，倾向阶级斗争，后来毛主席到了上海，我说给他听，我一生中开过一个辩论会。毛主席奖励我，听了几分钟后，说：“几十年的马克思主义呀！”意思就是说，我也研究了几十年的马克思主义，始终站在贫人一边的立场，没有搞错。我当时表了态，按照阶级斗争讲的。后来到1921年在第一师范教书时第二次表了一个态，学生看我会吹要我讲文学，我一讲就讲了两个钟头，有两个记录，一个是共产党，一个是安社（安那其）代表。一人记一份，要我看，我不管记得好不好，将共产党员记的拿来就看，其实无政府派记得也很好，那个人很有学问，我不用他记的，是我表态，不相信无政府的。五四时期的辩论，有6个人，一边3个，我是主辩，第一个开始讲了15分钟，反面复辩15分钟；第二个正面10分钟，反面10分钟；第三个正面10分钟，反面10

分钟；末了主辩再讲10分钟。一共8次，90分钟，那个都不准超过时间。有三个评判员，按规定教育家请了胡适之，我最不喜欢的那个人；科学家请了医科大学校长汤尔和；法律家请了江庸。开了十分钟会，决定胜负。胡适之笑眯眯地走出来，说两边都有道理，但反面的组织力强一点，胜利归反面。我头一次出来，筹备了几个月，却失败了，很难过。胡适之按美国办法，胜利者与失败者握手，无聊之极。

三、钻研马列，参加农运 (1921—1930)

1921年，我到长沙省立第一师范教书。毛主席在小学部教书，我在师范部教书，我开始研究《资本论》。这个时候形势转变很大，要参加斗争只有革命，参加国共合作、北伐斗争，这实际上是马克思主义领导的。这十年我专门读了《资本论》。当时，日本有个丸善株式会社，是个最大的书店，实行CDO的办法，即付款配货的办法，当时给我寄来两套《资本论》，一套德文、一套英文。只有毛主席知道我读《资本论》，只有他关心我读书，我问我看这些怕不怕麻烦，我不相信有什么麻烦，这说明毛主席的敏感度比我大，不到两年麻烦就来了。当时我写了两篇文章，都叫《论租谷》，根据剩余价值学说写的，但反应不好，受到冷嘲热讽。我的老朋友都讽刺说周谷城思想进步，了不起，我也不理。我由于在农民协会当顾问，又加入农民运动讲习所当讲师，也在船山学社（自修大学）当教师，我教心理学并组织了教育工作者协会。这个时期专门管打倒土豪劣绅，当时两条线：一条是革命的工农商学兵，一条是反革命的帝国主义者、洋奴买办、封建军阀、贪官污吏、土豪劣绅，两者清清楚楚。1927年春初到汉口，我又发表了一文《农村社会之新观察》，后在上海印过，也讲剩余价值，此文一出，不久宁汉分裂，形势大变，上海为蒋介石封锁，汉口变成死城，我的文章引起长沙的谣言，说这不是共产党写的，是哪个写的，就要捉人，但我到上海好久了。反动派在长沙清乡，凡学必共，所以很多人都到了上海。我到了上海，毛主席到了湖南搞秋收暴动，周总理他们到江西发动八一起义。我到上海没有饭吃，1927—1930年我在上海做了很多事，第一件事是为了吃饭，翻译了四本书，《社会学》这本是我最不喜欢的，翻得不成样子。我念中文，找一个年轻人帮我抄，稿费两块一千字。我一块五，他五角。《文明的出路》《苏联的新教育》《苏联的外交与其临国》这三本比较好一些。翻书的同时，我著了三本书：《中国社会之演变》《中国社会之结构》《中国社会之现状》，总起来是《中国社会史论》，尽是讲阶级斗争，但人家说我周某人阶级斗争讲得还好，就是辩证法没那么多，我自己也晓得辩证法没那么多，从此从《资本论》研究转入辩证法，开始读黑格尔的逻辑。恰好这时碰到机会，到中山大学去教书。

四、教学、科研与反帝爱国（1930—1949）

（一）1930年后在中山大学。我一辈子只教过三个正式大学：中山大学、暨南大学、复旦大学。我从汉口逃到上海，野心勃勃，同朋友组织了社会科学研究会，成员除我本人外现在还有四个：许德珩（九三社长）、陈翰笙（世界史所名誉所长）、章申府（崧年，学数学的，他自己很早就是共产党，后来转入农工民主党，他是个好人，研究罗素哲学），还有黄凌霜（无政府理论家，书读得很好，后来去做官），与我们相约著书，黄凌霜译了一本《近代社会思想》，百把万字；许德珩译《布哈林的共产主义》；陈翰笙著《黑龙江的农民调查》；我周某人拿到了一本《美国》。在这些活动中认识了黄凌霜，他到中山大学捞到一个教授兼社会学系主任，把我请去了。他自己官瘾十足，到南京去做官，我到中山大学后，就顶他做了系主任，好像大有所为。我请了几个教授，那个时候当系主任可以请教授，请杨东莼讲唯物论，张粟原教文化人类学，以恩格斯人类起源思想为指导，我教中国社会发展史，兼教社会名著选，包括《共产党宣言》，尽是进步课程，轰动了全校学生，声势浩大。上海有一百多学生到中山大学借读，我们来者不拒，我们的课听的人多，影响也越来越大。哲学系有个教授李石岑，很有势力，与我发生笔墨官司，在校刊上论战。两个书呆子，两个湖南蛮子，别人看了好笑。中山大学变成了赤色大学，当时有人讲两个湖南蛮子讲共产主义，周谷城从上海带来了100多共产党，学校闹翻了天，于是他们组织了一个护校委员会，写恐吓信给我要我滚开，用手枪对着我。我虽然不相信全是真的，但总有些不安，张粟原要我解释解释杨东莼请假溜走了。张教我请来学校里的人，向他们宣布我们是来讲学的不是来革命的。道理是对的，但学生这样相信我，讲不出口，于是我们开了一个师生联欢大会，胡闹了两个钟头，唱戏、讲故事，背文章闹着玩，学校领导如教务长一看不像个革命的样子就溜走了。但我总是不安，我预备走时，恰好被请到了上海暨南大学。

（二）1933年后在暨大。暨南大学校长是个官僚，到广州办分校，请我兼课，一小时五角钱，我也答应，他高兴极了，他问学生中大哪个教授好，学生说两个湖南蛮子，一个周谷城，一个李石岑，讲哲学讲马克思主义讲得蛮好，他高兴极了，学蔡元培兼容并蓄，请我们两个到暨大，并给我加了二十块银元的薪资（以前是360毫洋，相当于300银元）。我在那里混了差不多十年，教《比较逻辑》，我辩证法晓得一点子，形式逻辑相当熟悉，黑格尔逻辑晓得一点子。还有“社会名著选读”是中山大学的老课，讲义都不需要预备，另外讲《中国通史》，我在这几年著了两本书，有一本是《中国通史》，共80万字，这不费力。因为我在此之前，著过三大本《中国社会史论》。在讲授过程中，没有发现任何毛病，但1939年开明书店把书一出马上碰钉子，反动的系主任说书里有马克思主义毒素，不让我教，我着急，但还是让我教《世界史》《世界史学史》，认为这是外国的。南京中央大学反动派教授缪凤林批评我的《中国通史》是拿俄国人的卢布写的。书在杭州、西安被没收一部分，后来书店交涉完照样流行。这个学校搬到福建，我自己溜到了重庆，到了复旦大学。

（三）1942年到复旦。我是张志让、陈望道介绍进复旦的。张志让是法学院院长，陈望道是新闻系主任，都是进步教授。历史系中国史有邓广铭教，世界史有潘洛基教，我教不成。恰好这时我的《中国政治史》出来了，就教中国政治史，学生很高兴，谁知系主任是个反动的天主教徒、神甫，我成了个装门面的人，不让我教。幸亏陈望道先生挽救了我，让我在新闻系开一门《英文报纸分析》，懂英文的选这个课，当时有人笑话我，我不怕。当时的政治运动，帮助陶行知开夜大学，帮助翦伯赞、侯外庐、邓初民开夜大学，帮民主党派做顾问，帮陶行知起草拥护联合政府组织宣言，讲资产阶级民主理论。有一天纪念五四，讲了两个钟头，最后讲了一句平均地权没有达得到，就有人说我思想有问题。有一天请翦老到北碚与学生座谈，什么大学都没讲，但晚上学校当局朝我们这边传话：讲民主的滚出去！陈望道第二天找我时气急了，我劝他不要着急，我们不会滚的。我们只要好好应付应付就行了。于是拖下去，拖到后来影响越大，学生认为我只要参加反帝爱国斗争，不教书一样有影响。1946年抗战胜利，由重庆回到上海上课，我教《世界通史》，一教书就要著书，不著书就不教。于是我著了一部《世界通史》（一、二、三卷），第四卷没写完就解放了。书稿被商务印书馆一位地下党朋友认为观点新颖，材料丰富，就付印了。另外还做了一些反帝爱国的斗争，最重要的是发表反对蒋介石的一个宣言，我们组织了一个大学教授联谊会的地下组织。那时上海有这样三个会，一个是国民党的校长联合会，一个是向李宗仁讨薪水的，最后就是我们的地下组织。是沈体兰、张志让等几位先生组织的。有一次我与翦老等三人替地下组织起草一个宣言，在《大公报》上发表，被开了天窗删去了最要紧的几句话，但影响依然大。外面谣言蜂起，我跑到郭沫若那里去，他一看见我就说："宣言有影响啦！"知道我是来谈这个的，他要我小心，事情还会有得来的。郭老真有先见之明，有一次复旦开校务会，一系主任提出现在情形紧急，张志让最好辞去法学院院长，周谷城最好辞去历史系主任之职。张先生很客气，辞了。我不辞。反帝爱国无罪，一辞人家反而认为你有罪。晚上校长到我家里，劝我辞掉，讲得很明白，历史系的事还是请我做，系主任的名义请了一位朱女士担任，问题还是我解决的。1949年4月26日，忽然发生了一次大逮捕，复旦大学捉得最多。一个早晨还没天亮，捉去了83个学生。我听到枪声，爬起来看，学生宿舍有许多枪瞄准，教师宿舍有许多枪瞄准。知道是捉人的，我安慰老伴，这是蒋介石放起身炮，他们要到台湾去。我将领带结好，西装穿好，面洗得干干净净。否则一捉到我衣服也没穿，蓬头垢面，那多难看。果然一会儿有人敲门问周谷城，我挺身出去，他们叫我跟他们走，我在一辆红色的车子上，看见学生挤得满满的，有的还戴上手铐，被捉去后不久，由学校保释，并保证随时传讯，随时到案。这天是4月26日，一直到5月26日上海解放，一个月时间度日如年，每天忧虑传讯到来。

五、解放以后的工作

5月26日早晨，听见外边枪响，果然是共产党的军队，穿的布鞋子，软洋洋的帽子，衣服也不是美式，手榴弹放在身上，也没有队伍，真正的是共产党的军队。我高兴极了。天亮时上海就解放了。

解放后第三天，陈毅同志召集上海各界到青年会九楼开座谈会，有千把人。第一个吴有训讲话，第二个陈望道，第三个是我。我真的觉得荣幸哪。我说如果5月26日解放军不来，我硬会害神经病，天天听见敲门的，天天以为是传讯的，好了，5月26日上海就解放了。这时陈毅同志说，不是解放，是会师，你们知识分子从里头打出来，我们背枪的从外面打进来。对上海知识分子评价很高，高兴极了。上海教育工作者协会请陈毅同志讲话，叫我当主席，向陈毅同志献旗。陈毅、粟裕两同志下令给陈望道和我，要我当教务长，复旦有5个学院，法、商、农、文、理，24个系科，我搞得很好。有人问我怕不怕，有两个不易对付的人，我说我怕什么，他们提的建议有道理，我照办；他们错了，我不办。但这两个人对我很好，服服帖帖。当时没有一个人反对我当教务长。我订了一条考试舞弊成绩作废的办法，又动员同学南下参军，一次去700多，一喊就去，同学们热情很高。过些时候调整院系，商学院8个系和法学院两院解散。这是共产党的命令，不能违反。农学院一部分搬到沈阳，一部分搬到安徽，只留下了文理，人数很少。华东各学校把文科学生一起并到这边来，有十四个学校，这里边也有我的一份功劳。浙江大学理科，苏步青、陈建功是数学家，都不易来，我和邹剑秋去劝说，开座谈会，说这里方便，水电卫煤什么都有，他们就高兴了。蔡尚思也是我从沪江大学请来的，我那时办公很认真，越干越起劲。人家不愿教的课我来教，如大班的社会发展史，解决了许多问题。

政治方面，解放以后抬头。1949年9月全国政协第一次会议，我被选为候补代表，与郭沫若、符定一、洪琛、欧阳予倩、马寅初、李达等是一组，人大一、二、三、五、六届我都参加了，我由一个教书匠成为人大常委会副委员长，还兼教科文卫的专门委员会的主任，这是党给我的最高荣誉。

学术方面，我有些与别人不同。比如中国史，我主张奴隶制到东汉下期为止，上限可扩张一点，但黄帝一定要放进去，否则不叫黄帝的子孙。封建社会在东汉以后，郭老不同意，我认为初税亩是统治者向有土地人收税，并非地主向农民收租，“公室废，私门兴”，私门奴隶社会也有，我认为贵族奴隶主转向平民奴隶主、工商业奴隶主，是春秋战国转变的特征。秦汉是奴隶制高潮。世界史上，我反对欧洲中心论，同意的没有几个，反对的没有。苏联朋友齐赫文斯基是个中国通，说周谷城的反对欧洲中心论是奉着命讲的，中国人不配讲，周谷城是主张中国中心论。我的世界古史非常民主，有埃及、巴比伦、波斯、印度、中国、墨西哥六大中心，我振振有词。美国一女教师看到我的“世界也是有机整体”的观点，跑到上海找我，捧我的场，并将我的意思告诉加利福尼亚大学的一个教授，这位教授送我一本书《Globalrift》，讲第三世界的出世，讲重商主义，思想蛮好。我也喜欢讲重商主义，我认为这本书说整个世界史就是重商主义史太偏了一点。他说第三世界太苦，要翻身。今天我要给大家讲一讲，要到处交朋友，外国有朋友与我们谈学术的时候，不要一律视为间谍之类，间谍来了你也是要对付才行的。今后文化开放，不要搞关门主义。

解放后学术界流行苏联逻辑，要把形式逻辑辩证法化，看都看不懂。我挺身反对，我对苏联的教科书，错的不用，对的也不用，我不赞成一刀切。形式逻辑与辩证法，这两个东西不能扭在一起。辩证法是讲客观存在发展变化的法则的，形式逻辑是讲思维过程的，毛主席支持我。我说客观存在的真实性与形式逻辑的正确性不一定一致，人家很惊讶。

我挤进美学，这是学术发展的必然结果。人家认为周谷城有两个美学观点：无差别境界、时代精神汇合论，但后者不属美学，是社会学即反对一言堂。古今中外做事的都晓得无差别境界是心里实实在在，一切都无问题，这很简单。听课是有差别，听完后一切轻松，进入无差别境界。时时刻刻都由有差别进入无差别，由不快活进入快活。我小孙子做算术难题，由难而做完而高兴，我告诉他这就是无差别境界。我们时时想抛掉包袱，时时解决问题进入生活，这就是无差别境界。我写了一篇《礼乐新解》，礼是分，乐是成，凡是做就是分，是差别，做完了就是成，是无差别。我们永远生活在由不矛盾到矛盾，由矛盾到不矛盾的境界之中。

今后我打算写四篇文章。看情况，精神一好就做，不好就不做。考证方面有一篇《释“巫”》，美洲那方面有一种人，有种信仰，叫杀门术Samanisn，后来我总觉得搞这种术的穿的衣服像中国巫医的衣服，做的事也和巫医差不多。这种术恐怕是从中国去的。最近看了李约瑟的科技史，第一卷有一章讲到杀门术，说杀门从沙门而来。Samen我一看就像中国的巫。这字是通古斯族语，这种人从白令海峡一直到斯堪的纳维亚这一带都有，专门与鬼神打交道。今后我们对中国文化毫无问题要发扬，中国的文化在世界上是第一，确实第一，时间长第一，内容丰富第一，哪个国家有中国这么悠久丰富的文化？外国人也看中了中国历史、中国文化，当然我们忘记了世界前途更错误，现在要闭关自守是不可能的。现在门打开了，再关是关不拢的了。所以我劝同学们要学点外国文，看点世界史，钻研中国史，宣扬祖国文化，我们要为第三世界的新时代的到来负责任，创造一种新的国际经济秩序。邓小平同志说面向现代化，面向世界面向未来，这也是学术上的指针，对世界政治也是顶好的指南，我即以此作结束。

（转引自上海社会科学学会联合会编《周谷城学术思想研究论文集》，上海：上海社会科学院出版社出版，1998年9月）